Alan Mazuco

Tutorial JavaServer Faces

com PrimeFaces, CDI e WildFly

Volume 2

Alan Mazuco

Tutorial JavaServer Faces com PrimeFaces, CDI e WildFly

Volume 2

EDITORA CIÊNCIA MODERNA

Editor: Paulo André P. Marques
Produção Editorial: Dilene Sandes Pessanha
Arte Final e Capa: Daniel Jara
Diagramação: Alan Mazuco
Copidesque: Equipe Ciência Moderna

FICHA CATALOGRAFICA

MAZUCO, Alan Saulo da Costa.

Tutorial JavaServer Faces com PrimeFaces, CDI e WildFly – Volume 2

Rio de Janeiro: Editora Ciência Moderna Ltda., 2019.

1. Linguagem de Programação 2. Programas e Dados
I — Título

ISBN: 978-85-399-1059-5 CDD 005.133

Editora Ciência Moderna Ltda.
R. Alice Figueiredo, 46 – Riachuelo
Rio de Janeiro, RJ – Brasil CEP: 20.950-150
Tel: (21) 2201-6662/ Fax: (21) 2201-6896
E-MAIL: LCM@LCM.COM.BR
WWW.LCM.COM.BR **05/19**

AGRADECIMENTOS

Agradeço a todos os leitores que, ansiosos pelo saber, mergulham ávidos no mundo da programação de dados e no código-fonte apresentado, que com suas atitudes constroem um mundo melhor, evidenciando o maior atributo do profissional de TI: a coragem!

Tutorial JavaServer Faces com PrimeFaces, CDI e WildFly - Volume II

Este livro não contém CD-ROM, mas o autor disponibiliza o código-fonte dos aplicativos em sua home page **www.amazu.eti.br** ou **amazu.com.br**.

Palavras Iniciais

Esta obra está dividida em três volumes porque explora três universos distintos, mais para facilitar a compreensão e a didática do que para uma simples exposição de assuntos. O conjunto dos três volumes foca as principais tecnologias de software existentes no mercado que facilitam o trabalho do dia-a-dia do desenvolvedor web.

Após ter realizado a ambientação necessária para a continuidade dos estudos no primeiro volume, o leitor agora realizará inúmeros treinamentos por meio de prática laboratorial de modelagem e acesso a bancos de dados.

Caso o leitor não tenha estudado o Volume I, ele poderá dar sequência com este, porque os três volumes da obra não dependem um do outro, embora a linha de raciocínio seja mantida. As lições se iniciam pela número 20, sem contudo, depender dos ensinamentos das dezenove precedentes. Assim sendo, o leitor que não concluiu os estudos das lições do Volume I, poderá realizar o download do projeto disponível em www.amazu.eti.br (ou www.amazu.com.br), sob o nome de **blankApp-volume-I.zip**. Esse arquivo possui o artefato desenvolvido até o último laboratório da Lição 19/Volume I e as instruções para obtê-lo e configurá-lo estão presentes no Apêndice B.

Todos os softwares utilizados na elaboração deste livro são livres, exceto o Windows, o que atesta a excelência do produto final, que é o código funcionando e livre de erros.

Novamente, bons livros são aqueles que ensinam o passo-a-passo, sem muitas teorias e mais voltados para a prática. Não estou querendo dizer que a teoria não seja importante, muito pelo contrário, pois também me esforcei um pouco para apresentá-la da melhor maneira possível, na tentativa de solidificar o conhecimento, mas sem contudo me aprofundar, deixando que o aprendiz concentre seus esforços na prática e ao mesmo tempo aprendendo a construir código Java que realmente funcione.

Ao se enveredar pelas próximas páginas, você entenderá do que realmente estou querendo dizer.

Boa prática!

Alan S C Mazuco

Apresentação dos três volumes

A presente obra, em seus três volumes, tem por finalidade a criação de um framework de persistência a dados na forma mais genérica ou eclética possível, além de culminar com a produção de um aplicativo web em seu último volume. Para atingir o objetivo, presumimos que o leitor possua alguma experiência na linguagem Java e também noções da API de Servlets. O código apresentado ao longo das lições foi dimensionado para produzir um efeito-aprendizado rápido, contendo extensos comentários para facilitar a compreensão. Assim sendo, é possível até ao leigo a consecução dos trabalhos apenas seguindo os exemplos, visto que a didática empregada é na forma de tutoria e prática de laboratório.

Optamos por escrever este livro de uma maneira diferente, já que ele traz em seu título a palavra "tutorial". Ele está dividido em três **volumes** subdivididos em **lições**, e cada lição contendo várias **práticas de laboratório**. Sua redação está diagramada de forma a produzir um maior impacto na leitura, talvez apenas para diferenciá-lo de um livro comum.

Principais softwares que o leitor irá utilizar nos laboratórios dos três volumes:

- Windows, JDK, Servidor de Aplicações WildFly e Eclipse;
- Os frameworks Maven, EJB, JPA, Hibernate, CDI, JSF + PrimeFaces;
- Banco de Dados PostgreSql + pgAdmin (ou Oracle, a critério do leitor).

VOLUME I - AMBIENTAÇÃO

No primeiro volume, o leitor será apresentado à ferramenta de desenvolvimento Eclipse, uma das IDEs mais famosas entre os profissionais de TI, e irá criar os seus primeiros aplicativos usando o Maven e o Eclipse da forma mais simples possível. À medida que for avançando pelas lições, a complexidade também vai aumentando. Começando com um simples "Hello World", o leitor aprenderá a usar técnicas que lhe permitirão criar softwares mais elaborados e a configurar o Eclipse e Servidor de Aplicações WildFly. Irá criar seu primeiro Servlet e configurar o primeiro programa web utilizando o PrimeFaces como camada de apresentação e a utilização de elementos de CDI, testando também alguns de seus componentes.

Ainda nesse volume, o leitor terá a oportunidade de criar os seus primeiros componentes JSF, colocando em prática as técnicas de criação de componentes mais usuais, empacotando-os em bibliotecas para uso em qualquer outro projeto futuro. O produto final desse volume será o aplicativo **BlankApp**, que será incrementado nos volumes subsequentes até chegar ao produto final, objeto da obra como um todo.

VOLUME II - MODELAGEM

No segundo volume, serão transmitidos os principais conhecimentos para que o leitor se torne um verdadeiro desenvolvedor de sistemas. Nessa fase do aprendizado, o leitor irá utilizar as ferramentas de JPA-Hibernate, CDI, EJB, técnicas de mapeamento Objeto-Relacional, conexão com banco de dados, transações e outros elementos que compõem a API de persistência do Java, que lhe permitirão usufruir dos seus benefícios.

Serão dezenas de testes, por onde o leitor poderá comprovar, definitivamente, a eficácia do código produzido por ele, sempre focando a web como objetivo primordial do aprendizado. Utilizando os bancos de dados PostgreSQL e Oracle, o leitor irá desenvolver um Módulo "Show Case" — código para acessar e manipular dados com as principais formas de emprego da tecnologia JPA/Hibernate e CDI, o que será um verdadeiro compêndio de referências (modelos) para o desenvolvimento de seus futuros aplicativos.

Abaixo, alguns padrões e técnicas empregadas no segundo volume:

- Model View Controller (MVC);
- Data Access Object (DAO);
- Facade;
- API de Transações;
- etc.

VOLUME III - APLICATIVO

No terceiro volume, o leitor irá empregar as técnicas para a construção de Casos de Uso partindo-se do princípio de que toda a análise foi previamente realizada, visto que o leitor focará a prática. O estudo de cada um deles terá como ponto de partida sempre um diagrama de estado (mapeamento de processo) como etapa de um planejamento, por onde o leitor irá se basear para construir o código, obviamente através de um estudo dirigido em práticas de laboratório, com acompanhamento passo-a-passo, sempre realizando testes antes de passar para a próxima fase.

Um exemplo de algoritmo utilizado em Caso de Uso no terceiro volume:

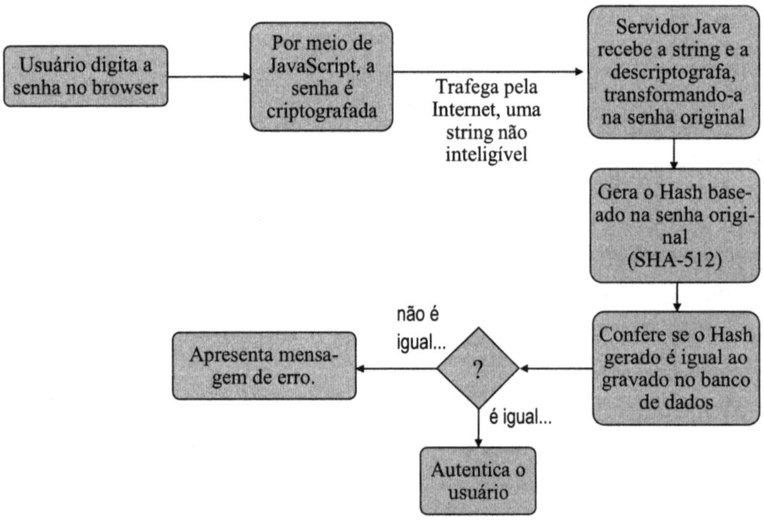

Os Casos de Uso abaixo serão postos em prática:

- Realizar Login;
- Manter Menus;
- Manter Perfis de Acesso;
- Manter o Cadastro de Pessoas e de Usuários;
- Manter Arquivos (download e upload).

O produto final desse Volume será o aplicativo BlankApp que poderá ser o ponto de partida para a construção de qualquer outro software baseado em web que o leitor vier a construir no futuro usando as ferramentas JSF, PrimeFaces, CDI e WildFly como servidor de aplicações.

VOLUME II - MODELAGEM

Laboratórios do Volume II

Volume II
MODELAGEM

Lição 20
O PostgreSQL

Objetivos:

- Instalar o PostgreSQL
- Criar um banco de dados

O PostgreSQL

Algo importante sobre o PostgreSQL

Por que o PostgreSQL?

O PostgreSQL foi pioneiro em muitos conceitos objeto-relacionais que só há pouco tempo se tornaram disponíveis em alguns bancos de dados comerciais. Ele oferece recursos adicionais pela incorporação de conceitos de herança, tipos de dados, funções, restrições e gatilhos, tornando possível aos usuários estenderem o sistema facilmente. Essas funcionalidades colocam o PostgreSQL dentro da categoria de banco de dados de alto gabarito e flexibilidade, só comparado aos melhores sistemas comerciais existentes. O próprio DB Oracle é um produto que foi derivado do PostgreSQL, o que atesta os seus méritos. Esta lição se limita a conduzi-lo a uma instalação segura e eficiente, bem como a criação do seu primeiro banco de dados. Siga os passos...

Instalação

Para obter o PostgreSQL, acesse a página da fundação (é preciso uma conta para realizar o login) **https://www.enterprisedb.com/advanced-downloads** e localize o local para o download do arquivo — pegue a versão mais recente e atente para baixar a versão correspondente ao seu Sistema Operacional. Durante a redação deste livro a versão mais recente para Windows era a v11.1.

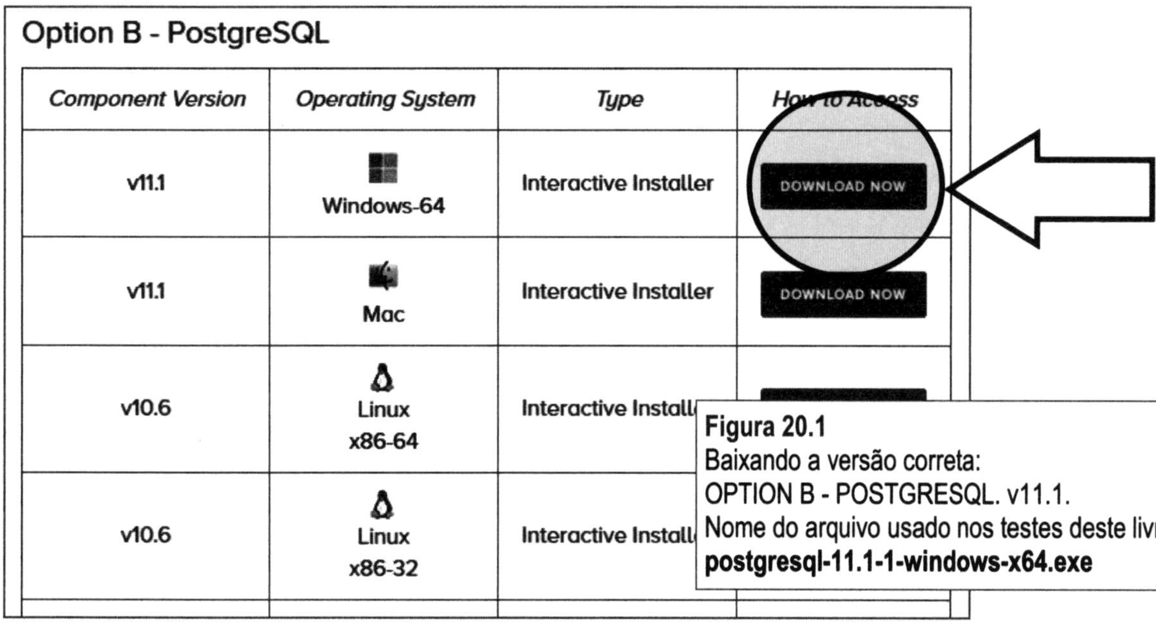

Figura 20.1
Baixando a versão correta:
OPTION B - POSTGRESQL. v11.1.
Nome do arquivo usado nos testes deste livro:
postgresql-11.1-1-windows-x64.exe

Se existir uma versão superior à recomendada, você poderá optar por ela e proceder a instalação, bastando apenas seguir as recomendações do *setup*. Geralmente, para uma instalação padrão, basta um duplo clique em cima do arquivo instalador e seguir as telas na ordem em que elas aparecerem.

Laboratório 20.1

1. Ao iniciar o instalador, será apresentado uma tela de boas vindas. Pressione o botão *Next*;
2. O instalador irá solicitar em qual local deseja instalar, mantenha o que ele sugerir (*C:/Arquivos de programas/PostgreSQL/11)*, em seguida irá solicitar quais componentes deseja instalar, mantenha o que o instalador lhe sugeriu e pressione *Next*. Na próxima tela o instalador sugere o local dos dados, mantenha o sugerido.
3. No próximo passo você será convidado a fornecer uma senha de administrador. Forneça a senha ***postgres.*** Esta senha será utilizada no decorrer das lições daqui pra frente;
4. A próxima tela pede que você defina a porta a ser utilizada, que no caso é a 5432, default do PostgreSQL.
5. Em seguida, você terá de definir o encoding do banco, defina-o para **UTF-8** escolhendo o Locale "*English, United States*". A razão por não escolher o Locale Default (*ISO-8859-1 ou Latin*) é que o UTF-8 suporta qualquer caractere, ou seja, você não terá problemas de acentuações com ele.

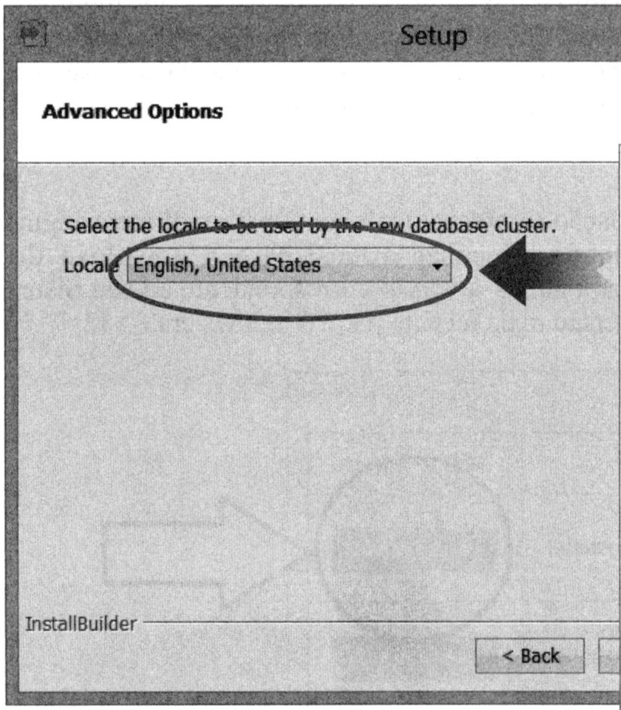

Figura 20.2
Ao instalar o PostgreSQL, defina o Locale (encoding) como UTF-8, selecionando *English, United States.*

A diferença entre **ISO-8859-1** e **UTF-8** é que o primeiro suporta até 256 caracteres e o segundo, até 65.536. Pelo óbvio, com ISO-8859-1 há uma economia de espaço, entretanto, o UTF-8 suporta todas as letras, números e outros caracteres de todos os países do mundo, o que leva o UTF-8 a um padrão internacional e o preferido dos desenvolvedores.

Optando por UTF-8, o site poderá suportar várias linguagens, até mesmo o japonês (estamos falando da nossa conhecida internacionalização).

Então, para que tudo funcione direitinho, você deverá ter:

- Um banco de dados em UTF-8;
- Todos os arquivos (classes java, arquivos XML, XHTML, JSP, properties, etc) deverão ser gravados em UTF-8. Veja a template (linha 1 da Listagem 6.9 — Volume I)
- O workspace da IDE Eclipse (o encoding do local físico) deve ser setado para UTF-8. Nós fizemos isto no Volume I — Lição 3.

Na verdade, quando você seta o workspace do Eclipse para UTF-8, toda vez que você salva um arquivo, estará salvando-o com o encoding UTF-8. Então não basta apenas escrever o cabeçalho das páginas XHTML com <?xml version=*'1.0'*encoding=*'UTF-8'*?>, pois o próprio arquivo tem de ser salvo com esse encoding. O Eclipse faz isto depois dessa configuração (Volume I — Lição 3, Figura 3.3).

5. Continuando com a instalação do PostgreSQL, nas demais telas é só ir pressionando o botão *Next*, pois não há mais configurações a serem feitas;
6. Terminada a primeira parte da instalação, o programa sugere que você instale também alguns utilitários, mas nós vamos instalar apenas o **driver de JDBC**, conforme sugere as figuras abaixo (depois do download dos drivers JDBC, aceite para instalar no local sugerido)...

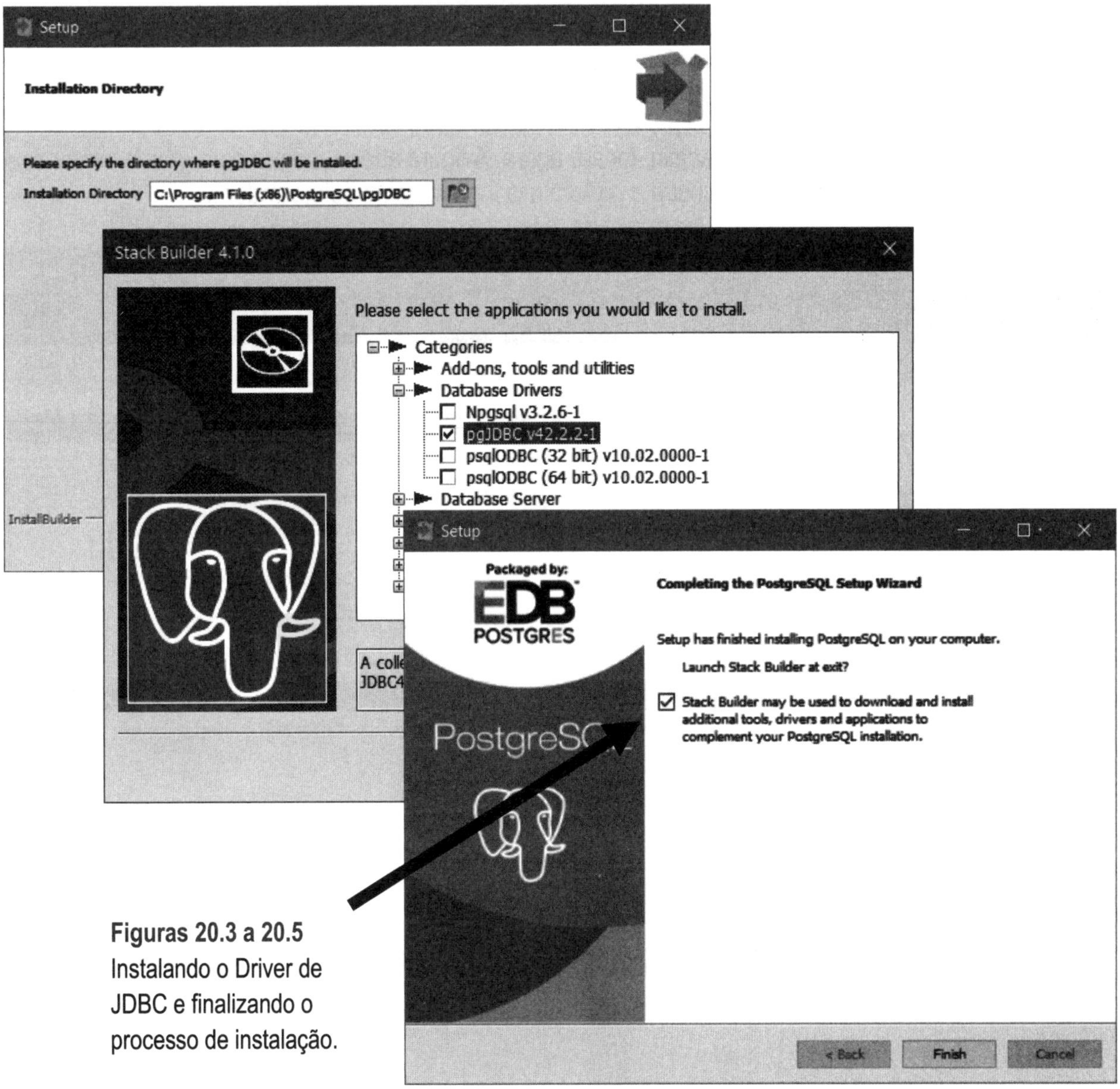

Figuras 20.3 a 20.5
Instalando o Driver de JDBC e finalizando o processo de instalação.

Para a realização desta tarefa, você deverá possuir uma conexão com a internet. Mantenha o local de instalação sugerido e vá pressionando o botão *Next* até concluir o processo.

Fim do Laboratório 20.1

pgAdmin

Acessando o pgAdmin

O pgAdmin é um software que auxilia na administração do PostgreSQL, na criação de bancos de dados, tabelas, sequências, administração de usuários, etc. Ele foi instalado junto com o PostgreSQL e para acessá-lo basta clicar no botão *Iniciar* do Windows, localizar a opção *PostgreSQL 11* e clicar no menu *pgAdmin IV*... o programa será aberto em um browser.

Conectando ao servidor do banco de dados

Quando você instalou o PostgreSQL, por default, já foi registrado um servidor de banco de dados **localhost**. Você poderá registrar um novo servidor com outro nome, no entanto, isto não é tão necessário, visto que iremos utilizar o próprio servidor localhost. Para acesso ao servidor, clicar no nome dele, e uma janela parecida com a da figura 20.7 irá aparecer para digitar a senha.

Laboratório 20.2

Se ainda não abriu o pgAdmin, faça-o agora. A figura abaixo mostra o programa em funcionamento — esta imagem mostra o pgAdmin já logado como adimistrador...

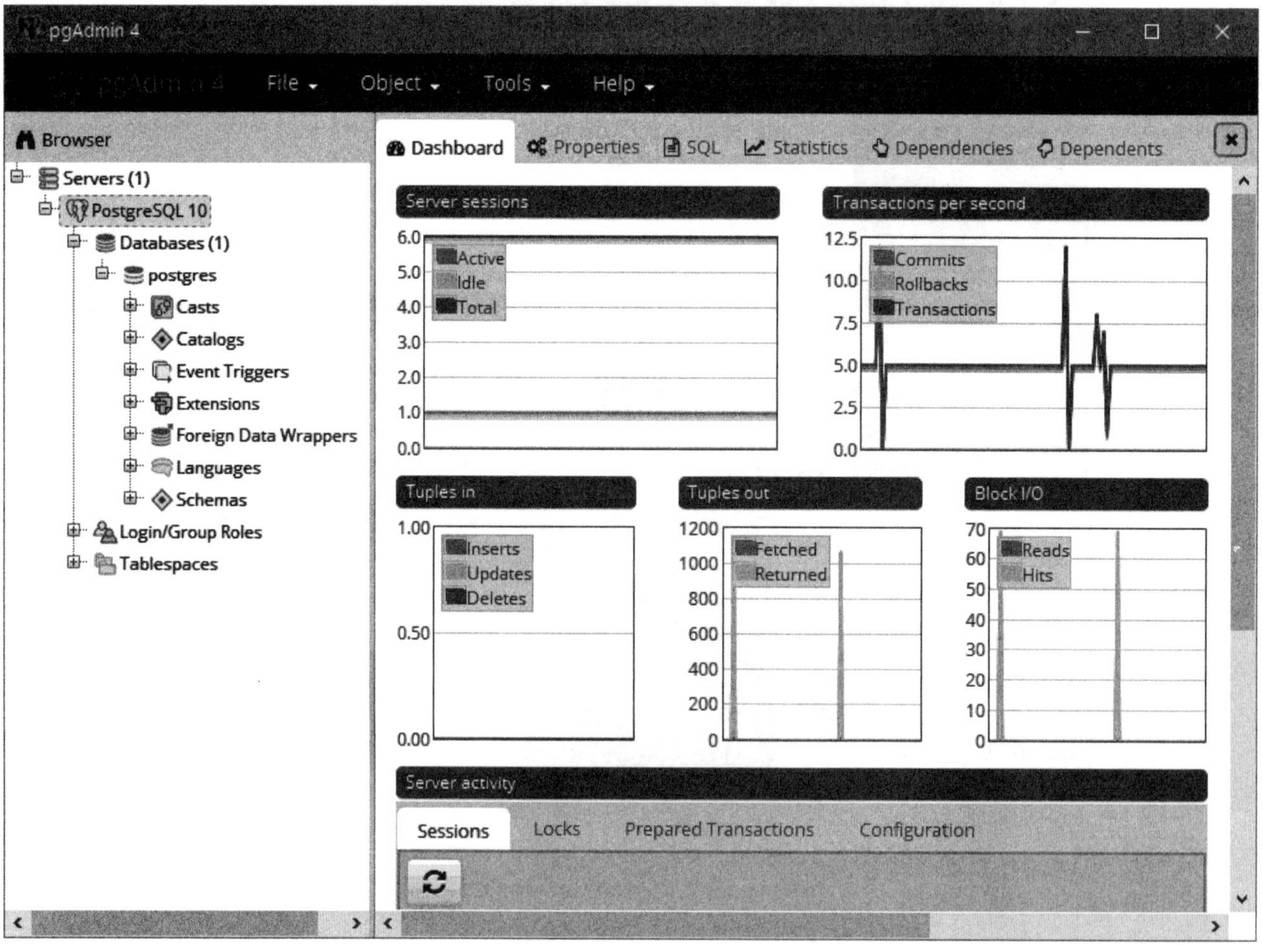

Figura 20.6 O pgAdmin aberto pela primeira vez. Já existe o servidor ***PostgreSQL 10*** (default) na porta 5432. Perceba que já vem com um banco de dados também default chamado **postgres** — não é possível apagá-lo.

Para logar como administrador, basta dar um duplo clique sobre ele, em cima do nome do servidor. Em seguida, digite a senha *"postgres"*, aquela que você definiu no momento da instalação.

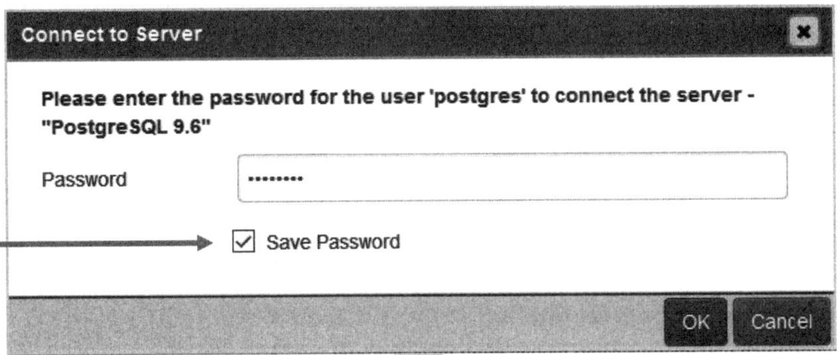

Figura 20.7 Conectando ao servidor.

Mantenha a caixa *"Store password"* selecionada, para não ter que digitar a senha toda vez que for logar o servidor.

Eventualmente, ao tentar abrir o servidor, você poderá receber uma mensagem do tipo ***"could not connect to server: Connection refused"***. Isto pode ocorrer porque o servidor não foi inicializado, então será necessário abrir o Painel de Controle do Windows e iniciar o serviço do PostgreSQL. Se for este o caso, no Painel de Controle, faça isto abrindo a janela *Ferramentas Administrativas* e em seguida clicando na opção *Serviços*, localizando o PostgreSQL e inicializando-o. Acesse o menu *Propriedades* e modifique o tipo de inicialização para *Automático* para inicializar esse serviço junto com o Windows.

Fim do Laboratório 20.2

Criando o banco de dados *pworld*

A ideia agora é criar um banco de dados, e vamos dar um nome para ele: **pworld**. Vamos trabalhar com este banco daqui até o final do livro.

Laboratório 20.3

Clique com o botão direito do mouse em cima de *Databases(1)*, no menu que aparece, clique em *Create Database. Em seguida, na* aba *General*, dê o nome para o banco de dados de **pworld** (com letras minúsculas) mantendo **UTF-8** como encoding na aba *Definition*.

Clique *Save* para criar o banco de dados e aguarde um momento — demora um pouco, até que o novo banco seja criado como UTF-8 por padrão. Após a sua criação, basta clicar sobre ele para acessá-lo...

Figura 20.8 Criando o banco de dados **pworld** — definindo-o com o encoding **UTF-8**.

Fim do Laboratório 20.3

É muito importante, ao criar banco de dados, tabelas, campos de tabelas, índices, etc, ao nomear esses elementos, **utilizar letras minúsculas**. O PostgreSql irá tratar melhor se fizer assim. Desta forma, ao executar qualquer instrução SQL, poderá utilizar letras maiúsculas ou minúsculas em suas cláusulas, sem problemas. Do contrário, se nomear campos de colunas com letras maiúsculas, as instruções SQL deverão limitar os nomes de campos com aspas duplas, não queremos isto! Mais à frente, veremos que a JPA converte esses elementos para letras minúsculas, automaticamente, na geração das tabelas, por meio de instruções DDL.

Após a criação do banco de dados, o pgAdmin irá mostrar o banco recém-criado. Um clique em cima dele, o **pworld**, e ele vai se abrir. Será possível agora, navegar pelos seus objetos, as tabelas, as sequências e as views (90% do seu trabalho será em cima desses três objetos).

Perceba que esses objetos estão dentro do esquema público mas também existem esses objetos com os mesmos nomes, dentro do esquema pworld.

Criando um esquema diferente do público

Se quisermos manter alguma compatibilidade com outros Bancos de Dados será necessário usar um outro esquema, com o mesmo nome do Banco de Dados. É uma boa técnica utilizada, mas não garante total compatibilidade, entretanto, gera um esforço menor na hora de reconfigurar.

Laboratório 20.4

Clique com o botão direito do mouse em cima de *pworld/Schemas(1)*, no menu que aparece, clique em *Create Schema....* Na janela *Create Schema*, na aba *General*, dê o nome para o esquema de **pworld** — o mesmo nome do banco de dados com letras minúsculas. Clique em *Save* para criar o esquema.

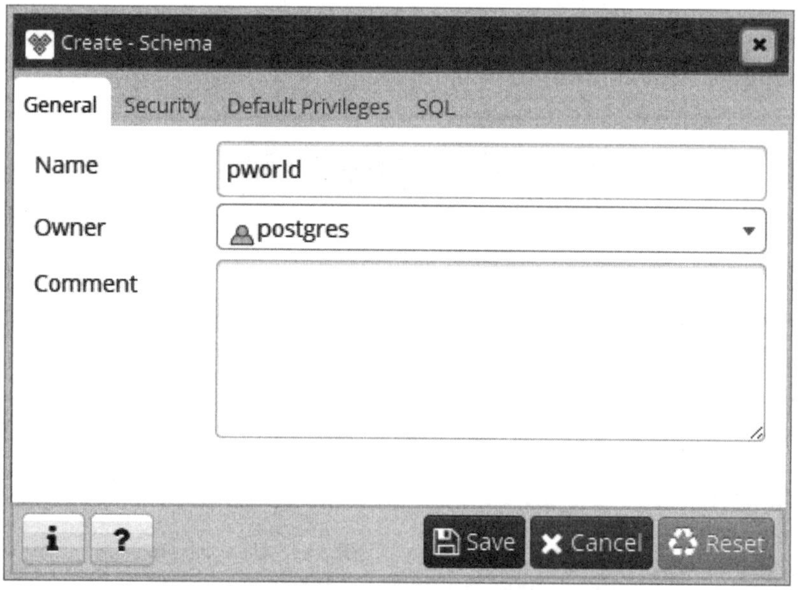

Figura 20.9 Criando o esquema **pworld**.

Fim do Laboratório 20.4

Não vamos tratar sobre questões de privilégios de acessos às tabelas e outros elementos de bancos de dados, mas é bom que o leitor adquira esse conhecimento, caso não o tenha.

Criando tabelas

Laboratório 20.5

No esquema **pworld**, clique com o botão direito em cima de *Tables*, no menu que aparece, aperte a opção *Create Table...* Na janela *Create Table*, na aba *General*, em *Name*, digite o nome que você quer dar para a tabela (utilize letras minúsculas). No último campo editável da janela, digite algumas palavras, sobre a finalidade dessa tabela. Só isto!

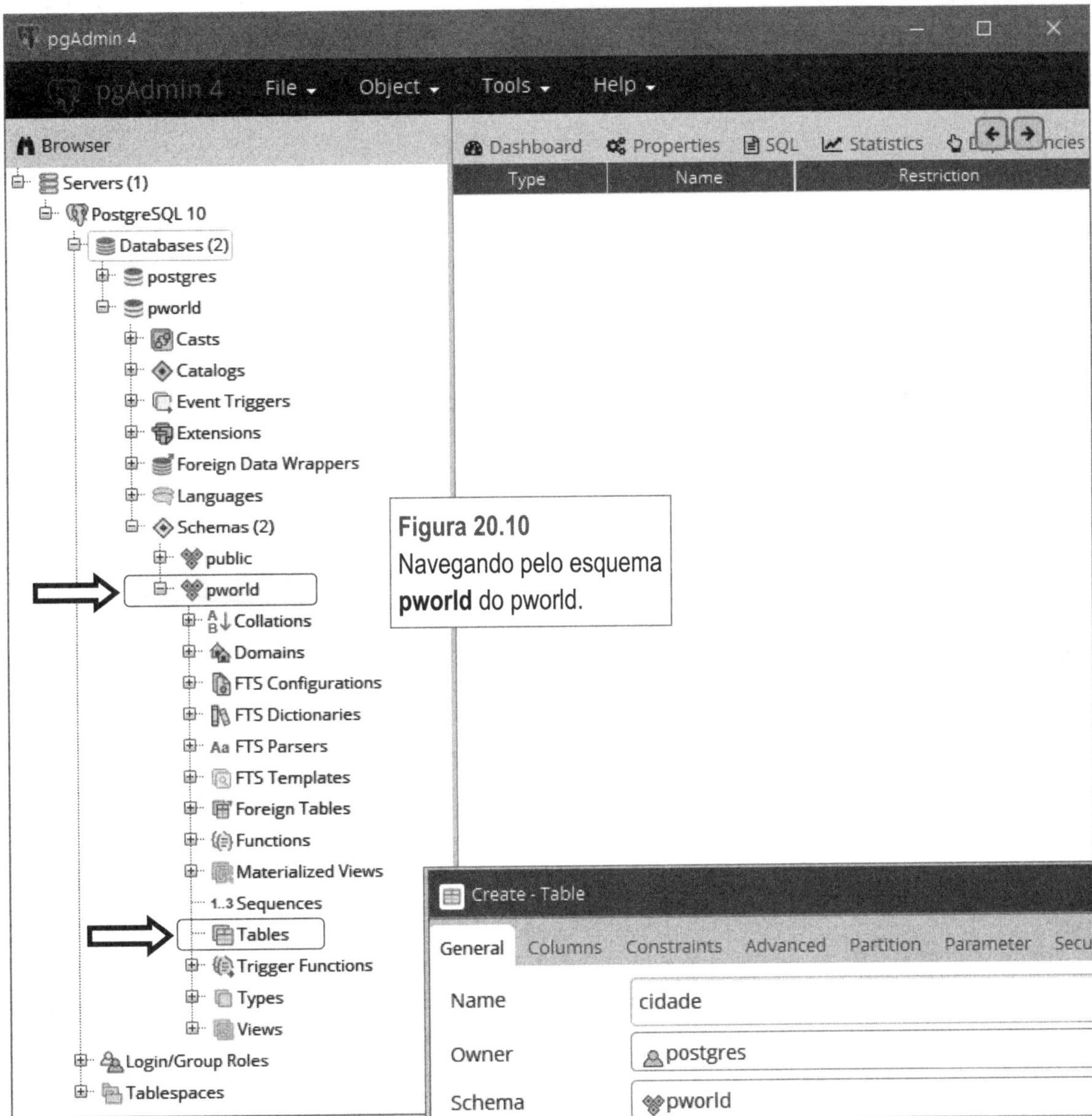

Figura 20.10
Navegando pelo esquema **pworld** do pworld.

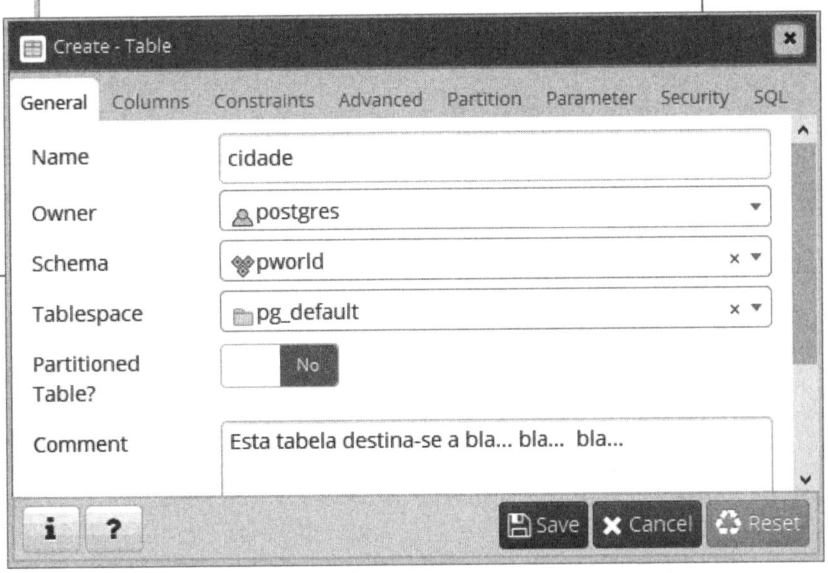

Figura 20.11 Criando e nomeando uma tabela.

Você só irá conseguir criar ou editar dados na tabela, se ela possuir uma coluna de CHAVE PRIMÁRIA. Vamos criar uma...

Com o direito do mouse em cima do nome da tabela, clique no menu *Properties...*

Na janela que se abre, selecione a aba *Columns* e clique no botão *Add...*

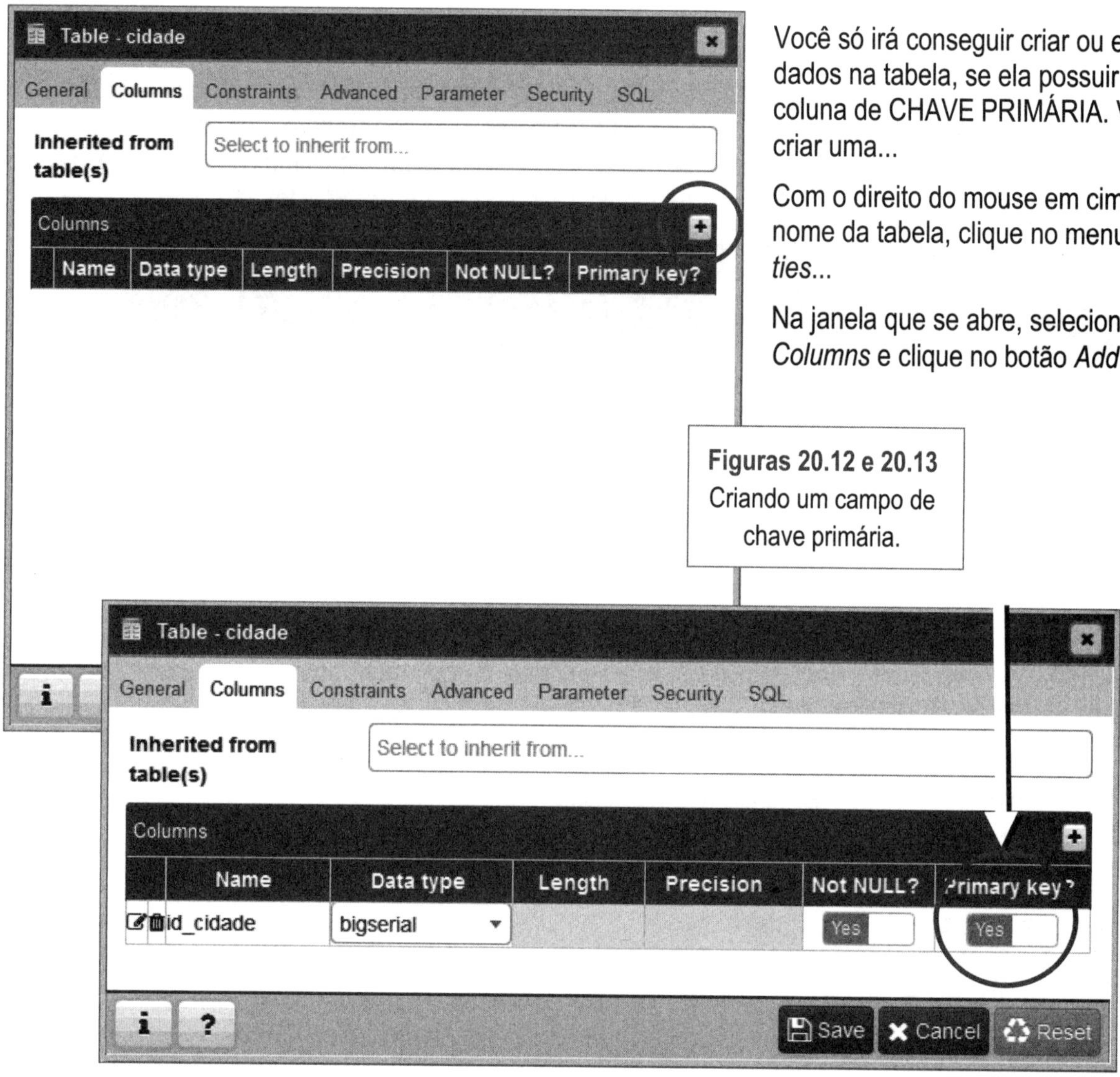

Figuras 20.12 e 20.13
Criando um campo de chave primária.

Na janela que se abre, em *Name*, digite o nome do campo como **id_cidade**, acione os botões **Not NULL** e **Primary Key** e selecione o tipo como ***bigserial*** e pressione o botão *Save*.

Pronto! Foi criado um campo de chave primária e também uma *sequence*, repare bem a árvore do banco de dados. Para editar os dados, basta clicar com o botão direito do mouse em cima da tabela na árvore de objetos do banco de dados e acionar o menu clicar no botão *View/Edit Data...*

Fim do Laboratório 20.5

Fim da Lição 20.

O pgAdmin é bem intuitivo e muito fácil de manipular. Tente você mesmo criar algumas tabelas com chaves primárias, estrangeiras, etc. O estudo daqui para frente pressupõe o conhecimento de bancos de dados, caso tenha dificuldade procure estudar em outras fontes, pois não é objetivo deste livro se enveredar pelo assunto, até porque as nossas criações no PostgreSQL serão feitas utilizando JPA, você não fará isto usando o PGAdim, embora seja importante saber manuseá-lo. As próximas lições trarão alguns elementos disto, pois é necessário um conhecimento básico para o pleno entendimento.

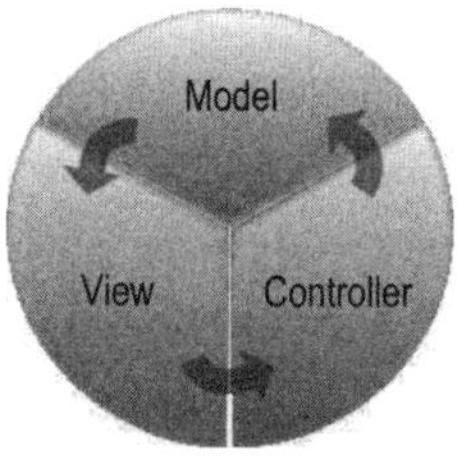

Lição 21
O Padrão MVC

Objetivos:

- Compreender os fundamentos teóricos de MVC
- Analisar o MVC dentro de um projeto real: o BlankApp

MVC

O que é MVC?

No início dos anos 80, alguns estudiosos de software sentiram a necessidade de modularizar seus projetos em camadas de uma maneira a torná-los mais organizados, reaproveitáveis e flexíveis na manutenção. E foi assim que, isolando componentes comuns de determinados programas, conseguiu-se uma diminuição de interdependência entre eles, surgindo um conceito muito forte, o DESACOPLAMENTO. Isto possibilitou que as mudanças em determinados componentes não impactassem muito em outros.

Entre as diversas formas possíveis de se separar componentes, utilizaram a técnica de *camadas*. Ao se separar componentes em camadas, os projetistas agruparam os componentes com maiores afinidades entre si, surgindo o que hoje conhecemos como o Padrão MVC.

Model View Controller (MVC) é, por assim dizer, um padrão de arquitetura de desenvolvimento de software que implementa a separação do código em três camadas.

> **MODEL**
>
> Realiza todas as tarefas efetivas de alterações de bancos de dados; Pode utilizar o padrão FACTORY para a obtenção de conexão e o padrão DAO.
>
> **VIEW**
>
> É a parte do programa responsável pela apresentação do mesmo. É por aqui que o usuário interage. Por exemplo: *Terminal console*, *Swing*, *web (JSP)*.
>
> **CONTROLLER**
>
> Recebe todas as requisições do usuário modificando o fluxo das ações, repassando as respostas. Em relação a um banco de dados, as ações poderiam ser: **C**riar, **R**ecuperar, **A**lterar ou **E**xcluir registros — (CRUD), do original em inglês. Porém, não é o controlador que faz isto, ele apenas dita as regras; Pode utilizar o padrão FACADE.

Arquitetura MVC

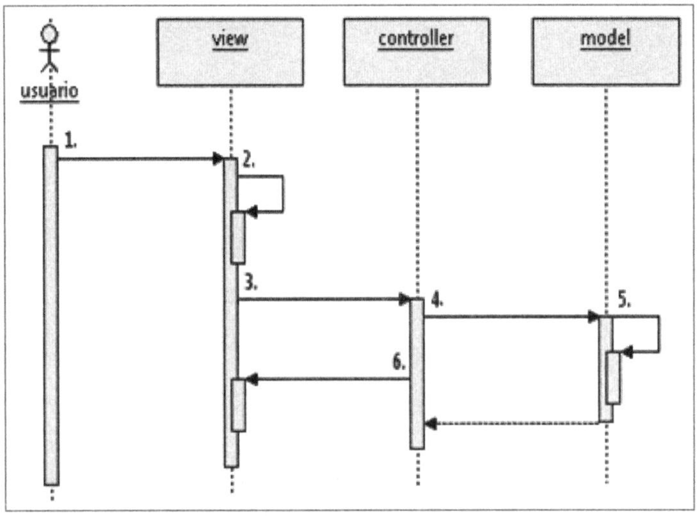

Figura 21.1 Um esqueleto de MVC.

1. O usuário, manipulando a camada de apresentação e por meio dela, solicita algo;
2. Antes de a requisição penetrar na camada de controle, a camada de visão realiza uma validação dos dados fornecidos pelo usuário;
3. Terminada a validação, a requisição é enviada ao controle: "Atenção, controlador! Com os dados que te forneço, verifique se eles existem no banco";
4. Para atender a solicitação, o controlador irá utilizar as técnicas disponíveis;
5. O modelo utiliza todas as "armas" que possui para executar o pedido e devolver o que foi solicitado (seta pontilhada);
6. O controlador, por sua vez, modifica a camada de apresentação com a resposta.

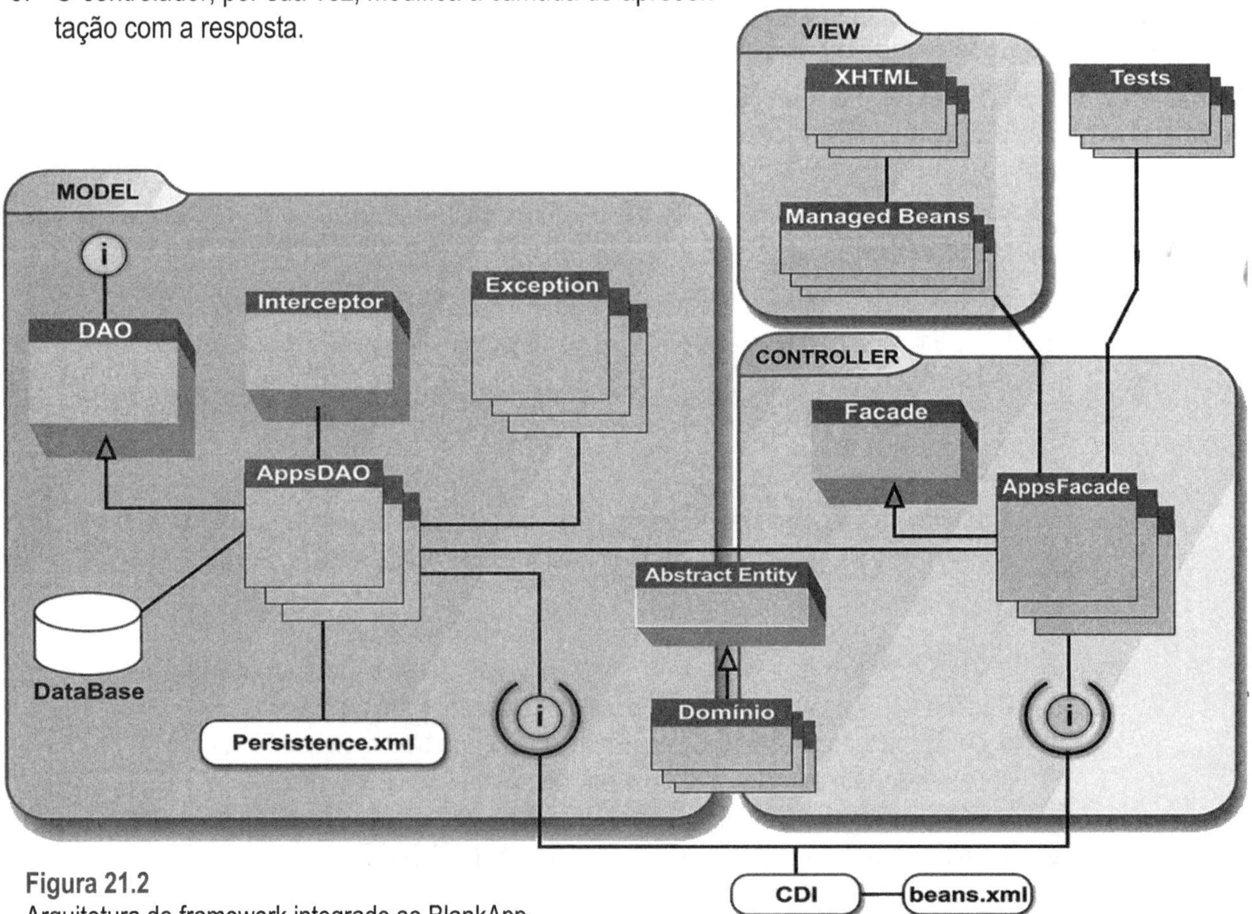

Figura 21.2
Arquitetura do framework integrado ao BlankApp.

ANALISANDO A FIGURA 21.2

A figura 21.2 mostra o framework de persistência genérico que iremos construir ao longo deste livro. A figura também mostra que ele está compreendido dentro do projeto BlankApp, com as páginas XHTML inseridas. A camada **view**, a grosso modo, está representada pelas classes de Managed Beans e as páginas XHTML, que neste caso são as responsáveis pelos mecanismos que interagem com o usuário e a camada controladora. Os testes interagem com a camada controladora.

O CDI realiza as injeções das classes DAO, das fachadas e também dos Managed Beans, em alguns casos. Posteriormente você irá verificar que o CDI é o responsável por realizar várias outras coisas interessantes, como por exemplo, a interceptação das exceções, entre outras coisas.

O framework (camada *model*) junto com alguns elementos da camada *Controller*, poderá ser encapsulado em um arquivo ***.jar*** para ser distribuído, faremos isto. As classes *Facade* e *AbstractEntity*, também serão encapsuladas.

Os arquivos **persistence.xml** e **beans.xml** não serão incorporados ao framework (encapsulados no arquivo .jar), embora possuam em seu interior uma configuração fixa que não precisa ser modificada nos aplicativos futuros.

A classe **AppDao** também não poderá ser incorporada ao framework, pois ela, além de herdar tudo de DAO, representa uma customização do desenvolvedor e, portanto, é específica em cada projeto.

Mas preste bem atenção, quando dissemos que "não fazem parte do framework" não queremos dizer que "não fazem parte do projeto". Vamos detalhar mais, para que não fique nenhuma dúvida:

1. O nosso propósito final é a criação de um framework de persistência genérico que está materializado nas camadas MODEL e CONTROLLER;
2. Para a concepção desse framework, necessitamos criar um PROJETO INTEIRO, contendo várias classes de teste, domínio, DAO, etc, porém, somente os elementos que FAZEM PARTE DO FRAMEWORK é que serão "empacotados" em um arquivo **.jar**, compondo assim o framework em si; Esse projeto inteiro já está a meio caminho, é o nosso conhecido **BlankApp**, cujos trabalhos se iniciaram no Volume I.
3. Analisando novamente a arquitetura da figura 21.2, podemos intuir que os elementos que farão parte do framework de persistência genérico — o arquivo *.jar*, e nós o chamaremos de **pworld-1.0.jar,** serão:
   - ✓ O DAO e sua interface;
   - ✓ A Facade e sua interface;
   - ✓ O Interceptor;
   - ✓ As Exceptions;
4. Os demais elementos não entrarão no framework, pois, ora servirão para apoiar os testes, ora farão parte em outro projeto fora do framework.

Os próximos laboratórios farão uso do aplicativo **BlankApp**. Então, se você fez todos os laboratórios do Volume I, já possui a ambientação necessária para dar o prosseguimento, bastando dar sequência à Lição 19. Caso não tenha realizado os laboratórios do Volume I o leitor poderá, neste momento, fazer o download do arquivo **blankApp-volume-I.zip** no site www.amazu.eti.br e seguir as orientações do **Apêndice B** deste Volume II.

Destrinchando o MVC

A finalidade do framework de persistência

O framework de persistência que iremos construir, juntamente com seus anexos, comporão o **Modelo** de nosso aplicativo **BlankApp**, ou dos outros aplicativos que você poderá criar no futuro, o qual passaremos a abordar até o fim deste livro. Ao terminar de construí-lo e testá-lo, você irá "empacotar" esse framework em uma biblioteca chamada **pworld-1.0.jar**, deixando-o em condições de ser utilizado em qualquer aplicativo que necessite acesso a banco de dados usando PostgreSQL — com algumas modificações, também poderá ser utilizado com banco de dados Oracle, cuja configuração básica é mostrada no Apêndice A deste Volume II.

Modelando a arquitetura com o Eclipse

A figura 21.3 mostra a Package Explorer do Eclipse contendo a estrutura da camada de persistência (pacote do componente **pworld**). Mas veja bem: esta é apenas uma forma que encontramos para montar o projeto, pois, com alguma lógica, tudo irá depender da imaginação do desenvolvedor. A pasta **META-INF**, localizada em *src/main/resources*, também pode ser considerada como pertencente à camada de modelo, pois dentro dela encontram-se alguns arquivos **xml** que realizam a conexão com o banco de dados e/ou configuração de EJBs/CDI.

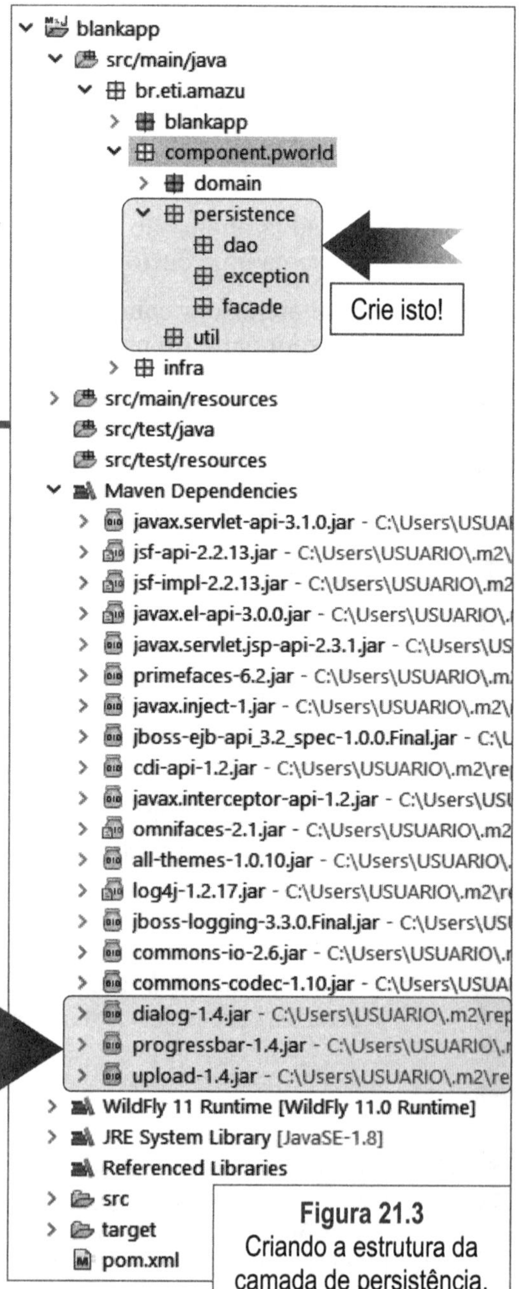

Figura 21.3
Criando a estrutura da camada de persistência.

CRIAÇÃO DE PACOTES

Laboratório 21.1

Com o projeto BlankApp aberto e a perspectiva Java selecionada, crie a estrutura de pacotes sugerida na figura ao lado...

Veja que os pacotes estão sendo criados por fora do projeto BlankApp, no pacote ***amazu.component***, isto porque, na realidade, **o framework de persistência será construído como um componente**, assim como fizemos com o **dialog**, a **progressbar** e o **upload**.

Perceba também que os componentes anteriormente criados já não estão mais na estrutura de pacotes, pois eles já foram "empacotados" — no meu caso em particular, em bibliotecas, todas na versão 1.4, o Maven as adicionou como dependências ao meu projeto.

Fim do Laboratório 21.1

Note que não vemos nenhum pacote com o nome "modelo", ou "controle", pois isto é implícito ao projeto, até porque poderão existir várias classes que não iriam pertencer a nenhuma dessas camadas — as classes úteis, por exemplo.

Dentro do pacote **dao** criaremos a interface de acesso a dados e dentro do pacote **exception,** duas classes para encapsular erros provenientes desse acesso e mais uma capaz de capturar as exceptions em tempo de execução.

No pacote **facade** será colocada uma interface de fachada contendo alguns métodos comuns de manipulação de dados. Ela deverá ser estendida por todas as outras fachadas de um projeto futuro, as **appsFacade**.

O pacote **útil** conterá classes de apoio.

O "M" de MVC

É no modelo que definimos as estruturas de persistência por meio de uma **fábrica de DAOs**, onde podemos (e iremos) utilizar o padrão de design chamado **Factory**, mas essa fábrica ficará transparente ao desenvolvedor, pois utilizaremos a API de **CDI** e alguns elementos de **EJB** para gerenciar esse processo.

Poderia existir vários DAOs em um único aplicativo, mas esse tipo de arquitetura foi abandonada há algum tempo com a evolução da Linguagem Java (API de Generics). Olhando a Figura 21.2 vemos apenas um DAO e várias instâncias dele sendo utilizadas por meio das classes AppsDAO, em um arranjo bem mais moderno.

As classes **AppsDao** e suas interfaces são específicas a cada sistema e realizam a persistência dos dados considerados dentro da matriz CRUD. Como sabemos, uma interface "impõe" as regras de negócio, ditando determinados métodos. Por exemplo, em uma interface, podemos inserir um método chamado "ListeTodosOsRegistros", tal que a classe que a implemente terá, obrigatoriamente, de usar esse método. Então, as classes que implementam as interfaces dentro da camada Modelo, também são consideradas **Classes de Persistência**.

Elucidando melhor o DAO (Data Access Object), ele também é um Padrão de Projeto e funciona como uma espécie de "ponte" entre o lado de fora e o lado de dentro de um banco de dados. É ele que "sabe" se comunicar com um banco de dados.

O pacote **persistence** e o **domain** constituem o framework propriamente dito, somente o que está ali dentro é que será empacotado para distribuição. Conterá as regras de persistência a dados, a classe de interceptação das exceptions e algumas exceptions genéricas personalizadas. Algumas classes úteis também serão incorporadas, pois podem ser reaproveitadas em vários módulos dentro de um aplicativo futuro.

O "C" de MVC

Em momento anterior havíamos dito que alguns desenvolvedores nomeiam seus Managed Beans como "controllerAlgumaCoisa". É porque, em real, seus Managed Beans assumem também esse papel. No nosso caso, separamos isto delegando esse poder às fachadas — os reais controladores.

O controlador ilustrado na figura 21.4 da página seguinte trabalha com objetos de persistência a banco de dados, mas eles também podem ser utilizados para outras funções, conforme a necessidade do projeto. A própria figura é autoexplicativa, o que nos poupa algum fôlego. Chama-nos atenção à forma como o controlador está sendo utilizado. **Sua função específica é manipular objetos ligados a dados.**

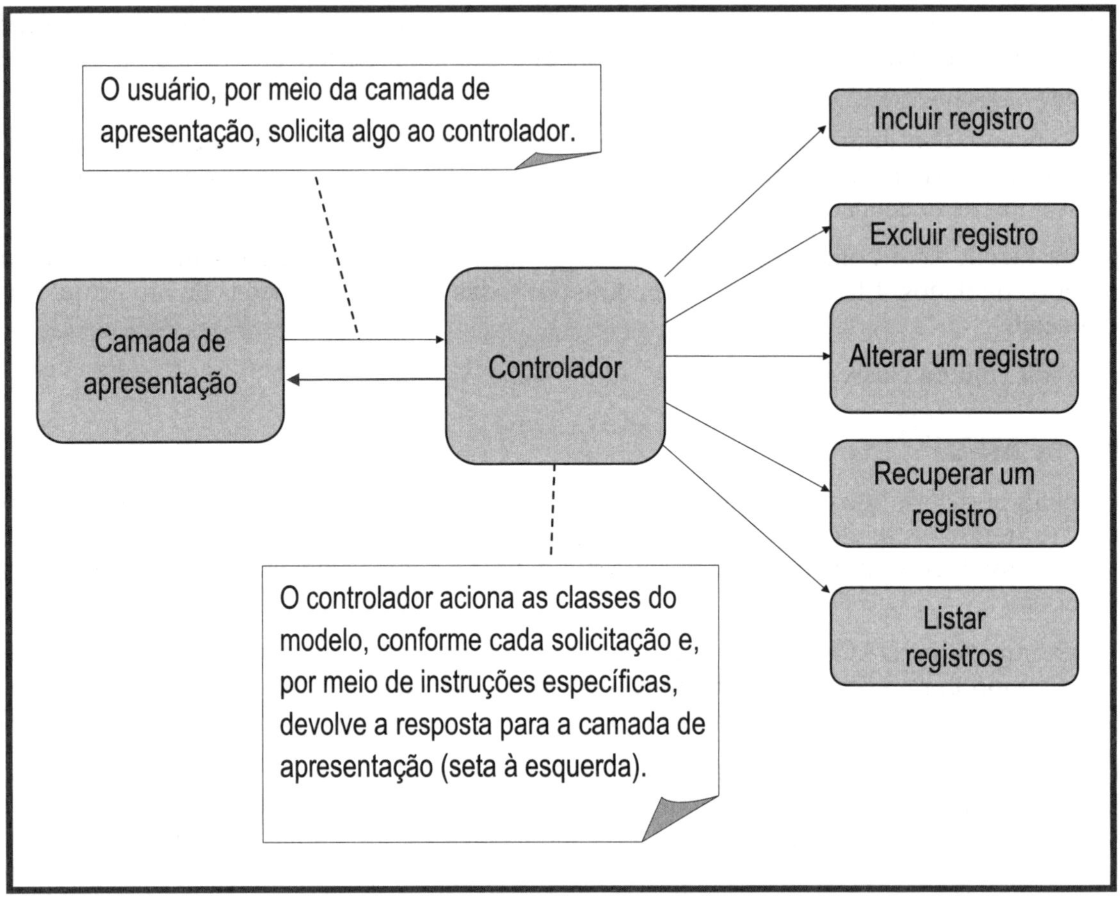

Figura 21.4 Um controlador.

Para um objeto chamado ***pessoa***, poderíamos abstrair alguns atributos, tais como o ***nome*** e o ***cpf***. O **bean de apresentação** se encarregaria de popular a **entidade Pessoa** (domínio) com o *nome* e o *cpf*. Posteriormente, através de mecanismos de persistência a dados, essa *pessoa (seus dados)* seria incluída ao banco.

Nesse pequeno exemplo, o trabalho do **controlador** é receber a solicitação do usuário e instruir o modelo a incluir um registro. O modelo irá retornar para o controlador uma resposta contendo o sucesso ou o insucesso da operação. No final, o controlador repassaria essa resposta à camada de apresentação, algo como "Operação completada com sucesso!!!" ou "Ocorreu um erro na execução da operação!!!".

Por sua vez, a **visão** irá apenas exibir essa mensagem na tela. Note que os dados que foram incluídos no banco foram digitados pelo usuário em cima da camada de apresentação. Percebam que o modelo é completamente independente dessa camada. Nós dissemos que a visão não consegue "enxergar" essa camada, na verdade ela, sequer, sabe que ela existe. É por isto que nós podemos utilizar diferentes tecnologias de apresentação para uma mesma aplicação.

Bem, na verdade as coisas acontecem mesmo é dentro do modelo. Poderíamos simplesmente, utilizando classes de teste, manipulá-lo pelo controlador e exibir as mensagens em um console, quando não possuímos uma view implementada. Nesse sentido, podem existir vários controladores em um único aplicativo, entretanto, com o poder do Java Generics, apenas um é necessário, pois várias instâncias podem ser obtidas ao mesmo tempo trabalhando para finalidades diferentes. Na Figura 21.2 isto é representado pelas AppsFacade.

O "V" de MVC

Como você já sabe, a camada de visão (apresentação), não entende nada do que está acontecendo no modelo. Em programação para a web, existem alguns frameworks que fazem todo o trabalho da camada de apresentação, tais como o **Struts,** o **JSF**, o **Angular** e outros.

Dominar perfeitamente um framework de apresentação, em se tratando de programação para a web, é o sucesso de qualquer programador, pois é ele que irá definir o layout e a beleza do aplicativo, muito embora as tarefas de estruturação e "embelezamento" ficarem a cargo do projetista ou de um web-designer. Mas é bom que se saiba que é o programador, na maioria dos casos, que deverá ajustar o aplicativo usando elementos Java conforme o que o web-designer faria utilizando elementos HTML. É por isto que dedicamos o primeiro volume desta obra, inteiramente, para a criação de um aplicativo web utilizando o framework Java Server Faces e PrimeFaces.

Ah, e não podemos nos esquecer das interfaces GUI — Graphical User Interface (por exemplo, a tecnologia SWING do Java) que também podem fazer parte de uma camada "V" de um aplicativo MVC. Depois de confeccionar o framework e o empacotar no **pworld-1.0.jar**, você poderá criar um novo projeto e incorporar uma interface visual, utilizando os mesmos elementos de banco de dados explanados aqui, a fim de compreender o real poder da arquitetura MVC.

A figura abaixo sintetiza tudo o que falamos até agora de MVC.

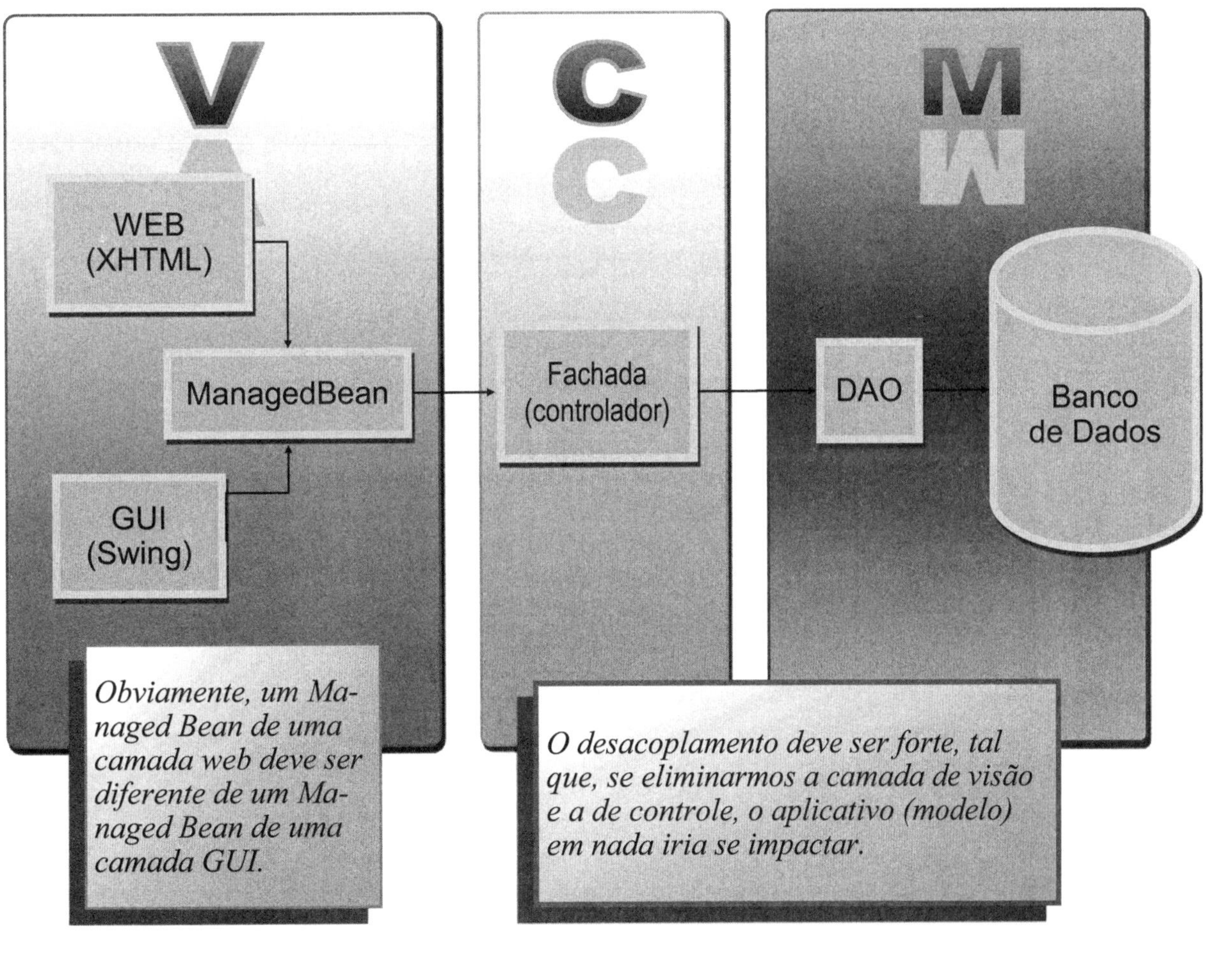

Figura 21.5 Arquitetura MVC.

E as classes de domínio?

Cada tabela do banco de dados deverá possuir uma classe de entidade contendo apenas **atributos** e métodos **getters/setters**. Todos os atributos serão mapeados por intermédio de anotações de JPA, assunto que você verá mais para frente. São as chamadas classes de domínio.

Uma palavrinha sobre as instruções SQL

Pense: O controlador é o intermediário entre a visão e o modelo. **Então ele CONHECE tudo de visão e tudo de modelo**. A visão poderia pedir algo como *"traga-me a lista de todos os devedores, mas somente aqueles que realizaram compras a crédito no último mês"*. O controlador tem de conhecer isto para fazer o serviço direito.

As instruções SQL fazem parte das regras de negócio e nada mais são que cadeias de *strings*. Então, elas devem de ser colocadas dentro de uma classe controladora, pois, no momento em que você (a visão) pede ao controlador que lhe traga a lista de todos os devedores, o controlador já tem de saber como fazer isto: utilizando uma instrução SQL.

Hummm... bem, na verdade quando você for utilizar o Hibernate, em alguns casos, você não irá digitar uma linha sequer de SQL! De qualquer forma, as instruções SQL são extremamente necessárias em qualquer aplicativo, são elas que realizam o trabalho das consultas e podem ser formatadas de acordo com a necessidade do programador, mas é necessário um bom conhecimento para isto. Nesse sentido, caso o leitor, candidato a futuro expert em programação Java não domine o assunto, sugiro que procure fontes alternativas para poder tirar o máximo proveito das lições que vai estudar a partir de agora. Um bom domínio das instruções SQL pode definir bem um bom programador.

Chegamos ao fim desta lição.
A partir de agora, faça os trabalhos calmamente, revisando tudo o que foi digitado, nos mínimos detalhes, para que os testes possam ocorrer com sucesso.
Se chegou até aqui, é porque tem garra e dinamismo — cultive isto!

Lição 22
Um pouco de EJB, JPA e Hibernate

EJB

JPA

HIBERNATE

Objetivos:

- Iniciar seu aprendizado sobre Data Access Object — DAO
- Aprender noções de EJB/JPA/Hibernate
- Configurar as bibliotecas de persistência Java e WildFly usando Maven
- Configurar uma *Persistent Unit*

O Data Access Object (DAO)

Conceito

Para entender bem o que vem a ser um DAO, é necessário tecermos alguns comentários a respeito de *Design Patterns*, ou Padrão de Projetos. A lição anterior deu uma pincelada no assunto, onde pudemos ver um pouco de MVC, que também é um Design Pattern.

Os Design Patterns devem ser definidos como soluções já testadas para problemas de modelagem, portanto mais ou menos padronizadas que podem ser utilizadas na elaboração de sistemas, simplificando e agilizando os processos de desenvolvimento de software. Para se ter uma ideia, existem dezenas de tipos de Design Patterns que podem ser aplicados na engenharia de software. É assim que podemos encontrar soluções padronizadas para quase todo tipo de situação enfrentada pela engenharia, entre as quais, citamos:

- ✓ *Separar o código em camadas: **MVC;***
- ✓ *Delegar regras de negócio: **Facade;***
- ✓ *Comunicar com banco de dados: **DAO;***
- ✓ *Esconder detalhes relativos ao armazenamento de dados do resto da aplicação;*
- ✓ *evitar estados inconsistentes de dados.*
- ✓ *Etc.*

Os patterns podem trabalhar em conjunto. Um DAO poderá estar inserido dentro de um contexto MVC. Também o Facade pode se comunicar com um DAO para obter dados, e por aí vai... Tecnologias como Enterprise JavaBeans trazem para a aplicação servidores montados e que podem ser usados em aplicações corporativas robustas.

É assim que podemos utilizar um código mais ou menos parecido com o da listagem abaixo para implementar uma matriz CRUD:

```
public interface CustomerDAO{
  public void insert(Customer customer);
  public void update(Customer customer);
  public void delete(Integer pk);
  public List<Customer> findAll();
  public Customer findById(Integer pk);
}
```

EJB, JPA e Hibernate

Um pouco de EJB

A engenharia da manipulação de dados usando a internet como pano de fundo sempre foi um gargalo nas mãos dos projetistas. Visando uma melhor simplificação e padronização, a então SUN, já há algum tempo incorporada à Oracle, definiu a especificação EJB (Enterprise JavaBeans) como parte da plataforma J2EE (JAVA 2 Enterprise Edition).

Podemos definir o EJB como um componente servidor que roda em um container para EJB, cujo principal objetivo é fornecer ferramentas de desenvolvimento de aplicações Java baseadas em componentes portáveis e distribuídos. Entre outros, o EJB oferece aos desenvolvedores os seguintes serviços:

- ✓ Gerenciamento de transações;
- ✓ Segurança;
- ✓ Gerenciamento de recursos;
- ✓ Pode ser utilizado em soluções Web e não Web;
- ✓ Etc.

O uso de EJB pressupõe a utilização em larga escala de injeção de dependência, mapeamento ORM, programação orientada a aspecto, redução do uso de exceções verificadas, e por aí vai.

Na época de seu lançamento sua performance era considerada pesada, pois consumia muitos recursos dos servidores. Para contornar os problemas a então SUN, atendendo os anseios da Comunidade Java, resolveu abstrair do EJB a sua parte relativa a persistência de dados — mapeamentos ORM, transações, etc, criando assim uma nova especificação: a JPA.

Assim sendo, a **JPA tornou-se uma especificação separada de EJB**, e não está presa a ele. Isto é, não é necessário usá-la com EJB. Daí dizer-se que a JPA não é oriunda do EJB, mas sim o inverso, pois ela já estava contida nele.

Veja bem, isto não quer dizer que a especificação EJB está em desuso, muito pelo contrário, ela é utilizada em diversas situações corporativas mais complexas. Em nosso aplicativo nós vamos utilizar algumas anotações EJB e explorar bem mais a JPA, ambas agora com alta performance, plataformas ideais para serem utilizadas em aplicações corporativas, que é o nosso foco.

O padrão Data Access Object nada mais é que uma técnica de acesso a dados que pode ser aplicada a qualquer mecanismo de persistência. Fornece uma abordagem com bastante flexibilidade para qualquer aplicativo ao longo do tempo sem a necessidade de reengenharia. Por exemplo, pode haver benefícios em performance usando frameworks dedicados, como o Hibernate.

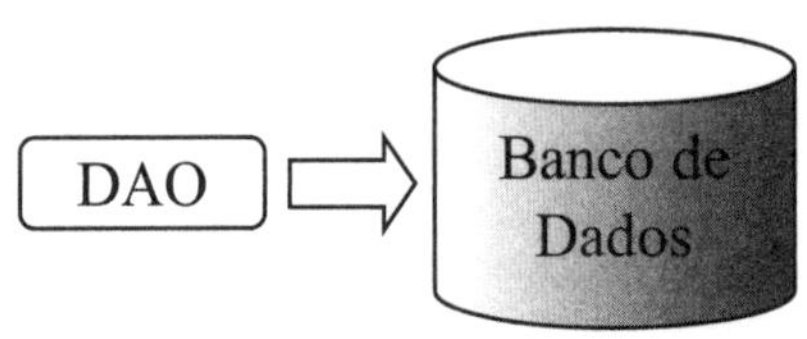

Figura 22.1
Um DAO interage com o banco de dados de qualquer aplicativo.

JPA

A JPA (Java Persistence API) é uma especificação Java para a **persistência de dados**, cujo propósito é a facilitação por parte da equipe de desenvolvimento no que tange à complexidade da arquitetura em si. Traz uma maior produtividade, uma vez que pode-se utilizar a tecnologia para a realização de muitas tarefas julgadas difíceis e complexas de serem implementadas.

Quando falamos em **dados persistentes**, normalmente estamos nos referindo a dados manipulados por um aplicativo em forma de **objeto**. O estado do dado se torna permanente quando o armazenamos em um meio persistente, como um banco de dados ou um arquivo do disco duro do computador. Em termos de EJB/JPA, esses dados persistentes são referidos como **entidades**. Uma entidade se refere a um conjunto lógico de dados que pode ser armazenado ou recuperado como um todo. Elas formam o coração de qualquer sistema baseado em EJB/JPA, representando o **domínio** da aplicação.

> As características peculiares das entidades são:
>
> ✓ Identidade;
> ✓ Capacidade de persistência;
> ✓ Transacionabilidade;

Por **identidade** podemos dizer que cada entidade (ou instância de entidade) possui uma propriedade única que a diferencia das demais (o CPF de uma pessoa, por exemplo).

Por **capacidade de persistência** entendemos como um conjunto de propriedades que as habilitam a pertencerem a um sistema persistente, como o próprio mapeamento, e outras que as permitem armazenar e recuperar dados.

Por **Transacionabilidade** entende-se que o sistema irá realizar as operações de INSERT, UPDATE e DELETE **dentro de um contexto transacional**, ou seja, as operações só serão efetivamente realizadas caso não ocorram problemas. Para que a transação possa acontecer, um objeto de domínio só poderá ser persistido se ele possuir um conjunto de características que o capacitam para tal.

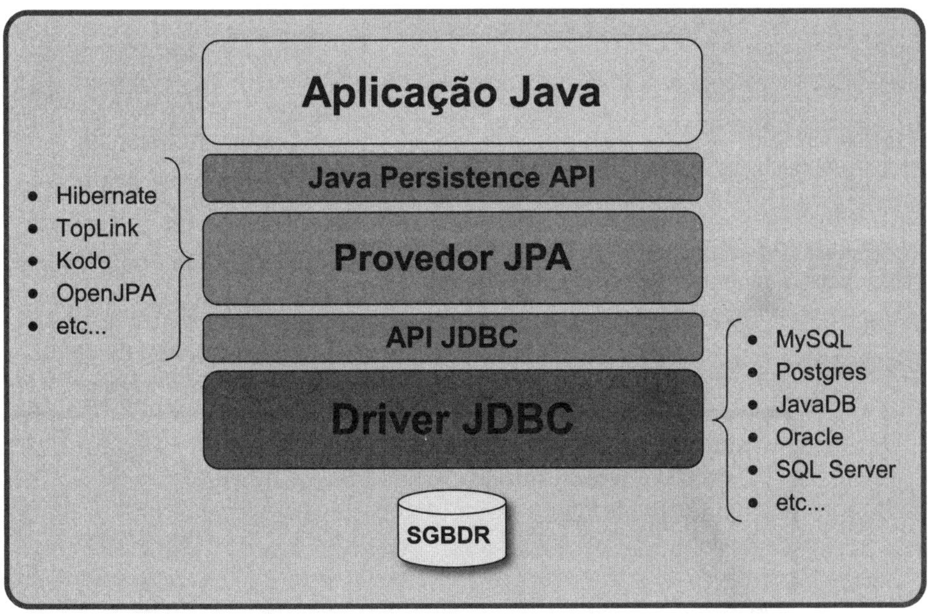

A JPA é uma especificação que, embora possua a sua própria implementação, também pode ser implementada por frameworks de terceiros. Os dois mais conhecidos são o **Hibernate** e o **TopLink**.

Figura 22.2
Java Persistence API.

Hibernate

O Hibernate é um framework ORM (*Object-Relational Mapping*) ou Mapeamento Objeto-Relacional para o ambiente Java que é uma das implementações oficiais da **JPA**. Segundo a documentação oficial, "[...] o Hibernate tem por finalidade a redução de 95% das tarefas mais comuns de persistência de dados". (HIBERNATE COMMUNITY DOCUMENTATION, www.hibernate.org). A maioria dos sistemas desenvolvidos, principalmente corporativos, dispõe suas informações gravadas em bancos de dados relacionais. Para que possamos entender como o Hibernate colabora na redução de código e na simplificação dos casos de uso de um sistema qualquer no que tange a persistência a dados, é necessário saber como este processo se dava antes de seu surgimento.

Tomemos como exemplo um banco de dados com uma tabela chamada ALUNO. Para a inclusão de um registro nessa tabela, seria necessário um código mais ou menos parecido com o das listagens 22.1 e 22.2. Para tanto, poderíamos utilizar uma API nativa do Java denominada JDBC.

```
public class ConnectionFactoryPostgreSQL {
  public static Connection getConnection() throws SqlException{
    try{
      Class.forName("org.postgresql.Driver");
      return DriveManager.getConnection(
        "jdbc:postgresql://localhost:5432/escola", "postgres", "postgres"
      );

    }catch(ClassNotFoundException e){
      throw new SqlException(e.getMessage);
    }
  }
}
```

Listagem 22.1 Classe de conexão (hipotética).

Percebe-se aí um grande esforço no intuito de persistir uma única linha utilizando duas classes: uma para a conexão e outra para a persistência, ambas contendo várias linhas, muito código para ser analisado e manutenido.

Com o surgimento da JPA o esforço do programador parece ter sofrido uma drástica redução, pois o código mostrado na Listagem 22.3 poderia realizar a mesma tarefa, com alguma configuração prévia do Hibernate servindo de provedor.

```
public class alunoDao {
  private Connection conn;

  public AlunoDao() throws SqlException{
    this.conn = ConnectionFactoryPostgreSQL.getConnection();
  }

  public void incluirAluno() throws SqlException{
    PrepareStatement stm = this.conn.connection.prepareStatement(
        "insert into ALUNO (id_aluno, nome_aluno) values (?,?)"
      }
    stm.setString(1, "Joaquim da Silva");
    stm.execute();
    stm.close();
    conn.close();
  }
}
```

Listagem 22.2
Classe de persistência com JDBC

Listagem 22.3
Classe de persistência com Hibernate (hipotética). A conexão seria feita por intermédio de um arquivo xml, onde o framework receberia os parâmetros de configuração relativos ao banco de dados.

```
public class alunoDao {
  public void incluirAluno(Aluno aluno){
    aluno.save;
  }
}
```

Configurando EJB/JPA/Hibernate

Criação do Datasource em WildFly

Laboratório 22.1

Para colocar o **driver do PostgreSQL** para funcionar no servidor, será necessário adicionar um *module* no WildFly. Sem delongas, abra o Explorador do Windows e navegue até a seguinte pasta:

*C:/java/wildfly-11.0.0-final/modules/system/layers/base/org/**postgresql/main/***.

Obviamente, estamos mostrando o local onde foi instalado o WildFly. Caso não possua alguns desses diretórios, crie-os. Copie o arquivo **postgresql-42.2.2.jar** para dentro desse diretório e crie dentro dele um outro arquivo chamado **module.xml**, codificando-o como na Listagem abaixo:

```
<?xml version="1.0" encoding="UTF-8"?>
<module xmlns="urn:jboss:module:1.3" name="org.postgresql">
   <resources>
      <resource-root path="postgresql-42.2.2.jar"/>
   </resources>
   <dependencies>
      <module name="javax.api"/>
      <module name="javax.transaction.api"/>
   </dependencies>
</module>
```

Use o Bloco de Notas do Windows para criar este arquivo.

Você já possui este jar. O arquivo pode ser encontrado dentro da pasta onde instalou o PostgreSQL (pgJDBC). No meu computador ele está em *C:\Program Files (x86)\PostgreSQL\pgJDBC*

Listagem 22.4 O arquivo **module.xml** para PostgreSQL.

Feito isto, edite o arquivo ***standalone.xml***, que se encontra em:

C:/java/wildfly-11.0.0-final/standalone/configuration/.

Entre as TAGs *<datasources></datasources>*, coloque o seguinte código:

```
<datasource jta="true" jndi-name="java:jboss/datasources/PostgreSQLDS-DEV"
     pool-name="PostgreSQLDS-DEV"  enabled="true" use-java-context="true">

  <connection-url>jdbc:postgresql://localhost:5432/pworld</connection-url>
  <driver>postgresql</driver>
  <transaction-isolation>TRANSACTION_READ_COMMITTED</transaction-isolation>

  <pool>
    <min-pool-size>10</min-pool-size>
    <max-pool-size>100</max-pool-size>
    <prefill>true</prefill>
  </pool>

  <security>
    <user-name>postgres</user-name>
    <password>postgres</password>
  </security>

  <statement>
    <prepared-statement-cache-size>32</prepared-statement-cache-size>
    <share-prepared-statements>true</share-prepared-statements>
  </statement>
</datasource>
```

Listagem 22.5
Incluindo o datasource do **PostgreSQL** (com o nome de **PostgreSQLDS-DEV**) no arquivo *standalone.xml*. Atente para usuário e senha do banco **pworld**, criado em lição anterior.

Ainda dentro do arquivo standalone.xml, e dentro da tag *datasources*, edite as tags *<drivers>...</drivers>*, inserindo dentro dela mais um driver, com o seguinte código:

```
<driver name="postgresql" module="org.postgresql">
    <xa-datasource-class>org.postgresql.Driver</xa-datasource-class>
</driver>
```

Listagem 22.6 A declaração do driver do PostgreSql.

Testando a conexão com o pworld

Pronto! agora reinicie o servidor, de dentro do Eclipse, se preferir. Acesse os ***datasources*** no painel do WildFly digitando no browser ***http://localhost:9990***, digite usuário e senha do painel de controle do WildFly — esses dois dados você deve ter anotado em algum lugar (consulte o Volume I - Lição 17).

Veja o ***datasource*** que acabamos de criar, se fez tudo direitinho ele tem de estar lá. Para acessá-lo, acione a aba *Configuration,* opção *Subsystems*, *Datasources, Non-XA*. Clique no botão View do datasource PostgreSQLDS-DEV...

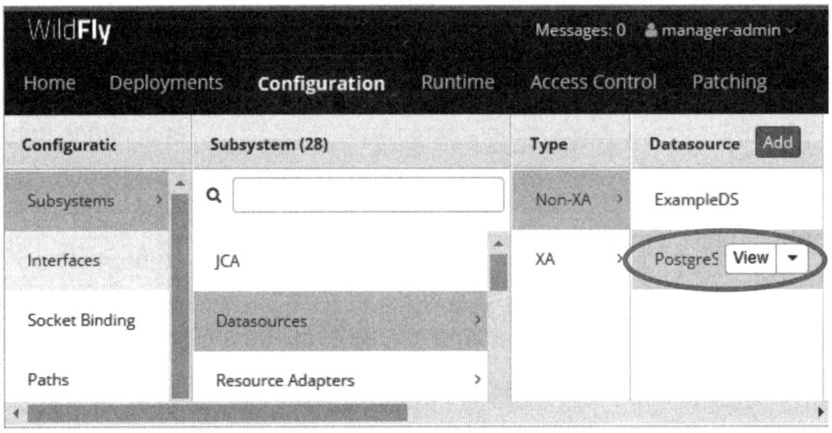

Figura 22.3 Acessando o datasource **PostgreSQLDS-DEV**.

Para testar, acione a aba Connection e aperte o botão ***Test Connection***.

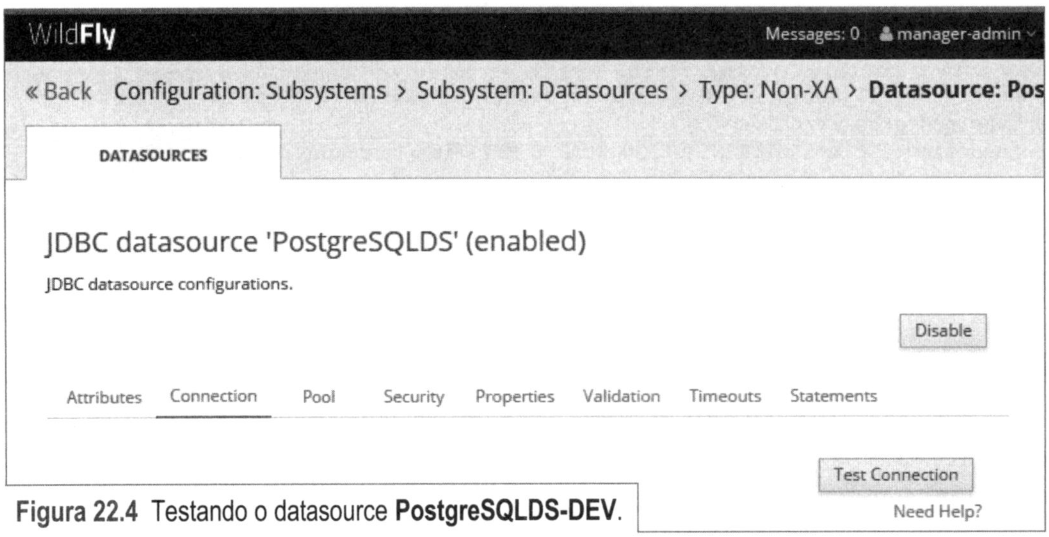

Figura 22.4 Testando o datasource **PostgreSQLDS-DEV**.

Fim do Laboratório 22.1

O arquivo persistence.xml: criando um Contexto de Persistência

A próxima etapa na configuração do projeto é a criação do arquivo **persistence.xml** previsto pela especificação EJB 3, onde configuramos vários aspectos da conexão com o banco de dados. Neste ponto, nos limitaremos à configuração de apenas um objeto, denominado **persistence-unit**.

O QUE É UM PERSISTENCE-UNIT

Uma **unidade de persistência JPA**, ou **Persistence Unit**, é uma unidade de agrupamento lógico de classes persistentes definidas pelo usuário, tipicamente entidades, mais os elementos de ligação com o banco. O arquivo **persistence.xml** materializa a unidade de persistência prevista para o projeto que estamos construindo.

Laboratório 22.2

Para criar o arquivo **persistence.xml**, clique com o botão direito do mouse em cima da pasta **src/main/resources/META-INF**, acionando o menu *New*, *Other*. Na caixa de diálogo que aparece, localize a pasta *XML* e escolha a opção *XML File*. Dê o nome para o arquivo de persistence.xml, depois é só digitar o código da Listagem 22.7 e salvar.

```xml
<?xml version="1.0" encoding="UTF-8"?>

<persistence xmlns="http://java.sun.com/xml/ns/persistence"
  xmlns:xsi="http://www.w3.org/2001/XMLSchema-instance"
  xsi:schemaLocation="http://java.sun.com/xml/ns/persistence
    http://java.sun.com/xml/ns/persistence/persistence_2_0.xsd"
  xmlns:xsd="http://www.w3.org/2001/XMLSchema"
  version="2.0">

  <persistence-unit name="PWORLD-DEV"  transaction-type="JTA">
    <provider>org.hibernate.ejb.HibernatePersistence</provider>
      <jta-data-source>java:jboss/datasources/PostgreSQLDS-DEV</jta-data-source>

      <properties>
        <property name="hibernate.show_sql"  value="true"/>
        <property name="hibernate.format_sql"  value="true"/>
        <property name="hibernate.hbm2ddl.auto"  value="create-drop"/>
        <property name="hibernate.dialect"  value="org.hibernate.dialect.PostgreSQLDialect"/>
        <property name="hibernate.temp.use_jdbc_metadata_defaults"  value="false"/>
      </properties>

  </persistence-unit>

</persistence>
```

CUIDADO COM ISTO!

Listagem 22.7 Crie o arquivo **persistence.xml** (PostgreSQL) dentro de META-INF.

Fim do Laboratório 22.2

Na listagem acima, visualizamos duas coisas extremamente importantes para o aplicativo:

- ✓ O *name* da persistence-unit: **PWORLD-DEV**;
- ✓ O *transaction-type:* **JTA**.

Name:

É um referencial para TUDO, sem isto não há como fazer o gerenciamento da persistência. Este nome será utilizado pela JPA para informar qual é a persistence-unit a ser utilizada, visto que uma aplicação poderá possuir mais de uma.

transaction-type:

Se refere ao modo como você quer que sejam feitas as transações com o banco de dados. Existem duas opções: JTA e RESOURCE_LOCAL.

> **JTA**: O servidor de aplicações fará o controle transacional, automaticamente;
>
> **RESOURCE_LOCAL**: A aplicação fará o controle. Neste caso, você deverá fornecer instrumentos para a realização da transação. Este tipo de abordagem lhe confere um maior controle, pois você saberá onde e como estarão sendo alocados esses recursos. Embora a opção RESOURCE_LOCAL proporcione maior controle, o servidor WildFly é muito eficiente em realizar as operações de transação. A maioria dos desenvolvedores estão optando por JTA (linha 10, Listagem 22.7). Assim, delegamos as operações de abrir e fechar transações para o servidor.

A propriedade ***hibernate.show_sql*** é utilizada para efetuar logs durante a execução das instruções SQL quando operações com banco de dados forem realizadas, e a ***hibernate.format_sql*** para formatar a saída dos logs. Esta formatação já vem pré-definida e auxilia bem na interpretação.

A propriedade ***hibernate.hbm2ddl.auto*** deve ser utilizada com cautela, pois ela realiza operações de DDL (Linguagem de Definição de Dados) no banco de dados definido na Persistence-Unit. Ela admite quatro valores:

Create: criar o esquema. Os dados anteriormente presentes, se houver no esquema, serão perdidos;

update: atualizar o esquema. Esta é uma abordagem que pode ser adotada, pois ela também é capaz de criar os elementos, caso eles não existam.

validate: validar o esquema. Não faz alterações no banco de dados.

create-drop: criar o esquema com a destruição dos dados anteriormente presentes. Descarta o esquema quando o SessionFactory é fechado. Evidente, após a criação ou manutenção dos elementos (tabelas, índices, sequências, etc.), essa propriedade deve ser removida, independentemente do valor utilizado, comentando toda a linha 17 (cuidado com isto!).

A propriedade ***hibernate.dialect"*** é a responsável por "adaptar" a linguagem do banco de dados PostgreSQL ao Hibernate, que é o implementador da JPA. Em nosso projeto, utilizamos o valor "PostgreSQLDialect" que é padrão para o banco que estamos utilizando, cada banco possui o seu valor pré-definido.

A propriedade ***hibernate.temp.use_jdbc_metadata_defaults*** diz respeito ao carregamento dos metadados, informando ao Hibernate como tratar os campos do tipo LOB e CLOB — vem habilitado por default. Deve ser setado para "false", a fim de se evitar a *InvocationTargetException mostrada* abaixo:

```
INFO LobCreatorBuilder - HHH000424: Disabling contextual LOB creation as createClob() method threw error : java.lang.reflect.InvocationTargetException
```

A linha 11 da Listagem 22.7 mostra o uso de uma classe EJB responsável por invocar o Hibernate como provedor de acesso. Abaixo dela, vemos a declaração do datasource utilizado no projeto. O datasource é aquele que foi definido no laboratório 22.1, o **PostgreSQLDS-DEV**.

Maven: é com você!

Não podemos prosseguir sem antes instalarmos as bibliotecas necessárias ao funcionamento de EJB/JPA/Hibernate, então esta deverá ser a nossa próxima tarefa enquanto configuramos o projeto.

Laboratório 22.3

Abra o arquivo pom.xml e adicione as dependências mostradas na listagem abaixo...

```
[...]
    <!-- Habilitando EJB, JPA e Hibernate -->
    <dependency>
        <groupId>org.apache.commons</groupId>
        <artifactId>commons-email</artifactId>
        <version>1.4</version>
    </dependency>

    <dependency>
        <groupId>commons-fileupload</groupId>
        <artifactId>commons-fileupload</artifactId>
        <version>1.2.2</version>
    </dependency>

    <dependency>
        <groupId>commons-lang</groupId>
        <artifactId>commons-lang</artifactId>
        <version>2.6</version>
    </dependency>

    <dependency>
        <groupId>org.hibernate</groupId>
        <artifactId>hibernate-core</artifactId>
        <version>5.2.13.Final</version>

        <exclusions>
            <exclusion>
                <groupId>org.javassist</groupId>
                <artifactId>javassist</artifactId>
            </exclusion>

            <exclusion>
                <groupId>antlr</groupId>
                <artifactId>antlr</artifactId>
            </exclusion>

            <exclusion>
                <groupId>org.jboss.logging</groupId>
                <artifactId>jboss-logging</artifactId>
            </exclusion>

            <exclusion>
                <groupId>dom4j</groupId>
                <artifactId>dom4j</artifactId>
            </exclusion>

            <exclusion>
                <groupId>org.hibernate.common</groupId>
                <artifactId>hibernate-commons-annotations</artifactId>
            </exclusion>
        </exclusions>
    </dependency>
```

continua

Listagem 22.8a Adicionando novas dependências ao **pom.xml**.

continuação

```
[...]  <dependency>
          <groupId>org.hibernate</groupId>
          <artifactId>hibernate-entitymanager</artifactId>
          <version>5.2.13.Final</version>

          <exclusions>
             <exclusion>
                  <groupId>org.jboss.logging</groupId>
                  <artifactId>jboss-logging</artifactId>
             </exclusion>

             <exclusion>
                  <groupId>dom4j</groupId>
                  <artifactId>dom4j</artifactId>
             </exclusion>

             <exclusion>
                  <groupId>org.hibernate.common</groupId>
                  <artifactId>hibernate-commons-annotations</artifactId>
             </exclusion>

             <exclusion>
                  <groupId>org.javassist</groupId>
                  <artifactId>javassist</artifactId>
             </exclusion>
          </exclusions>
       </dependency>

       <dependency>
          <groupId>jboss</groupId>
          <artifactId>jboss-common-jdbc-wrapper</artifactId>
          <version>3.2.3</version>
       </dependency>

       <dependency>
          <groupId>com.lowagie</groupId>
          <artifactId>itext</artifactId>
          <version>2.1.7</version>
       </dependency>

       <dependency>
          <groupId>javax.activation</groupId>
          <artifactId>activation</artifactId>
          <version>1.1.1</version>
       </dependency>
       <!-- Fim de dependencias do EJB, JPA e Hibernate -->
```

Listagem 22.8b
Adicionando novas dependências ao **pom.xml**.

Digitou o código? Então realize as seguintes tarefas — se tiver alguma dúvida consulte o Volume I do livro:

- Salve o arquivo e espere até que o Eclipse se estabilize — Calma! Tenha paciência ao salvar o arquivo porque vai demorar até que o Maven possa realizar os downloads;
- Mexeu no pom, *update* na raiz do projeto com o Maven;
- Dê o comando *clean install do* Maven e aguarde que ele termine a compilação;
- Direito do mouse na raiz do projeto, comande *Refresh*;
- Na visão *Servers*, expanda o servidor e clique com o direito do mouse no projeto blankapp, acionando logo em seguida o comando *Full Publish*.

Reinicie o servidor WildFly e veja o log no console do Eclipse. Perceba que agora temos elementos de EJB gerenciando a aplicação, veja os textos em destaque na listagem abaixo. Veja também que possuímos duas **warnings** — elas não representam perigo em potencial.

```
15 fev 2018 22:42:52  INFO modules - JBoss Modules version 1.3.3.Final
15 fev 2018 22:42:52  INFO msc - JBoss MSC version 1.2.2.Final
15 fev 2018 22:42:54  INFO datasources - JBAS010403: Deploying JDBC-compliant driver class
org.h2.Driver (version 1.3)
15 fev 2018 22:42:54  INFO security - JBAS013171: Activating Security Subsystem
15 fev 2018 22:42:54  INFO security - JBAS013170: Current PicketBox version=4.0.21.Final
00:03:15,506 WARN  [org.jboss.as.txn] (ServerService Thread Pool -- 58) WFLYTX0013: The node-
identifier attribute on the /subsystem=transactions is set to the default value. This is a danger for
environments running multiple servers. Please make sure the attribute value is unique.
15 fev 2018 22:42:54  INFO naming - JBAS011802: Starting Naming Service
15 fev 2018 22:42:54  INFO extension - JBAS015400: Bound mail session [java:jboss/mail/Default]
15 fev 2018 22:42:54  INFO logging - JBAS010408: Starting JCA Subsystem (IronJacamar 1.1.9.Final)
15 fev 2018 22:42:54  INFO jdbc - JBAS010417: Started Driver service with driver-name = postgresql
15 fev 2018 22:42:54  INFO jdbc - JBAS010417: Started Driver service with driver-name = h2
15 fev 2018 22:42:54  INFO undertow - JBAS017502: Undertow 1.1.0.Final starting
23:55:00,177 WARN  [org.jboss.as.domain.management.security] (MSC service thread 1-5) WFLYDM0111:
Keystore C:\java\wildfly-11.0.0.Final\standalone\configuration\application.keystore not found, it
will be auto generated on first use with a self signed certificate for host localhost
15 fev 2018 22:42:55  INFO undertow - JBAS017527: Creating file handler for path C:\java\wildfly-
8.2.0.Final/welcome-content
15 fev 2018 22:42:55  INFO remoting - JBoss Remoting version 4.0.6.Final
15 fev 2018 22:42:55  INFO undertow - JBAS017525: Started server default-server.
15 fev 2018 22:42:55  INFO undertow - JBAS017531: Host default-host starting
15 fev 2018 22:42:55  INFO undertow - JBAS017519: Undertow HTTP listener default listening on loca-
lhost/127.0.0.1:8080
15 fev 2018 22:42:56  INFO datasources - JBAS010400: Bound data source [java:jboss/datasources/
ExampleDS]
15 fev 2018 22:42:56  INFO datasources - JBAS010400: Bound data source [java:jboss/datasources/
PostgreSQLDS]
15 fev 2018 22:42:56  INFO management - JBWS022052: Starting JBoss Web Services - Stack CXF Server
4.3.2.Final
15 fev 2018 22:42:58  INFO jpa - JBAS011401: Read persistence.xml for PostgreSQLDS
15 fev 2018 22:42:59  INFO jpa - JBAS011409: Starting Persistence Unit (phase 1 of 2)
'blankapp.war#PostgreSQLDS'
15 fev 2018 22:42:59  INFO LogHelper - HHH000204: Processing PersistenceUnitInfo [
  name: PWORLD-DEV
  ...]
15 fev 2018 22:42:59  INFO Version - HHH000412: Hibernate Core {4.3.7.Final}
15 fev 2018 22:42:59  INFO Environment - HHH000206: hibernate.properties not found
15 fev 2018 22:42:59  INFO deployer - JBAS016002: Processing weld deployment blankapp.war
15 fev 2018 22:42:59  INFO Version - HV000001: Hibernate Validator 5.1.3.Final
15 fev 2018 22:42:59  INFO deployer - JBAS016005: Starting Services for CDI deployment: blankapp.war
15 fev 2018 22:42:59  INFO Version - WELD-000900: 2.2.6 (Final)
15 fev 2018 22:42:59  INFO deployer - JBAS016008: S
15 fev 2018 22:43:00  INFO jpa - JBAS011409: Starti
'blankapp.war#PostgreSQLDS'
15 fev 2018 22:43:00  INFO Version - HCANN000001: H
15 fev 2018 22:43:00  INFO Dialect - HHH000400: Usi
org.hibernate.dialect.PostgreSQLDialect
15 fev 2018 22:43:00  INFO LobCreatorBuilder - HHH0
nection was null
15 fev 2018 22:43:00  INFO ASTQueryTranslatorFactor
15 fev 2018 22:43:00  INFO SchemaUpdate - HHH000228
15 fev 2018 22:43:00  INFO SchemaUpdate - HHH000102
15 fev 2018 22:43:00  INFO SchemaUpdate - HHH000396
15 fev 2018 22:43:00  INFO SchemaUpdate - HHH000232
15 fev 2018 22:43:01  INFO config - Inicializando M
texto '/blankapp'
```

Isto indica que a configuração foi bem feita!

A primeira WARN pode ser sanada com o seguinte procedimento: Abra o arquivo **standalone.xml** e modifique o subsystem **transactions:4.0**, localizando a tag **<core-environment >**, trocando-a por: **<core-environment node-identifier="2001">.**

A segunda WARN avisa que não estamos utilizando um protocolo de segurança. Para corrigir, seria necessário a utilização de um certificado SSL (navegação segura — HTTPS), o que não é preocupante para um servidor de testes como o nosso.

Listagem 22.9 Trechos do log ao subir o aplicativo.

Fim do Laboratório 22.3

Aprofundando a EJB/JPA/Hibernate

A Especificação EJB mudou muito...

Para finalizar esta lição é mister saber que a Especificação EJB tenta cumprir vários objetivos ao mesmo tempo:

- "Ela foi projetada para tornar mais fácil a vida dos desenvolvedores, libertando-os de detalhes do sistema em nível mais baixo, como nas operações de transações com banco de dados, threads, balanceamento de carga, e assim por diante, porque tudo isto já está implícito, o desenvolvedor não mais terá de se preocupar com isto."
- "[...] Os desenvolvedores de aplicativos podem agora concentrar-se mais na lógica de negócios e deixar os detalhes da gestão do processamento de dados para o framework. Para aplicações especializadas, porém, sempre será possível customizar o ambiente sob medida."

Claro, essas são palavras retiradas do site da Oracle e, embora pareça pura propaganda, fizemos questão de reproduzi-las aqui porque é mesmo uma realidade. No início, quando de seu surgimento, foi recebida com alguma cautela, pois as aplicações construídas com ela se apresentavam pesadas e com um elevado nível de complexidade. Melhoraram tanto que ela hoje está tomando a preferência dos desenvolvedores.

Entendendo o Pool de Conexões

Realizando uma análise bem prática, seria bom que você se concentrasse no arquivo **standalone.xml**, que se encontra dentro da pasta *C:\java\wildfly-11.0.0.Final\standalone\configuration*, mais especificamente no trecho referente ao pool de conexões, reproduzido abaixo:

```
[...]
<pool>
  <min-pool-size>5</min-pool-size>
  <max-pool-size>10</max-pool-size>
  <prefill>true</prefill>
</pool>
```

Listagem 22.10 Configuração do Pool de Conexões dentro do Datasource.

Como sabemos, um datasource tem a função de prover uma conexão com o banco de dados ao aplicativo podendo ser feita de várias maneiras e uma delas, a que vamos utilizar, é com a interferência de um recurso denominado **Pool de Conexões**.

Cada vez que uma requisição ao servidor é realizada, imediatamente abre-se uma conexão com o banco e fecha-a ao final dela. Quando o número dessas conexões forem relativamente grandes, o servidor poderá se sobrecarregar e ficar lento, ao ponto de inviabilizar o projeto se não forem tomadas medidas corretivas.

Bom seria se essas conexões já existissem (e há mesmo um jeito de remediar)...

Uma **Connection Pool** é uma camada que fica entre o cliente e o banco de dados e a sua função é evitar essa lentidão. Mas como isto se dá? Quando o cliente abre uma conexão **usando o pool**, ao invés de abrir uma nova? Funciona assim: Ele simplesmente pega uma das conexões que já mantinha aberta com o banco e a marca como alocada para aquele cliente. O cliente então usa a conexão normalmente e faz as operações desejadas. Quando terminar as operações, a conexão que ele utilizou não será fechada de imediato (o *Connection Pool* garantirá para que isto não aconteça), permanecendo aberta, sendo marcada como disponível.

O Hibernate pode usar o pool interno que já vem implementado dentro dele. Ele é suficiente para quando estamos desenvolvendo ou testando uma aplicação. Para rodá-lo em um ambiente de produção, contudo, não é recomendado o uso de uma implementação tão simples assim. É assim que usamos o pool que já vem fornecido e implementado no servidor de aplicações, o WildFly, robusto o suficiente para um ambiente de produção e bastante indicado para as aplicações corporativas.

O recurso possui mecanismos para destruir as conexões que permanecem abertas após algum período de tempo (configurável), além de proporcionar a configuração dos limites mínimo e máximo de conexões permitidas. Obviamente, a configuração ideal irá depender da demanda, de quantos usuários acessam diariamente, etc. Somente um bom estudo seria capaz de definir o ponto ideal. Para os nossos testes apenas mantivemos uma configuração mínima de 5 e máxima de 10, com estratégia Gracefully (default).

É possível modificar o pool de conexões diretamente no painel de controle do WildFly, acessando a url **localhost:9990** (Consulte o Volume I para saber como fazer para habilitar o WildFly Management).

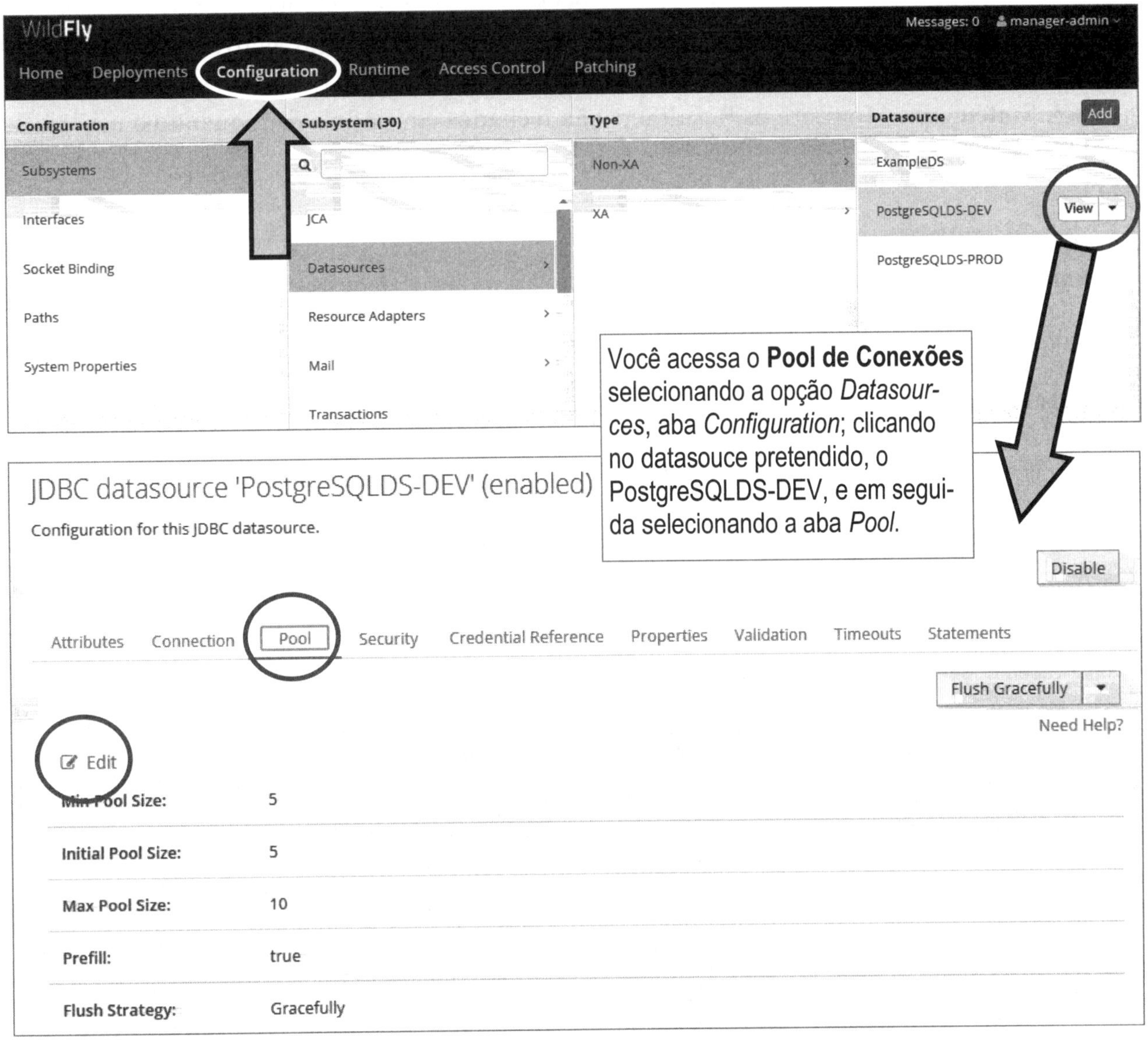

Figuras 22.5 e 22.6 Acessando o Pool de Conexões do datasource **PostgreSQLDS-DEV**.

...E clicando no botão Edit para alterar os seguintes dados:

Min Pool Size: Especifica o número mínimo de conexões, default é 0;

Max Pool Size: Especifica o número máximo de conexões, atingido este número, os próximos usuários aguardariam na fila, default é 20;

Strict Minimum: Habilita ou desabilita a opção Min Pool Size;

Prefill enabled: Se habilitado, efetiva as conexões, preenchendo-as, se desabilitado, o pool deixa de funcionar;

Flush Strategy: Especifica como o pool deve agir em caso de erro. Os valores válidos são:

> *FallingConnectionOnly, InvalidIdleConnections, IdleConnections, Gracefully (default), EntirePool, AllInvalidIdleConnections, AllIdleConnections, AllGracefully e AllConnections.*

Existem outros parâmetros de configuração do **datasource** também importantes. Alguns exemplos:

Idle Timeout: Especifica o tempo máximo que a conexão pode ficar inativa antes de ser fechada;

Track Statements: Monitora os ResultSets não fechados emitindo avisos quando o usuário se esquece de fechá-los, default é "nowarn".

EntityManager: o Coração da JPA

O **EntityManager** é um gerenciador central para todas as ações de persistência da JPA, onde ele é chamado para realizar as operações com banco de dados compreendidas em uma matriz CRUD (*Create*, *Retrieve*, *Update* e *Delete*), com dados relevantes de Entidades Java. Trata-se de uma interface prevista na especificação pertencente ao pacote *javax.persistence*. O Entity Manager lida com as entidades porque as "conhece" como entidades a serem persistidas, através de configurações específicas. Como vimos anteriormente, essas entidades são simples classes Java denominadas *Plain Old Java Objects*, anotadas com elementos de JPA, que refletem o **domínio** da aplicação.

Baseado nessas afirmações, basta apenas instanciar uma classe de domínio, "popular" o objeto criado e chamar o serviço do EntityManager para persistir, como vemos nas instruções a seguir...

```
//A linha abaixo instancia um objeto de domínio (entidade).
Departamento departamento = new Departamento();

//As linhas abaixo populam o objeto.
departamento.setNome("Seção de Informática");
departamento.setChefe("Joaquim");

//A linha abaixo chama o serviço de persistência.
entityManager.persist(departamento);

//Neste instante seria criado um registro na tabela DEPARTAMENTO.
```

Listagem 22.11
Hipoteticamente, é assim que você faria usando o EntityManager da JPA.

É claro que para isto dar certo algumas configurações seriam necessárias.

E estaríamos utilizando aí um *design pattern* denominado *Factory*, no caso, **uma fábrica de EntityManagers**.

O Ciclo de Vida dos Objetos Persistentes

Entender como funciona o EntityManager é a mesma coisa que compreender o ciclo de vida dos objetos persistentes. A figura abaixo mostra as operações que ocorrem no "coração" do EntityManager:

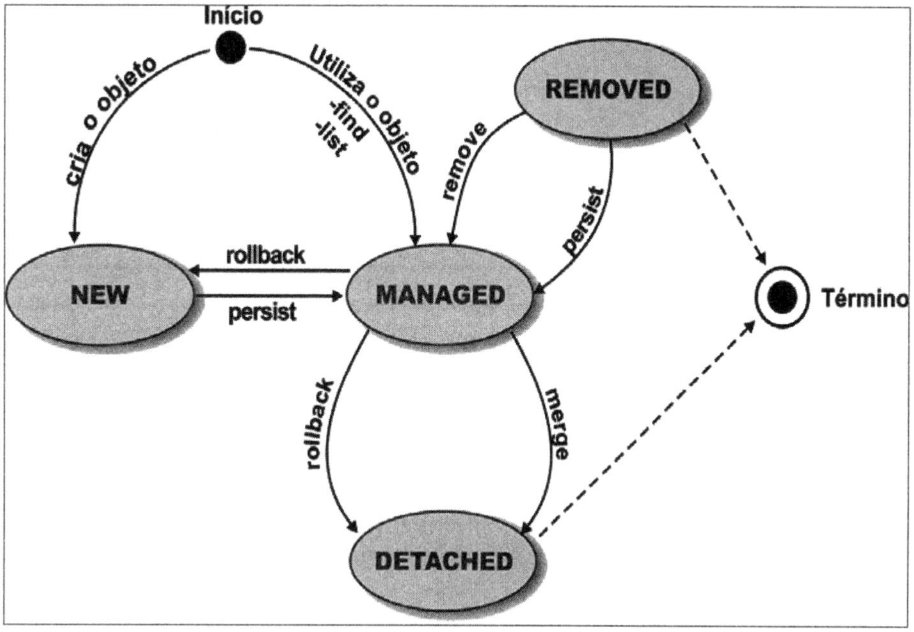

Figura 22.7
O ciclo de vida dos objetos persistentes.

O mecanismo de persistência da JPA define quatro tipos de estados para os objetos, a saber:

new, managed, detached e removed

Objetos New:

São objetos em que as suas instâncias não estão nem estiveram associadas a algum contexto persistente. Eles são instanciados, utilizados e após a sua destruição não podem ser reconstruídos automaticamente. Esses objetos não possuem ainda uma identidade, é o início do processo para a gravação de uma linha no banco de dados;

Objetos Managed:

São objetos em que as suas instâncias estão associadas a um contexto persistente, ou seja, têm uma identidade de banco de dados (normalmente uma string ou número que não pode ser repetido — a chave primária de uma tabela, por exemplo) e estão prontos para serem gravados no banco de dados.

Objetos Detached:

São objetos que tiveram suas instâncias associadas a um contexto persistente, mas que por algum motivo deixaram de ser associados, ou por fechamento da sessão (mais comum) ou outro motivo qualquer. Para serem gravados no banco, eles precisam retornar ao estado "managed".

Objetos Removed:

São objetos que estão marcados para serem apagados do banco de dados no final de uma transação.

inicio

O EntityManager pode **criar um objeto**, neste caso o objeto é *NEW*:

```
/*Aqui o objeto é new, pois ainda não foi associado à um contexto
persistente. O EntityManager ainda não conhece este objeto.*/
Departamento departamento = new Departamento();

/*O EntityManager pode utilizar um objeto: um objeto que já exista no
banco de dados – em estado MANAGED. São os métodos de consulta ao
banco (find, List, etc.): A instrução abaixo busca um departamento
que possua um id = 1. Neste instante o objeto recuperado passa a es-
tado MANAGED e assim permanecerá, até que a  sessão com o banco seja
fechada, passando ao estado DETACHED.*/
entityManager.find(Departamento, 1);
```

persist

O *persist* torna o objeto *MANAGED* e guarda-o no banco de dados:

```
/*Neste instante o objeto torna-se MANAGED. Perceba que aqui o método
persist utiliza objetos new.*/
entityManager.persist(departamento); //grava no banco de dados.
```

merge e remove

O método *remove* só utiliza objetos *MANAGED*. Então, não adiantaria simplesmente realizar isto:

```
//Instancia o objeto. No momento seu estado é new.
Departamento departamento = new Departamento();

/*Atribui o id = 1 (apagar o departamento que possua um id=1).*/
departamento.setId(1);

//Nada irá ocorrer aqui. Porque?
entityManager.remove(departamento);
```

A linha de código anterior não funciona porque o método *remove* necessita de um objeto em estado *MANAGED* e coloca este mesmo objeto em estado *REMOVED* após a operação. É por isto que as instruções acima não funcionam, pois o objeto *departamento* não está *MANAGED*, na verdade ele está *NEW*. Como fazer para resolver a situação? Basta utilizar o método **merge** do EntityManager. Abaixo vemos as mesmas instruções usando o método *merge* intermediando a operação:

```
//instancia o objeto. No momento seu estado é NEW.
Departamento departamento = new Departamento();

//Atribui o id = 1 (apagar o departamento que possua um id=1).
departamento.setId(1);

//O método merge em ação - o objeto fica MANAGED.
departamento = entityManager.merge(departamento);

/*Agora sim, o departamento será marcado para ser excluído ao final
da transação, entrando em estado REMOVED. Quando houver um "commit"
ele será removido.*/
entityManager.remove(departamento);
```

A técnica do merge/remove é utilizada quando você quer remover um objeto que não esteja no estado *MANAGED*. No caso contrário, faríamos assim:

```
//Recuperando um objeto e excluindo-o do banco.
Departamento departamento = entityManager.find(Departamento, 1);
entityManager.remove(departamento);
```

merge e update

O método *merge* funciona analogamente à um método "update". Na realidade, o EntityManager não possui um método update declarativamente, é o merge que faz isto. Se o objeto não for marcado para ser removido, ele sofrerá **update** após um commit, veja...

```
//instancia o objeto. No momento seu estado é NEW.
Departamento departamento = new Departamento();

/*Atribui o id = 1 */
departamento.setId(1);

/*Este método tenta buscar o objeto que possua um id=1 dentro do espa-
ço chamado DETACHED.  Se encontrar, ele será trazido para MANAGED. Se
não encontrar será criado um novo objeto managed. Dissemos que este
objeto agora está gerenciado, ou seja, perfeitamente sincronizado.*/
departamento = entityManager.merge(departamento);

/*Agora que o objeto está MANAGED podemos alterar o seu estado. Todas
as mudanças serão refletidas no banco de dados. Qualquer pesquisa so-
bre este objeto torna-o, também, "managed", daí, nem precisa dar um
"merge", basta ir direto *ao "persist". */
departamento.setNome("Este nome foi alterado");
entityManager.persist(departamento); //(update, se já existia) no BD.
```

DETACHED

E como evitar que o EntityManager não realize operações de persistência com um determinado objeto? Basta executar a operação abaixo:

```
/*transforma o objeto MANAGED para DETACHED
Nesta condição o objeto departamento não poderá mais
ser persistido.*/
entityManager.detach(departamento);
```

término

Os objetos, após algum tempo inativos, são recolhidos pelo *Garbage Collector*.

Perceba no gráfico da figura 22.7 a existência de setas pontilhadas...

Isto indica que os objetos *detached* ou *removed* podem ser destruídos pelo Java a qualquer momento. Isto é sinal de que PODE SER QUE ESSES OBJETOS AINDA ESTEJAM NA MEMÓRIA do EntityManager, ou em estado *detached*, ou em estado *removed*.

No caso de um *remove* é necessário colocar o objeto em estado *managed* antes da marcação. Imagine que você esteja querendo apagar o registro número 1 de uma tabela do banco de dados — um registro que possua um id=1, por exemplo. Será que, ao submeter este objeto para o ciclo da persistência, em algum momento, este objeto já não estava na memória do EntityManager, em estado *detached*? Será que este objeto de id=1 já não estava *detached*? Guardado lá há algum tempo, desde que você começou a manipular o aplicativo? Pois é. É para isto que serve o **merge**. Ele tenta descobrir se este objeto está *detached*, caso ele esteja, irá devolver este objeto em estado *managed*.

Se você olhar o gráfico novamente, entenderá tudo perfeitamente. Essa engenhoca é que possibilita a rapidez na realização das transações, evitando a criação de objetos pesados sem necessidade, evitando buscas desnecessárias ao banco de dados.

> Por que ir buscar no banco de dados se o objeto ainda existe na memória do Entity-Manager? **É o Cache de 1º Nível em ação.**

Concluímos esta lição apenas vendo subir o aplicativo BlankApp para observar seus logs no console do Eclipse. Na próxima lição vamos completar o estudo sobre DAOs.

Lição 23
DAO

Objetivos:

- Compreender o DAO genérico
- Criar a classe DAO genérica e sua interface
- Criar *exceptions*

Mais sobre o DAO

Uma palavrinha...

DAO, de Data Access Object, ou Objeto de Acesso a Dados. Boa parte do que tínhamos para falar dele já o fizemos em lição anterior. É um Padrão de Projeto — uma classe DAO deve ser confeccionada levando-se em conta algumas regras especificadas nesse padrão.

É um objeto de acesso, e dentro dele temos vários métodos para acessar, manipular ou criar registros em um banco de dados. Sua função precípua é separar as operações de acesso a dados de **baixo nível** de operações de negócios de **alto nível**, e consta basicamente de:

Uma interface Data Access Object: Essa interface define as operações padrões a serem executadas em um objeto de modelo;

Uma classe concreta do Objeto de Acesso a Dados: Esta classe implementa a interface acima e é responsável por obter dados de uma fonte que pode vir de um banco de dados, um arquivo de recurso ou qualquer outro mecanismo de armazenamento;

Um objeto de domínio: Este objeto pode ser um simples POJO, sem muita inteligência, mas com as anotações relativas ao framework de persistência utilizado.

Principais características

- √ Não se preocupar com a conexão com o BD;
- √ Deve ser, preferencialmente, criado por intermédio de injeção (CDI ou Spring);
- √ Estar inserido dentro de um *Persistence Context*, se usado com um framework de persistência (Hibernate);
- √ Não possuir responsabilidade de transações, normalmente feitas na camada controladora;
- √ Não realizar tratamento de exceções, delegando isto para a camada superior;
- √ Possuir isolamento total das outras camadas;
- √ Acesso a dados de forma transparente;
- √ Possuir todas as operações compreendidas na matriz CRUD.

Análise das características

Olhando mais de perto cada uma das características citadas e contextualizando-as em nosso aplicativo BlankApp, vemos que a tecnologia EJB/JPA/Hibernate está por trás da maioria delas...

√ ***NÃO SE PREOCUPAR COM A CONEXÃO COM O BD***

As conexões serão realizadas por intermédio de um datasource. Então é o servidor WildFly que irá fornecer as conexões com o banco de dados, utilizando um pool de conexões. Em nenhum lugar dentro do código do DAO essa configuração irá aparecer, pois ele não se "preocupa" com isto.

√ ***DEVE SER, PREFERENCIALMENTE, CRIADO POR INTERMÉDIO DE INJEÇÃO***

Aqui temos a especificação de CDI em ação. Ela faz isto injetando o DAO através de sua interface, de dentro de uma fachada (classe controladora):

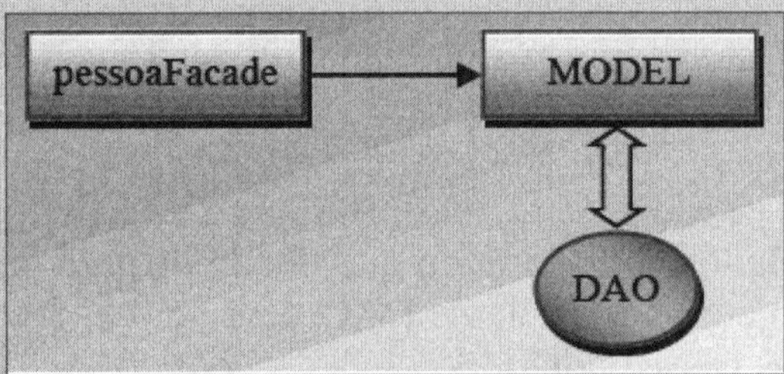


```
@Inject
IPessoaDao pessoaDao;
```

A anotação **@Inject** é a responsável por realizar a injeção do DAO.

Figura 23.1 Injeção de DAO.

√ ***ESTAR INSERIDO DENTRO DE UM PERSISTENCE CONTEXT, SE USADO COM UM FRAMEWORK DE PERSISTÊNCIA***

*O framework de persistência utilizado pelo nosso projeto é o implementador da JPA, o Hibernate. O que o torna parte de um contexto persistente é a sua própria arquitetura, com a utilização do **EntityManager** da JPA e alguns elementos (anotações) de EJB.*

*A anotação **@PersistenceContext** define a dependência do DAO a um EntityManager gerenciado pelo container, bem como de seu contexto de persistência associado.*

*O arquivo **persistence.xml**, visto em lição anterior, declara um **persistence-unit**, sinalizando que vamos utilizar um contexto de persistência baseado no EntityManager, com o nome de **PostgreSQLDS-DEV**.*

@PersistenceContext

*Mas é com a anotação **@PersistenceContext** que o DAO será definitivamente inserido no contexto porque, afinal, você precisará sinalizar qual contexto irá utilizar (você poderá ter mais de um persistence-unit em um único projeto). Essa anotação é colocada imediatamente acima da declaração da classe DAO, no nosso caso, da classe que a estende, a **AppDao.java**:*

name	(Opcional) O nome pelo qual o EntityManager acessa o contexto.
unitName	(Opcional) O nome da unidade de persistência, tal como definido no arquivo *persistence.xml*.
type	(Opcional) Especifica se o contexto de persistência vai utilizar o escopo TRANSACTION (curto) ou o EXTENDED (prolongado). TANSACTION é o default.

PersistenceContextType: EXTENDED ou TRANSACTION? Qual utilizar?

Existe uma discussão interminável sobre isto, a própria documentação oficial é meio vaga. No entanto, existem regras práticas adquiridas ao longo de várias experiências: Como o próprio nome já diz tudo, o tipo EXTENDED utiliza-se de uma abertura de sessão do EntityManager que é de tempo prolongado. E a TRANSACTION de tempo curto.

Fica fácil entender por que devemos utilizar o tipo TRANSACTION, sempre que possível. A questão é "por que não utilizar o tipo EXTENDED?", pois sobre ele, a documentação diz o seguinte:

1) *Todas as operações de leitura podem ser executadas fora de uma transação.*
2) *Algumas operações de modificações podem ser executadas fora de uma transação, ficando na fila até o momento em que ocorrer um persist(), um merge() ou um remove().*
3) *Algumas operações não podem ser chamadas fora de uma transação: flush() ou lock().*

Baseado nessas afirmações, podemos afirmar que o EXTENDED pode ser usado em qualquer aplicativo, mas não há como saber por quanto tempo a sessão com o EntityManager permaneceria aberta, ou mesmo se seria fechada. Então, como nunca teremos a certeza de que a sessão com o EntityManager será fechada, ***priorize sempre o uso do tipo TRANSACTION****. Para o nosso estudo usaremos apenas este tipo, e junto com um filtro para prolongar um pouco mais a sessão com o banco de dados — o que veremos depois.*

√ ***NÃO POSSUIR RESPONSABILIDADE DE TRANSAÇÕES, NORMALMENTE FEITAS NAS CAMADAS CONTROLADORAS***

Como vimos em lição anterior, a atribuição de lidar com as transações está a cargo do WildFly.

√ ***NÃO REALIZAR TRATAMENTO DE EXCEÇÕES, DELEGANDO ISTO PARA A CAMADA SUPERIOR***

Todos os métodos do DAO delegam o tratamento de exceções para a camada controladora, através da declaração ***throws DaoException****.*

√ ***POSSUIR ISOLAMENTO TOTAL DAS OUTRAS CAMADAS***

O DAO não pode depender de nenhuma classe de outras camadas, o que lhe garantirá o isolamento total, exceto as das tecnologias empregadas (EJB, CDI, JPA, etc,) que são o seu cerne.

√ ***ACESSO A DADOS DE FORMA TRANSPARENTE***

Você não tem a mínima ideia de como o DAO se conecta no banco e realiza operações. Você apenas "sabe" que existe um método "insert" ou outro "delete", por exemplo, pois os detalhes dessas implementações são transparentes para você (é bom que exista uma documentação de como utilizar).

√ ***POSSUIR TODAS AS OPERAÇÕES COMPREENDIDAS NA MATRIZ CRUD***

O DAO dever ser capaz de realizar QUALQUER OPERAÇÃO com banco de dados.

Exceptions a nível de DAO

Sobre as classes exceptions

Antes de começar a codificação da classe Dao e sua interface, veremos as classes que capturam as *exceptions* e algumas de suas auxiliares, cuja relação, delas é dependente. Neste ponto, é evidente a presença de quatro classes que devem ser criadas primeiro: **DaoMessage, InterceptorException, DaoException** e **MailException**, esta última não envolve banco de dados.

Internacionalização das exceptions

No Volume I desta obra vimos a internacionalização no escopo de JSF utilizando a classe **FacesUtil**, lembra-se dela? Ela nos servia para internacionalizar a CAMADA VIEW, porém, há ocasiões em que precisamos internacionalizar algumas mensagens provenientes das camadas mais baixas: **os erros de acesso a dados**.

A ideia é fazer uso do desacoplamento, buscado o tempo todo no desenvolvimento do nosso framework. Podemos fazer isto semelhantemente ao que fizemos no Volume I, mas desta vez sem o uso de JSF, para propiciar que a abordagem também possa ser utilizada em outras tecnologias de apresentação (GUI/Swing/Angular). Digamos que ocorra um erro ao inserir um registro no banco de dados, esse erro seria capturado na camada de modelo lançando uma mensagem apropriada que seria repassada para a camada de apresentação já traduzida, simples mesmo!

É claro que não vamos internacionalizar todas as mensagens de erro provenientes do DAO. Ao invés disso, vamos criar algumas que generalizam todas elas. Observe as chaves constantes do quadro abaixo (elas já estão adicionadas aos dois arquivos *messages-properties* do apêndice B — Volume I do livro, e estão reproduzidas abaixo apenas para facilitar a didática):

MENSAGENS EXCEPTIONS DA CAMADA DAO

_eChav	PW01: Erro de duplicação de registro. Você está tentando inserir um \ registro em uma tabela que não admite valores duplicados.
_eConn	PW02: Falha na conexão. Pode ser que a sua conexão esteja instável neste momento, ou ainda o servidor esteja em algum tipo de manutenção. Aguarde alguns minutos e tente novamente. Se o problema persistir, ligue para os telefones (99) 0000-0000.
_eCryp	PW03: Houve um erro na criptografia da senha. Ela pode ter sido adulterada.
_eLock	PW04: Outro usuário acessou o mesmo registro antes de você salvar.
_eNore	PW05: Erro na consulta. Era esperado um único conjunto de registros.
_eMail	PW06: Erro no envio da mensagem. Problemas no servidor de email, ou cheque o seu acesso a rede.
_eDbas	PW07: Erro acessando os dados. Tente novamente, se o problema persistir, contate o administrador.
_eFail	PW08: Ocorreu um erro inesperado. Tente novamente, se o problema persistir, contate o administrador.
_eVioC	PW09: Erro de violação de chaves. Existe um registro associado em outra tabela.
_eLong	PW10: Valor muito longo para o campo.

A mensagem **_eFail** é a padrão do aplicativo, assim sendo, se houver a captura de um erro que não possa ser enquadrado em nenhuma das outras mensagens, a _eFail é a que será encapsulada, nada poderá escapar por ela.

> *A classe responsável por CAPTURAR essas mensagens é a **InterceptorException**, por força da configuração EJB realizada na classe Dao (ver a Listagem 23.4). A classe responsável por SETAR essas mensagens é a **DaoMessage**, pela instanciação dela* — nos momentos certos — na classe *InterceptorException.*

A CLASSE DaoMessage

Laboratório 23.1

Sob o pacote *br.eti.amazu.component.pworld.persistence.exception*, crie a classe **DaoMessage**, conforme a listagem abaixo:

```
package br.eti.amazu.component.pworld.persistence.exception;

import java.util.ArrayList;
import java.util.Collections;
import java.util.Enumeration;
import java.util.List;
import java.util.Locale;
import java.util.ResourceBundle;

public class DaoMessage {

 /*Se for especificado o locale, traduz  a mensagem para  o locale especificado.
   * Se nao for especificado o locale, assume o padrao do sistema operacional. */

 public static ResourceBundle BUNDLE_NAME = null;

 public DaoMessage(Locale locale) {
  BUNDLE_NAME ≥ ResourceBundle.getBundle("messages", locale);
 }

 static void initInfoLocale() {
  Locale locale = Locale.getDefault();
  BUNDLE_NAME ≥ ResourceBundle.getBundle("messages", locale);
 }

 public static ResourceBundle getResourceBundle() {
  Locale locale = Locale.getDefault();
  return ResourceBundle.getBundle("messages", locale);
 }

 /*-----------------------------------------------------------------------
  * MENSAGENS SEM PARAMETROS
  * Utilizado intensivamente no processo de internacionalizacao - DAO. Obtem o
  * valor da mensagem do arquivo properties, passando a chave como parametro.
  -----------------------------------------------------------------------*/
 public static String getMessage(String key) {
  if (BUNDLE_NAME == null) initInfoLocale();
  return BUNDLE_NAME.containsKey(key) ? BUNDLE_NAME.getString(key) : ": invalid key";
 }

```

continua

Listagem 23.1a A classe **DaoMessage**.

continuação

```java

  /*-------------------------------------------------------------------
   * MENSAGENS COM PARAMETROS
   * Utilizado intensivamente no processo de internacionalizacao - DAO
   * Obtem o valor da mensagem do arquivo properties, passando a
   * chave e uma lista de parametros.
   -------------------------------------------------------------------*/
  public static String getMessage(String key, String[] params) {
    if (BUNDLE_NAME == null) initInfoLocale();
    String msg;

    if (BUNDLE_NAME.containsKey(key)) {
      msg = BUNDLE_NAME.getString(key);

    } else {
      msg = ": invalid key";
    }

    for (int i = 0; i < params.length; i++) {
      String param = params[i];
      String regex = "{" + i + "}";
      msg = msg.replace(regex, param);
    }
    return msg;
  }

  /*-----------------------------------------------------------
   * RETORNA A KEY
   * Passando o valor da key (nao o nome da key) como parametro.
   -----------------------------------------------------------*/
  public static String getKey(String strValue) {
    Enumeration<String> keys = BUNDLE_NAME.getKeys();
    while (keys.hasMoreElements()) {
      String key = keys.nextElement();
      String value = BUNDLE_NAME.getString(key);
      if (value.equals(strValue)) return key;
    }

    return null;
  }

  /*-----------------------------------------------
   * KEYS LABEL MENU
   * Obtem uma lista de todas as keys de label de menu
   -----------------------------------------------*/
  public static List<String> getKeysLabelMenu() {
    List<String> listaKeysLabelMenu = new ArrayList<String>();
    Enumeration<?> keys = BUNDLE_NAME.getKeys();

    while (keys.hasMoreElements()) {
      String key = (String) keys.nextElement();
      try {
        if (key.substring(0, 6).equals("mm_key")) listaKeysLabelMenu.add(key);
      } catch (StringIndexOutOfBoundsException e) {}
    }
    Collections.sort (listaKeysLabelMenu);
    return listaKeysLabelMenu;
  }
}
```

Listagem 23.1b A classe **DaoMessage**.

Fim do Laboratório 23.1

Precisamos tecer mais alguns comentários sobre a classe **DaoMessage**? Seus métodos estão bem comentados (facilitar a didática, lembra?), além do que o seu funcionamento é semelhante ao que já estudamos nas lições do Volume I.

Provavelmente você já deve estar indignado ao encontrar declarações do tipo "mm_key", linha 92, ou "getKeysLabelMenu", linha 85, claro, são as únicas coisas estranhas que vemos por ali. Não se preocupe com isto agora, pois no momento certo entenderá — são as declarações (ou chaves) para a internacionalização dos menus do nosso aplicativo futuro.

AS CLASSES DaoException e MailException

No momento em que a *InterceptorException* captura a exceção ocorrida na camada de modelo, uma das oito mensagens vistas no quadro das mensagens DAO é encapsulada no lançamento de uma nova exception, que poderá ser a *DaoException* ou a *MailException*. A classe DaoException encapsula as exceções provenientes de operações realizadas com o banco de dados, tipicamente dos DAOs, e a MailException os erros que possam ocorrer durante o envio de mensagens via email.

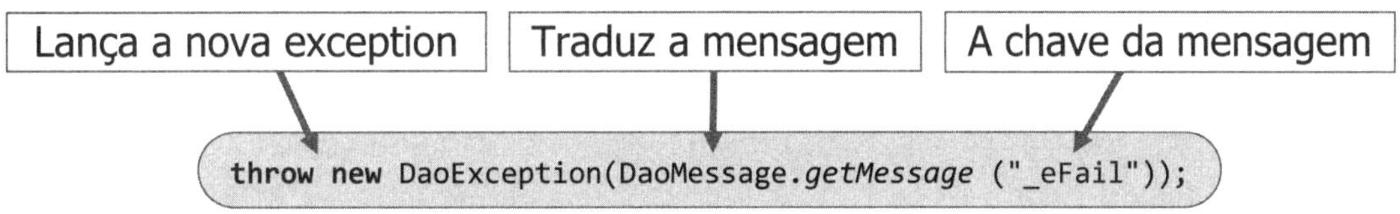

Sob o pacote *br.eti.amazu.component.pworld.persistence.exception*, crie as classes **DaoException** e **MailException**, previstas nas listagens 23.2 e 23.3, respectivamente.

Laboratório 23.2

Listagem 23.2 A classe **DaoException**.

```java
package br.eti.amazu.component.pworld.persistence.exception;

import javax.ejb.ApplicationException;

@ApplicationException(rollback=true)
public class DaoException extends Exception {
  private static final long serialVersionUID = 1L;

  public DaoException(String message) {
    super(message);
  }
}
```

Listagem 23.3 A classe **MailException**.

```java
package br.eti.amazu.component.pworld.persistence.exception;

import javax.ejb.ApplicationException;

@ApplicationException(rollback=true)
public class MailException extends Exception {
  private static final long serialVersionUID = 1L;

  public MailException(String message) {
    super(message);
  }
}
```

Fim do Laboratório 23.2

A CLASSE InterceptorException

A última exceção a ser checada é a *Exception* pura. Então caso o erro não seja dos tipos verificados nas primeiras rotinas, fatalmente ela será capturada em Exception genérica.

Sob o pacote *br.eti.amazu.component.pworld.persistence.exception*, crie a classe **InterceptorException** mostrada abaixo:

Laboratório 23.3

```
package br.eti.amazu.component.pworld.persistence.exception;

import javax.interceptor.AroundInvoke;
import javax.interceptor.InvocationContext;
import org.hibernate.NonUniqueResultException;


public class InterceptorException {

  @AroundInvoke
  public Object trace(InvocationContext invocationContext) throws Exception{

    try {
      return invocationContext.proceed();

    } catch (Exception t) {
      String msg = store(t);

      System.out.println("PWORLD-10==========>" +  msg);

      if(DaoMessage.getKey(msg).equals("_eMail")){
        t.printStackTrace();
        throw new MailException(msg);
      }else{
        t.printStackTrace();
        throw new DaoException(msg);
      }
    }
  }

  public String store(Exception e)  {
    if (e != null) {
     // chave: _eChav: duplicação de registro.
     if (e.getCause() instanceof org.hibernate.exception.ConstraintViolationException) {

      if(e.getCause().getCause().getMessage() != null && e.getCause().getCause().
         getMessage().contains("violates foreign key constraint")){
        return DaoMessage.getMessage("_eVioC");
      }
      return DaoMessage.getMessage("_eChav");
     }

     // chaves: _eConn e _eDbas - erro no banco de dados.
     if (e.getCause() instanceof org.hibernate.exception.GenericJDBCException
        || e instanceof javax.persistence.PersistenceException) {

      if(e.getCause().getCause().getMessage() != null && e.getCause().getCause().
         getMessage().contains("value too long for type char")){

```

continua

Listagem 23.4a A classe **InterceptorException**.

continuação

```
        return DaoMessage.getMessage("_eLong");
      }
      if(e.getCause() instanceof org.hibernate.exception.JDBCConnectionException){
        return DaoMessage.getMessage("_eConn");
      }
      return DaoMessage.getMessage("_eDbas");
    }

    // chave: _eCryp: erro ao criptografar/decriptografar dados.
    if (e.getCause() instanceof javax.crypto.IllegalBlockSizeException) {
      return DaoMessage.getMessage("_eCryp");
    }

    // chave: _eLock: outro usuario acessou o mesmo registro ao mesmo tempo.
    if (e instanceof javax.persistence.OptimisticLockException
        || e.getCause() instanceof javax.persistence.OptimisticLockException) {
      return DaoMessage.getMessage("_eLock");
    }

    // chave: _eNore: era esperado um único conjunto de registros.
    if (e instanceof NonUniqueResultException) {
      return DaoMessage.getMessage("_eNore");
    }

    // chave: _eMail; erro no envio de email
    if (e instanceof org.apache.commons.mail.EmailException ||
        e.getCause() instanceof org.apache.commons.mail.EmailException ||
        e instanceof java.net.UnknownHostException ||
        e.getCause() instanceof java.net.UnknownHostException ) {
      e.printStackTrace();
      return DaoMessage.getMessage("_eMail");
    }

  }
  // chave: _eFail: erro desconhecido.
  return DaoMessage.getMessage("_eFail");
 }

}
```

Listagem 23.4b A classe **InterceptorException**.

Fim do Laboratório 23.3

Analisando as exceptions à luz do EJB

Na arquitetura EJB, as exceptions são agrupadas em dois tipos:

- **System Exceptions**: todas são do tipo ***Unchecked*** (não verificadas). São instâncias de subclasses de **RuntimeException**. Não necessitam tratamento ou lançamento por parte do programador, pois elas são automaticamente relançadas pelo Java. Geralmente são os erros de *runtime* (*RuntimeExceptions*) e os da grande classe ***Error***. O EJB Container irá tratar isto com ou sem a intervenção do programador.

  As exceptions do tipo Error não podem ser tratadas pela aplicação, são erros irrecuperáveis que o programador, nem mesmo o Java, podem tratar. Não confunda os dois termos "error" e "exception", pois existe uma diferença entre eles. O "Erro" é algo que não pode ser tratado e a "Exceção" pode, sendo esta última considerada como as diversas subclasses de Exception (menos as subclasses RuntimeException), veja a figura 23.2.

- **Application Exceptions**: são as *Checked Exceptions* (verificadas). São todas as exceptions que não as subclasses de **RuntimeException**, consideradas do tipo ***checked***, devendo ser obrigatoriamente tratadas utilizando estruturas ***try-catch*** ou fazer o lançamento com ***throws*** ou ***throw***, caso o desenvolvedor não queira fazer o tratamento no mesmo bloco gerador da exceção.

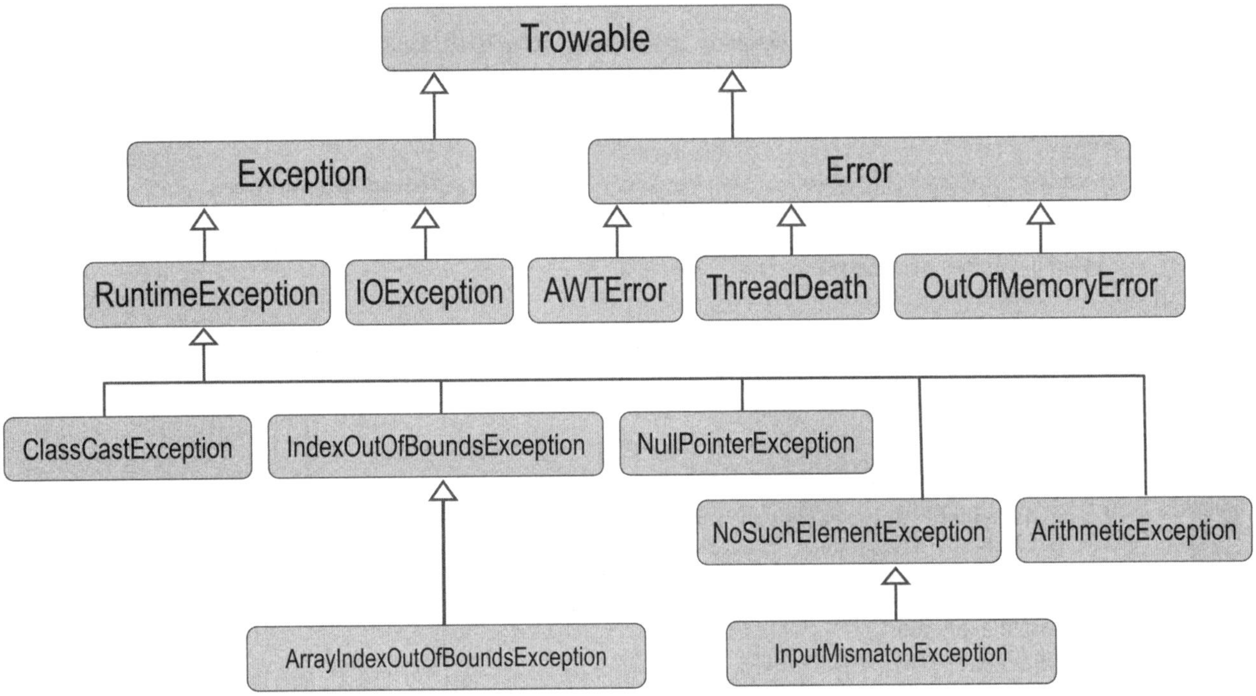

Figura 23.2 Hierarquia das Exceptions.

@ApplicationException

Nos dois tipos pode-se intervir, mudando o comportamento dessas exceções. Para tanto, o EJB possui uma ferramenta, a anotação **@ApplicationException**. Observe a linha 5 da Listagem 23.2, no caso, enviando o parâmetro "rollback=true" que realiza uma operação de retrocesso na transação com banco de dados (desfaz as operações), em caso de ocorrência de exceptions.

@AroundInvoque

Analisando mais uma vez a classe **InterceptorException**, podemos observar a anotação **@AroudInvoque** no método *trace* que é um interceptador do EJB. Sempre quando esta anotação for feita em cima de um método, o EJB Container o irá executar, desde que ele seja invocado, veja:

- Anotamos o método *trace* com **@AroudInvoque** (listagem 23.4, linha 10);
- O método *trace* será invocado pelo *session bean*, desde que ele receba a anotação **@Interceptors ({InterceptorException.class})**.

Calma! **Session bean** é assunto da próxima lição, onde iremos analisar essas anotações com maior profundidade.

Por ora, entenda que havendo erro durante a execução, ocorrerá o seguinte:

1º) Será executado o método *trace* da classe *InterceptorException*, lançando uma nova Exceção por intermédio da interceptação realizada pelo EJB Container usando as anotações mencionadas. Há um log ali com o uso de *System.out.println*, bem providencial para não acoplar demais.

2º) A mensagem de erro será capturada em **DaoException** ou **MailException**, ocorrendo um retrocesso na operação pela anotação **@ApplicationException(rollback=true).**

O DAO Genérico

A classe implementadora (Dao.java) está muito bem comentada e é bom dar uma olhada nos comentários dos métodos para ir se acostumando. Vamos começar com a sua interface...

A interface **IDao** provê todos os métodos necessários ao funcionamento de qualquer aplicativo usando JPA. Didaticamente, dividimos os métodos em blocos:

- Métodos que não usam queries explícitas;
- Métodos que usam *NamedQueries*;
- Métodos que usam *NativeQueries* e
- Métodos que aproveitam algumas funcionalidades do *EntityManager*.

Laboratório 23.4

Sob o pacote *br.eti.amazu.component.pworld.persistence.dao*, crie a interfade **IDao** mostrada na Listagem 23.5:

```
package br.eti.amazu.component.pworld.persistence.dao;
import java.util.List;
import javax.persistence.EntityManager;
import javax.persistence.LockModeType;

import br.eti.amazu.component.pworld.persistence.exception.DaoException;

public abstract interface IDao<T> {


  /*********
   * NO QUERY
   *********/
  public void insert(T obj) throws DaoException;
  public void delete(T obj) throws DaoException;
  public void update(T obj) throws DaoException;

  public T find(Class<T> t, Long pk) throws DaoException;
  public T find(Class<T> t, Integer pk) throws DaoException;
  public T find(Class<T> t, String pk) throws DaoException ;


  /*************
   * NAMEDQUERY
   *************/
  public List<T> list(String namedQuery) throws DaoException;
  public List<T> list(String namedQuery, List<Object> params) throws DaoException;

```

continua

Listagem 23.5a A interface **IDao**.

continuação

```
public List<T> listPagination(String namedQuery, List<Object> params, int first,
   int pageSize) throws DaoException;

public T singleResult(String namedQuery, List<Object> params) throws DaoException;
public int maxResult(String namedQuery, List<Object> params) throws DaoException;
public boolean execute(String namedQuery, List<Object> params) throws DaoException;

public T minMaxFromExpression(String namedQuery, List<Object> params)
   throws DaoException;


/*************
 * NATIVEQUERY
 *************/
public List<T> listNQ(T t, String nativeQuery) throws DaoException;
public List<T> listNQ(T t, String nativeQuery, List<Object> params) throws DaoException;
public List<T> listNQ(String nativeQuery) throws DaoException;
public List<T> listNQ(String nativeQuery, List<Object> params) throws DaoException;

public List<T> listPaginationNQ(T t, String nativeQuery, List<Object> params, int first,
   int pageSize) throws DaoException;

public List<Object[]> listObjectNQ(String nativeQuery, List<Object> params)
   throws DaoException;

public T singleResultNQ(T t, String nativeQuery, List<Object> params) throws DaoException;

public T singleResultNQ(String nativeQuery) throws DaoException;
public T singleResultNQ(String nativeQuery, List<Object> params) throws DaoException;

public boolean executeNQ(String nativeQuery) throws DaoException;
public boolean executeNQ(String nativeQuery, List<Object> params) throws DaoException;

public int maxResultNQ(String nativeQuery) throws DaoException;
public int maxResultNQ(String nativeQuery, List<Object> params) throws DaoException;

public Long getSequenceNQ(String sequenceName) throws DaoException;


/*******************************************************
 * MANIPULAÇÃO DO ENTITY MANAGER - Apenas objetos persistentes.
 *******************************************************/
public void clear();

public void refresh(Object obj);
public void refresh(Object obj, LockModeType lockModeType);

public boolean isManaged(Object obj);
public void lock(Object obj, LockModeType loModeType);
public void flush();
public void detach(Object obj);

public Object get(Class<T> t, Object obj) ;
public EntityManager getEntityManager() ;

public void setEntityManager(EntityManager entityManager);

}
```

Listagem 23.5b A interface **IDao**.

IMPLEMENTAÇÃO DE IDao

Sob o pacote *br.eti.amazu.component.pworld.persistence.dao*, crie a classe **Dao,** conforme ilustra a Listagem 23.6. Você poderá aproveitar o recurso do Eclipse clicando no nome da interface com o botão direito e acionando o menu *Source, Override/Implment Methods...*, ou simplesmente digitar o seu conteúdo.

Em todo caso, faça com cuidado, paciência é uma virtude que deve ser cultivada...

```
package br.eti.amazu.component.pworld.persistence.dao;

import java.util.ArrayList;
import java.util.List;

import javax.persistence.EntityManager;
import javax.persistence.LockModeType;
import javax.persistence.NoResultException;
import javax.persistence.Query;

import br.eti.amazu.component.pworld.persistence.exception.DaoException;

public abstract class Dao<T> implements IDao<T> {

 private EntityManager entityManager;



 /**********
  * NO QUERY
  *********/

 /*------------------------------
  * Inserir - Alterar - Excluir
  * ---------------------------*/
 @Override
 public void insert(T obj) throws DaoException {
  entityManager.persist(obj);
 }

 @Override
 public void delete(T obj) throws DaoException {
  obj = entityManager.merge(obj);
  entityManager.remove(obj);
 }

 @Override
 public void update(T obj) throws DaoException {
  entityManager.merge(obj);
 }
  //------------------------------------------------------------


 /*------------------------------------------------------------
  * Consulta de um unico resultado passando uma chave primaria
  * pk somente do tipo Long, Integer e String
  * ---------------------------------------------------------*/
 @Override
 public T find(Class<T> t, Long pk) throws DaoException {
  return entityManager.find(t, pk);
 }

```

continua

Listagem 23.6a A classe **Dao**.

continuação

```java
@Override
public T find(Class<T> t, Integer pk) throws DaoException {
 return entityManager.find(t, pk);
}

@Override
public T find(Class<T> t, String pk) throws DaoException {
 return entityManager.find(t, pk);
}
//-----------------------------------------------------




/*************
 * NAMEDQUERY
 *************/

/*---------------------------------------
 * Retorna uma lista de objetos.
 * Lista tudo sem precisar de parametros.
 * - Utilizando hql e namedQuery.
 --------------------------------------*/
@Override
@SuppressWarnings("unchecked")
public List<T> list(String namedQuery) throws DaoException {
 Query query = entityManager.createNamedQuery(namedQuery);
 return query.getResultList();
}

/*------------------------------------------------------
 * Retorna uma lista de objetos.
 * Lista tudo (ou uma lista limitada)  usando parametros.
 * - Utilizando hql e namedQuery.
 -----------------------------------------------------*/
@Override
@SuppressWarnings("unchecked")
public List<T> list(String namedQuery, List<Object> params) throws DaoException {
 Query query = entityManager.createNamedQuery(namedQuery);

 for (int i = 0; i < params.size(); i++) {
  if(params.get(i) instanceof ArrayList){
   query.setParameter("param" + i, params.get(i));

  }else{
   query.setParameter("param" + i, params.get(i));
  }
 }

 return query.getResultList();
}

/*-------------------------------------------
 * Consulta paginada com namedQuery- resultset
 * ----------------------------------------*/
@SuppressWarnings("unchecked")
public List<T> listPagination(String namedQuery, List<Object> params,
     int first, int pageSize) throws DaoException{
 Query query = entityManager.createNamedQuery(namedQuery);

 if (params != null && params.size() > 0) {
```

continua

Listagem 23.6b A classe Dao.

continuação

```
      for (int i = 0; i < params.size(); i++) {
        if(params.get(i) instanceof ArrayList){
          query.setParameter("names", params.get(i));

        }else{
          query.setParameter("param" + i, params.get(i));
        }
      }

    }
    query.setFirstResult(first);
    query.setMaxResults(pageSize);
    return query.getResultList();
  }

  /*------------------------------------------------------------------
   * Retorna um unico objeto
   * - Utilizando hql e namedQuery.
   * - O parametro da busca deverah ser feito por uma chave unica,
   *   ou na certeza de haver no banco um unico valor para o campo, se
   *   isto nao for observado serah causado uma exception.
   * - Utilizando hql e namedQuery.
   ------------------------------------------------------------------*/
  @Override
  @SuppressWarnings("unchecked")
  public T singleResult(String namedQuery, List<Object> params) throws DaoException {
    Object object = new Object();
    Query query = entityManager.createNamedQuery(namedQuery);

    for (int i = 0; i < params.size(); i++) {
      query.setParameter("param" + i, params.get(i));
    }

    try {
      object = query.getSingleResult();

    } catch (NoResultException e) {
      return null;
    }

    return (T) object;
  }

  /*---------------------------------------------------------------------------
   * Traz o maximo de registros baseado em uma consulta.
   * Pode ser usado em uma consulta paginada com namedQuery- total da paginacao
   * --------------------------------------------------------------------------*/
  public int maxResult(String namedQuery, List<Object> params) throws DaoException{
    Query query = entityManager.createNamedQuery(namedQuery);

    if (params != null && params.size() > 0) {
      for (int i = 0; i < params.size(); i++) {
        if(params.get(i) instanceof ArrayList){
          query.setParameter("names", params.get(i));

        }else{
          query.setParameter("param" + i, params.get(i));
        }
      }
    }
    return Integer.parseInt(query.getSingleResult().toString());
  }
```

continua

Listagem 23.6c A classe **Dao**.

continuação

```
    /*-----------------------------------------
     * Execute com hql e namedQuery.
     -----------------------------------------*/
    @Override
    public boolean execute(String namedQuery, List<Object> params)
            throws DaoException {
      Query query = entityManager.createNamedQuery(namedQuery);

      for (int i = 0; i < params.size(); i++) {
        query.setParameter("param" + i, params.get(i)).toString();

      }

      return query.executeUpdate() == 1 ? true : false;
    }


    /*-------------------------------------------------------------
     * Retorna um objeto unico de uma expressao HQL
     * - quando queremos o ultimo registro baseado na expressao.
     * - exemplo de uma namedQuery:
     *   "from Pessoa p where p.bairro =:param0 order by p.nome DESC".
     *   isto irah retornar a ultima pessoa de uma lista ordeada pelo
     *   nome, que mora em um bairro passado no parametro.
     -------------------------------------------------------------*/
    @Override
    @SuppressWarnings("unchecked")
    public T minMaxFromExpression(String namedQuery, List<Object> params) throws DaoException
  {
      Object object = new Object();
      Query query = entityManager.createNamedQuery(namedQuery);

      for (int i = 0; i < params.size(); i++) {
        query.setParameter("param" + i, params.get(i));
      }

      query.setMaxResults(1);

      try {
        object = query.getSingleResult();

      } catch (NoResultException e) {
        return null;
      }

      return (T) object;
    }



    /*************
     * NATIVEQUERY
     *************/

    /*-------------------------------------------------------------
     * Retorna uma lista de objetos. Utilizando sql nativa (nativeQuery).
     * Lista tudo sem usar parametros - passando o Tipo
     -------------------------------------------------------------*/
    @Override
```

continua

Listagem 23.6d A classe **Dao**.

continuação

```
@SuppressWarnings("unchecked")
public List<T> listNQ(T t, String nativeQuery) throws DaoException {
 Query query = entityManager.createNativeQuery(nativeQuery, t.getClass());
 return query.getResultList();
}

/*-----------------------------------------------------------------
 * Retorna uma lista de objetos.  Utilizando sql nativa (nativeQuery).
 * Usando parametros - passando o Tipo
 ----------------------------------------------------------------*/
@Override
@SuppressWarnings("unchecked")
public List<T> listNQ(T t, String nativeQuery, List<Object> params) throws DaoException {
 Query query = entityManager.createNativeQuery(nativeQuery, t.getClass());
 List<T> lista;

 for (int i = 0; i < params.size(); i++) {
  query.setParameter("param" + i, params.get(i));
 }

 lista = query.getResultList();
 return lista;
}

/*-----------------------------------------------------------
 * Retorna uma lista de objetos. Lista tudo sem usar parametros.
 * Utilizando sql nativa (nativeQuery)
 ----------------------------------------------------------*/
@Override
@SuppressWarnings("unchecked")
public List<T> listNQ(String nativeQuery) throws DaoException {
 Query query = entityManager.createNativeQuery(nativeQuery);
 return query.getResultList();
}

/*--------------------------------------------------------------
 * Retorna uma lista de objetos da classe passada como parametro.
 * Utilizando sql nativa (nativeQuery).
 -------------------------------------------------------------*/
@Override
@SuppressWarnings("unchecked")
public List<T> listNQ(String nativeQuery, List<Object> params) throws DaoException {
 Query query = entityManager.createNativeQuery(nativeQuery);
 List<T> lista;

 for (int i = 0; i < params.size(); i++) {
  query.setParameter("param" + i, params.get(i));
 }

 lista = query.getResultList();
 return lista;
}

/* --------------------------------------------
 * Consulta paginada com nativeQuery - resultset
 * ------------------------------------------*/
@Override
@SuppressWarnings("unchecked")
public List<T> listPaginationNQ(T t, String nativeQuery, List<Object> params,
    int first, int pageSize) throws DaoException{
```

continua

Listagem 23.6e A classe **Dao**.

continuação

```
    Query query = entityManager.createNativeQuery(nativeQuery, t.getClass());
    List<T> lista;
    if (params != null && params.size() > 0) {
      for (int i = 0; i < params.size(); i++) {
        query.setParameter("param" + i, params.get(i));
      }
    }
    query.setFirstResult(first);
    query.setMaxResults(pageSize);
    lista = query.getResultList();
    return lista;
  }

  /*-----------------------------------------------------------------
   * Retorna uma lista de objetos. Utilizando sql nativa (nativeQuery).
   -----------------------------------------------------------------*/
  @Override
  @SuppressWarnings("unchecked")
  public List<Object[]> listObjectNQ(String nativeQuery, List<Object> params)
      throws DaoException {
    Query query = entityManager.createNativeQuery(nativeQuery);
    List<Object[]> lista;

    if(params != null && params.size() > 0){
      for (int i = 0; i < params.size(); i++) {
        query.setParameter("param" + i, params.get(i));
      }
    }
    lista = query.getResultList();
    return lista;
  }

  /*-----------------------------------------------------------------------------------
   * Consulta de unico resultado - retorna um objeto.  Utilizando sql nativa (nativeQuery).
   * Passando o Tipo como parametro.
   -----------------------------------------------------------------------------------*/
  @Override
  @SuppressWarnings("unchecked")
  public T singleResultNQ(T t, String nativeQuery, List<Object> params)
      throws DaoException {

    Object object = new Object();
    Query query = entityManager.createNativeQuery(nativeQuery, t.getClass());

    for (int i = 0; i < params.size(); i++) {
      query.setParameter("param" + i, params.get(i));
    }

    try {
      object = query.getSingleResult();

    } catch (NoResultException e) {
      return null;
    }
    return (T) object;
  }

  /*-----------------------------------------------
   * Consulta de unico resultado - retorna um objeto.
   * Utilizando sql nativa (nativeQuery).
   * Sem utilizacao de parâmetros.
   -----------------------------------------------*/
```

continua

Listagem 23.6f A classe **Dao**.

continuação

```java
@Override
@SuppressWarnings("unchecked")
public T singleResultNQ(String nativeQuery) throws DaoException {
 Object object = new Object();
 Query query = entityManager.createNativeQuery(nativeQuery);
 try {
  object = query.getSingleResult();
 } catch (NoResultException e) {
  return null;
 }
 return (T) object;
}

/*-------------------------------------------------------------------------------
 * Consulta de unico resultado - retorna um objeto. Utilizando sql nativa (nativeQuery).
 * Utilizando parametros para a consulta.
 -------------------------------------------------------------------------------*/
@Override
@SuppressWarnings("unchecked")
public T singleResultNQ(String nativeQuery, List<Object> params) throws DaoException {
 Object object = new Object();
 Query query = entityManager.createNativeQuery(nativeQuery);

 for (int i = 0; i < params.size(); i++) {
  query.setParameter("param" + i, params.get(i));
 }
 try {
  object = query.getSingleResult();
 } catch (NoResultException e) {
  return null;
 }

 return (T) object;
}

/*------------------------------------
 * Simples execute.
 * Utilizando sql nativa (nativeQuery).
 ------------------------------------*/
@Override
public boolean executeNQ(String nativeQuery) throws DaoException {
 Query query = entityManager.createNativeQuery(nativeQuery);
 return query.executeUpdate() == 1 ? true : false;
}

/*------------------------------------
 * Inserir - Alterar - Excluir
 * Utilizando sql nativa (nativeQuery).
 ------------------------------------*/
@Override
public boolean executeNQ(String nativeQuery, List<Object> params) throws DaoException {
 Query query = entityManager.createNativeQuery(nativeQuery);

 if (params != null) {
  for (int i = 0; i < params.size(); i++) {
   query.setParameter("param" + i, params.get(i));
  }
 }

 return query.executeUpdate() == 1 ? true : false;
}
```

continua

Listagem 23.6g A classe **Dao**.

continuação

```java
  /*--------------------------------------------------------
   * Maximo de uma expressao: nativeQuery sem parametros.
   ------------------------------------------------------*/
  @Override
  public int maxResultNQ(String nativeQuery) throws DaoException{
    Query query = entityManager.createNativeQuery(nativeQuery);
    return Integer.parseInt(query.getSingleResult().toString());
  }

  /*--------------------------------------------------------
   * Maximo de uma expressao: nativeQuery com parametros.
   ------------------------------------------------------*/
  @Override
  public int maxResultNQ(String nativeQuery, List<Object> params) throws DaoException{
    Query query = entityManager.createNativeQuery(nativeQuery);

    if (params != null && params.size() > 0) {
      for (int i = 0; i < params.size(); i++) {
        query.setParameter("param" + i, params.get(i));
      }
    }
    return Integer.parseInt(query.getSingleResult().toString());
  }

  /*-----------------------------------
   * Obtem a ultima sequence da tabela.
   ---------------------------------*/
  @Override
  public Long getSequenceNQ(String sequenceName) throws DaoException{
    Query query = entityManager.createNativeQuery("select " + sequenceName + ".nextval FROM
DUAL");
    return Long.parseLong(query.getSingleResult().toString());
  }




  /*************************************************************
   * MANIPULAÇÃO DO ENTITY MANAGER - Apenas objetos persistentes.
   *************************************************************/

  /*-------------------------------------------------------------
   * Apagar todos os objetos que estao gerenciados no EntityManager.
   * -----------------------------------------------------------*/
  @Override
  public void clear() {
    entityManager.clear();
  }

  /*-------------------------
   * Atualizar o EntityManager
   * ----------------------*/
  @Override
  public void refresh(Object obj) {
    if (entityManager.contains(obj)) entityManager.refresh(obj);
  }

  /*--------------------------------------------------------
   * Atualizar o EntityManager com lockModeType como parametro.
   * ------------------------------------------------------*/
  @Override
  public void refresh(Object obj, LockModeType lockModeType) {
```

continua

Listagem 23.6h A classe Dao.

continuação

```
    if (entityManager.contains(obj)) entityManager.refresh(obj, lockModeType);
  }

  /*------------------------------------------------------
   * Verificar se um determinado objeto estah gerenciado.
   * -----------------------------------------------------*/
  @Override
  public boolean isManaged(Object obj) {
    return entityManager.contains(obj);
  }

  /*------------------------------------------
   * Bloquear/desbloquear um objeto para edição
   * ----------------------------------------*/
  @Override
  public void lock(Object obj, LockModeType loModeType) {
    entityManager.lock(obj, loModeType);
  }

  /*------------------------------------------------------
   * Sincroniza objetos persistentes com o banco de dados.
   * -----------------------------------------------------*/
  @Override
  public void flush() {
    entityManager.flush();
  }

  /*------------------------------------
   * Desassocia o objeto do entityManager.
   * ----------------------------------*/
  @Override
  public void detach(Object obj) {
    entityManager.detach(obj);
  }

  /*-----------------------
   * Obtem um objeto managed.
   * ---------------------*/
  @Override
  public Object get(Class<T> t, Object obj) {
    return entityManager.getReference(t, obj);
  }

  /*---------------------------------------
   * Obtem uma referencia de entityManager.
   * -------------------------------------*/
  @Override
  public EntityManager getEntityManager() {
    return entityManager;
  }

  /*---------------------------
   * seta o objeto entityManager.
   * -------------------------*/
  @Override
  public void setEntityManager(EntityManager entityManager) {
    this.entityManager = entityManager;
  }
}
```

Listagem 23.6i A classe **Dao**.

Fim do Laboratório 23.4

Compreendendo os métodos do DAO

A compreensão efetiva de cada método será mais assimilada quando você for construir as fachadas, onde serão vistos os métodos de utilização deles.

O **EntityManager** tem de ser anotado com uma anotação de JPA, a *@PersistenceContext*, que define a unidade de persistência a ser utilizada, no entanto, essa anotação não está presente na classe Dao (veja a listagem), ela será feita em uma outra classe ainda a ser criada, que a estende por fora do framework e terá a anotação referente ao *PersistenceContext* de que falamos. Os métodos da classe Dao utilizam o *entityManager* para realizar as operações, dividida em quatro grandes blocos para facilitar a compreensão.

```
/**********
* NO QUERY
*********/
```

Os métodos do bloco "NO QUERY" realizam quatro tipos de operações: **insert**, **update**, **delete** e **find**. Eles não usam sentenças SQL/HQL explícitas.

```
/*************
* NAMEDQUERY
*************/
```

Os métodos do bloco "NAMEDQUERY" utilizam Named Queries que são semtenças HQL. Essas sentenças devem ser previamente configuradas nas declarações de cada entidade de domínio, por meio da anotação **@NamedQueries**.

Podem realizar as seguintes operações:

executeUpdate: *insert*, *update* e *delete*;

getResultList: Todas as operações de consulta, retorna mais de uma instância de objetos;

getSingleResult: Operação de consulta que retorna uma única instância de um objeto.

```
/*************
* NATIVEQUERY
*************/
```

Os métodos do bloco "NATIVEQUERY" realizam as mesmas operações previstas no bloco "NAMEDQUERY", só que desta vez, ao invés de utilizar as Named Queries com sentenças HQL, utiliza-se de sentenças **SQL** nativas de JDBC. É útil quando se deseja realizar consultas mais complexas.

```
/*********************************************************
* MANIPULAÇÃO DO ENTITY MANAGER - Apenas objetos persistentes.
*********************************************************/
```

Neste bloco colocamos outras funcionalidades do Entity Manager, como, **clear**, **flush**, **detach**, **refresh**, **isManaged**, **lock** e **get**, Todas imprescindíveis ao bom funcionamento do aplicativo.

Concluímos a lição. Ainda não podemos realizar nenhum teste, vamos com calma!

Lição 24
Facade / EJB Session Beans

Objetivos:

- Criar classes controladoras
- Utilizar o Dao
- Confeccionar as classes de fachada

O Padrão Facade

Isolamento de camadas

Facade é um padrão de projeto que possui duas finalidades:

- Expor os métodos de acesso a dados às camadas mais superiores sem acoplar o *model*;
- Isolar a camada *model* da camada *vew*.

Como no DAO, as fachadas devem ser, preferencialmente, criadas por intermédio de injeção. A especificação de CDI faz isto injetando uma ou mais fachadas para dentro de um bean controlador da camada view, por intermédio de interfaces.

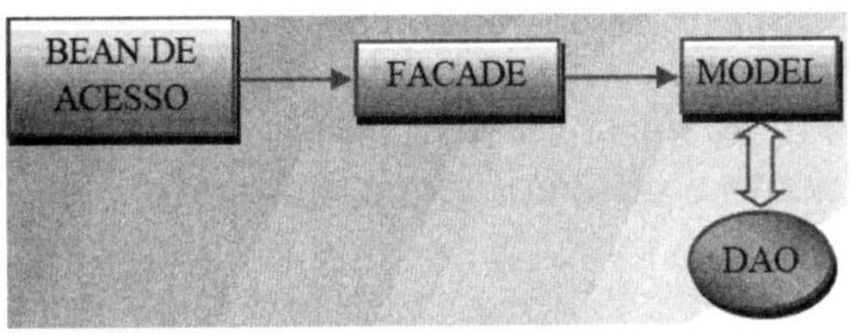

Figura 24.1
A fachada serve de ligação entre as camadas view e model.

O isolamento entre as camadas *view* e *model* deve ser sempre procurado e consegue-se isto por meio de interfaces com as injeções do CDI.

O bean de acesso representa a camada WEB, ou o nosso já conhecido container WEB, enquanto que o modelo e as fachadas representam o container EJB. Para a realização da injeção, a especificação de CDI utiliza o que denominamos **Injection Point**, por meio da anotação **@Inject**.

@Inject

Um Injection Point pode ser obtido de três maneiras:

- *No construtor do managed bean;*
- *Em cima de um método inicializador de atributo do managed bean;*
- *Em cima de um atributo do managed bean (é a abordagem mais usual).*

Neste exemplo, estamos injetando uma fachada em cima do atributo (na instanciação de uma interface).

```
@Inject
IAppFacade<Pessoa> pessoaFacade;
```

Entendido o isolamento entre as camadas e o papel da especificação de CDI nesse processo, nos resta entender a presença dos elementos EJB em todas as fachadas de nosso projeto.

Session Beans

Já vimos algumas coisas sobre eles. Todas as fachadas do nosso projeto possuem elementos de EJBs (anotações), dotados de regras de negócio como bons e velhos controladores que são. Essas regras são bem implementadas por meio de componentes denominados SESSION BEANS, implementadas, controladas e administradas, diga-se.

Os session Beans podem ser de três tipos, a saber:

- *Stateless Session Beans; Stateful Session Beans e Singleton Session Beans.*

Os Session Beans são os elementos chave da tecnologia EJB e, entre tantas outras coisas que eles são capazes de fazer, temos o CONTROLE DAS TRANSAÇÕES com banco de dados. Tamanha é a sua importância que dedicamos uma lição inteirinha só para estudar ele (e faremos vários testes para confirmar a sua eficácia). Em nosso projeto, visto que iremos utilizar CDI para injetar as fachadas na camada view, não realizaremos a implementação completa de EJB. É que os EJBs podem ser empacotados em arquivos isolados e adicionados aos aplicativos por meio da anotação **@EJB**. Não iremos utilizar esta técnica, nossa abordagem será outra. Mas é importante entender os três tipos mencionados, vejamos...

STATELESS SESSION BEANS

A característica fundamental dos STATELESS SESSION BEANS é que eles não armazenam estado conversacional, as chamadas aos métodos são totalmente independentes. Eles resolvem a questão na hora de sua execução e não guardam nada em memória. Utilizando injeção com CDI, essa será a abordagem 100% utilizada no projeto, lembrando que não realizaremos a técnica do empacotamento do EJB (O Session Bean pode ser empacotado e utilizado separadamente).

STATEFUL SESSION BEANS

Os STATEFUL SESSION BEANS funciona ao contrário, mantendo dados em memória. Um bom exemplo é a implementação de um carrinho de compras, que necessita guardar os produtos em memória enquanto o cliente faz outras coisas.

SINGLETON SESSION BEANS

Os SINGLETON SESSION BEANS surgiram a partir da versão 3.1 da especificação. A ideia fundamental dos Singleton Session Beans é a necessidade de compartilhar dados transientes entre todos os usuários da aplicação. Um aplicativo de chat, seria um bom exemplo.

Por oportuno, lembro o leitor de que o aprofundamento do assunto EJB não é objetivo do nosso estudo, até porque não estamos utilizando plenamente a tecnologia, limitando-nos a alguns de seus processos.

@Stateless

Já que iremos utilizar apenas Stateless Sesssion Beans, saiba que a obtenção desse bean é feita mediante a anotação **@Stateless**, imediatamente acima da declaração da classe.

Criando fachadas

No pacote *facade* iremos adicionar uma classe e uma interface que comporão a nossa **fachada base**, contendo vários métodos de manipulação do DAO que, à exemplo dele, também deverá ser estendido por todas as outras fachadas de um projeto futuro. Assim sendo, caso haja a necessidade de um método mais específico, basta criá-lo dentro dessa nova classe que a estende. Para o envio de email, outra fachada será criada, em outra lição mais à frente.

Perceba que os métodos da interface da fachada possuem assinaturas com estilos diferentes da interface DAO com os nomes dos métodos, em sua grande maioria, se iniciando com verbos na 3ª pessoa. Fizemos assim apenas para estilizar, pois tudo só depende da imaginação do desenvolvedor e também, claro, do que foi especificado na documentação do projeto. Como fizemos com o DAO, o tipo "T" genérico evidenciado na declaração da interface (listagem 24.1) e também na classe que a implementa, nada mais é do que uma classe de domínio recebida como parâmetro. Desta forma, podemos obter qualquer fachada na instanciação das "apps-interfaces" que as estendem, veja:

```
@Inject
IAppFacade<Menu> menuFacade;
```

Instancia uma fachada de Menu.

Uma fachada base para o DAO

Sob o pacote *br.eti.amazu.component.pworld.persistence.facade*, crie a interface **IFacade** e a classe **Facade**, conforme as listagens 24.1 e 24.2 respectivamente...

Laboratório 24.1

```
package br.eti.amazu.component.pworld.persistence.facade;

import java.util.List;
import javax.persistence.LockModeType;

import br.eti.amazu.component.pworld.persistence.dao.IDao;
import br.eti.amazu.component.pworld.persistence.exception.DaoException;

public abstract interface IFacade<T> {

  /**********
   * NO QUERY
   *********/
  public void incluir(T obj) throws DaoException;
  public void excluir(T obj) throws DaoException;
  public void alterar(T obj) throws DaoException;

  public Object alterarAtualizar(T obj) throws DaoException;

  public T recuperar(Class<T> t, Long pk) throws DaoException;
  public T recuperar(Class<T> t, Integer pk) throws DaoException;
  public T recuperar(Class<T> t, String pk) throws DaoException ;


  /*************
   * NAMEDQUERY
   *************/
  public List<T> listar(String namedQuery) throws DaoException;
  public List<T> listar(String namedQuery, List<Object> params) throws DaoException;

```

continua

Listagem 24.1a A interface **IFacade**.

continuação

```


    public List<T> listartPaginado(String namedQuery, List<Object> params, int first,
        int pageSize) throws DaoException;

    public T recuperar(String namedQuery, List<Object> params) throws DaoException;
    public int recuperarMaxResult(String namedQuery, List<Object> params) throws DaoException;
    public boolean executar(String namedQuery, List<Object> params) throws DaoException;
    public T recuperarMinMax(String namedQuery, List<Object> params) throws DaoException;



    /*************
     * NATIVEQUERY
     *************/
    public List<T> listarNQ(T t, String nativeQuery) throws DaoException;
    public List<T> listarNQ(T t, String nativeQuery, List<Object> params) throws DaoException;
    public List<T> listarNQ(String nativeQuery) throws DaoException;
    public List<T> listarNQ(String nativeQuery, List<Object> params) throws DaoException;

    public List<T> listarPaginadorNQ(T t, String nativeQuery, List<Object> params,
        int first, int pageSize) throws DaoException;

    public List<Object[]> listarObjetosNQ(String nativeQuery, List<Object> params)
        throws DaoException;

    public T recuperarNQ(T t, String nativeQuery, List<Object> params) throws DaoException;
    public T recuperarNQ(String nativeQuery) throws DaoException;
    public T recuperarNQ(String nativeQuery, List<Object> params) throws DaoException;

    public boolean executarNQ(String nativeQuery) throws DaoException;
    public boolean executarNQ(String nativeQuery, List<Object> params) throws DaoException;

    public int recuperarMaxResultNQ(String nativeQuery) throws DaoException;

    public int recuperarMaxResultNQ(String nativeQuery, List<Object> params)
        throws DaoException;

    public Long recuperarSequenceNQ(String sequenceName) throws DaoException;



    /***************************************************************
     * MANIPULAÇÃO DO ENTITY MANAGER - Apenas objetos persistentes.
     ***************************************************************/
    public void clear();

    public void refresh(Object obj, LockModeType lockModeType);
    public void refresh(Object obj);

    public boolean isManaged(Object obj);
    public void lock(Object obj, LockModeType loModeType);
    public void flush();
    public void detach(Object obj);
    public Object get(Class<T> t, Object obj) ;

    public IDao<T> getDao();
    public void setDao(IDao<T> dao);

}
```

Listagem 24.1b A interface **IFacade**.

```
package br.eti.amazu.component.pworld.persistence.facade;

import java.util.List;

import javax.ejb.TransactionAttribute;
import javax.ejb.TransactionAttributeType;
import javax.inject.Inject;
import javax.persistence.LockModeType;
import br.eti.amazu.component.pworld.persistence.dao.IDao;
import br.eti.amazu.component.pworld.persistence.exception.DaoException;

public abstract class Facade<T> implements IFacade<T>{

 @Inject
 private IDao<T> dao;



 /**********
  * NO QUERY
  *********/

 /*---------------------------
  * Inserir - Alterar - Excluir
  * ------------------------*/
 @Override
 @TransactionAttribute ( TransactionAttributeType.REQUIRED )
 public void incluir(T obj) throws DaoException{
  dao.insert(obj);
  dao.flush();
 }

 @Override
 @TransactionAttribute ( TransactionAttributeType.REQUIRED )
 public void excluir(T obj) throws DaoException{
  dao.delete(obj);
  dao.flush();
 }

 @Override
 @TransactionAttribute ( TransactionAttributeType.REQUIRED )
 public void alterar(T obj) throws DaoException{
  dao.update(obj);
  dao.flush();
 }

 @Override
 @SuppressWarnings("unchecked")
 @TransactionAttribute ( TransactionAttributeType.REQUIRED )
 public Object alterarAtualizar(T obj) throws DaoException{
  dao.update(obj); //Realiza a persistencia.
  dao.flush(); //Sincroniza o banco de dados com os objetos gerenciados em entityManager.

  try {
   /* O metodo abaixo sincroniza o objeto que veio da view com o que estah gerenciado.
    * O resultado eh que o metodo devolve o objeto sincronizado com banco de dados e
    * entityManager, tambem sincronizado com o objeto da view*/
   if(obj.getClass().getMethod("getId").invoke(obj)!=null){
    Class<?> partTypesGet[] = new Class[2];
    partTypesGet[0] = Class.class;

```

Veja que marcamos todos os métodos de definição de dados (**incluir**, **excluir** e **alterar**) com a anotação **@TransactionAttribute (TransactionAttributeType.*REQUIRED*).**

As anotações referentes a TRANSAÇÕES serão vistas em outra lição.

Métodos que realizam apenas consultas não possuem essa anotação.

continua

Listagem 24.2a A classe **Facade**.

continuação

```
      partTypesGet[1] = Object.class;
      Object argListGet[] = new Object[2];
      argListGet[0] = obj.getClass();
      argListGet[1] = obj.getClass().getMethod("getId").invoke(obj);

      Object object = dao.get((Class<T>) obj.getClass(),
          obj.getClass().getMethod("getId").invoke(obj));

      dao.refresh(object); //Atualiza o objeto.
      return object; //Retorna o objeto sincronizado e atualizado.

    }else{
      return obj;
    }

  } catch (Exception e) {
    new DaoException(e.getMessage());
  }

  return null;
}
//------------------------------------------------------------


/*------------------------------------------------------------
 * Consulta de um unico resultado passando uma chave primaria
 * pk somente do tipo Long, Integer e String
 * ----------------------------------------------------------*/
@Override
public T recuperar(Class<T> t, Long pk) throws DaoException{
  return dao.find(t, pk);
}

@Override
public T recuperar(Class<T> t, Integer pk) throws DaoException{
  return dao.find(t, pk);
}

@Override
public T recuperar(Class<T> t, String pk) throws DaoException {
  return dao.find(t, pk);
}
  //------------------------------------------------------------




/*************
 * NAMEDQUERY
 *************/

/*------------------------------------
 * Retorna uma lista de objetos.
 * Lista tudo sem precisar de parametros.
 * - Utilizando hql e namedQuery.
 ------------------------------------*/
@Override
public List<T> listar(String namedQuery) throws DaoException{
  return dao.list(namedQuery);
}
```

continua

Listagem 24.2b A classe **Facade**.

continuação

```
/*--------------------------------------------------
 * Retorna uma lista de objetos.
 * Lista tudo (ou uma lista limitada)  usando parametros.
 * - Utilizando hql e namedQuery.
 --------------------------------------------------*/
@Override
public List<T> listar(String namedQuery, List<Object> params) throws DaoException{
 return dao.list(namedQuery, params);
}

/*------------------------------------------
 * Consulta paginada com namedQuery- resultset
 * ----------------------------------------*/
@Override
public List<T> listartPaginado(String namedQuery, List<Object> params, int first, int pa-
geSize)
    throws DaoException{
 return dao.listPagination(namedQuery, params, first, pageSize);
}

/*------------------------------------------------------------
 * Retorna um unico objeto
 * - Utilizando hql e namedQuery.
 * - O parametro da busca deverah ser feito por uma chave unica,
 *   ou na certeza de haver no banco um unico valor para o campo, se
 *   isto nao for observado serah causado uma exception.
 * - Utilizando hql e namedQuery.
 ------------------------------------------------------------*/
@Override
public T recuperar(String namedQuery, List<Object> params) throws DaoException{
 return dao.singleResult(namedQuery, params);
}

/*---------------------------------------------------------------------
 * Traz o maximo de registros baseado em uma consulta.
 * Pode ser usado em uma consulta paginada com namedQuery- total da paginacao
 * --------------------------------------------------------------------*/
@Override
public int recuperarMaxResult(String namedQuery, List<Object> params) throws DaoException{
 return dao.maxResult(namedQuery, params);
}

/*----------------------------
 * Execute com hql e namedQuery.
 ----------------------------*/
@Override
@TransactionAttribute ( TransactionAttributeType.REQUIRED )
public boolean executar(String namedQuery, List<Object> params) throws DaoException{
 boolean b = dao.execute(namedQuery, params);
 dao.flush();
 return b;
}

/*----------------------------------------------------------
 * Retorna um objeto unico de uma expressao HQL
 * - quando queremos o ultimo registro baseado na expressao.
 * - exemplo de uma namedQuery:
 *   "from Pessoa p where p.bairro =:param0 order by p.nome DESC".
 *   isto irah retornar a ultima pessoa de uma lista ordeada pelo
 *   nome, que mora em um bairro passado no parametro.
 ----------------------------------------------------------*/
```

continua

Listagem 24.2c
A classe **Facade**.

continuação

```
@Override
public T recuperarMinMax(String namedQuery, List<Object> params) throws DaoException{
  return dao.minMaxFromExpression(namedQuery, params);
}



/*************
 * NATIVEQUERY
 *************/

/*-----------------------------------------------------------------
 * Retorna uma lista de objetos. Utilizando sql nativa (nativeQuery).
 * Lista tudo sem usar parametros - passando o Tipo
 -----------------------------------------------------------------*/
@Override
public List<T> listarNQ(T t, String nativeQuery) throws DaoException{
  return dao.listNQ(t, nativeQuery);
}

/*-----------------------------------------------------------------
 * Retorna uma lista de objetos.  Utilizando sql nativa (nativeQuery).
 * Usando parametros - passando o Tipo
 -----------------------------------------------------------------*/
@Override
public List<T> listarNQ(T t, String nativeQuery, List<Object> params) throws DaoException{
  return dao.listNQ(t, nativeQuery, params);
}

/*-----------------------------------------------------------
 * Retorna uma lista de objetos. Lista tudo sem usar parametros.
 * Utilizando sql nativa (nativeQuery)
 -----------------------------------------------------------*/
@Override
public List<T> listarNQ(String nativeQuery) throws DaoException{
  return dao.listNQ(nativeQuery);
}

/*-----------------------------------------------------------
 * Retorna uma lista de objetos da classe passada como parametro.
 * Utilizando sql nativa (nativeQuery).
 -------------------------------------------------------------*/
@Override
public List<T> listarNQ(String nativeQuery, List<Object> params) throws DaoException{
  return dao.listNQ(nativeQuery, params);
}

/* ------------------------------------------
 * Consulta paginada com nativeQuery - resultset
 * ------------------------------------------*/
@Override
public List<T> listarPaginadorNQ(T t, String nativeQuery, List<Object> params, int first,
int pageSize)
     throws DaoException{
  return dao.listPaginationNQ(t, nativeQuery, params, first, pageSize);
}

/* -----------------------------------------------
 * Retorna uma lista de objetos. Utilizando nativeQuery.
 * -----------------------------------------------*/
```

continua

Listagem 24.2d A classe **Facade**.

continuação

```
public List<Object[]> listarObjetosNQ(String nativeQuery, List<Object> params)
   throws DaoException{
  return dao.listObjectNQ(nativeQuery, params);
}

/*-----------------------------------------------------------------------------------
 * Consulta de unico resultado - retorna um objeto.  Utilizando sql nativa (nativeQuery).
 * Passando o Tipo como parametro.
 ----------------------------------------------------------------------------------*/
@Override
public T recuperarNQ(T t, String nativeQuery, List<Object> params) throws DaoException{
  return dao.singleResultNQ(t, nativeQuery, params);
}

/*-----------------------------------------------------------------------------------
 * Consulta de unico resultado - retorna um objeto. Utilizando sql nativa (nativeQuery).
 * Sem utilizacao de parametros.
 ----------------------------------------------------------------------------------*/
@Override
public T recuperarNQ(String nativeQuery) throws DaoException{
  return dao.singleResultNQ(nativeQuery);
}

/*-----------------------------------------------------------------------------------
 * Consulta de unico resultado - retorna um objeto. Utilizando sql nativa (nativeQuery).
 * Utilizando parametros para a consulta.
 ----------------------------------------------------------------------------------*/
@Override
public T recuperarNQ(String nativeQuery, List<Object> params) throws DaoException{
  return dao.singleResultNQ(nativeQuery, params);
}

/*---------------------------------------------------
 * Simples execute. Utilizando sql nativa (nativeQuery).
 --------------------------------------------------*/
@Override
@TransactionAttribute ( TransactionAttributeType.REQUIRED )
public boolean executarNQ(String nativeQuery) throws DaoException{
  boolean b = dao.executeNQ(nativeQuery);
  dao.flush();
  return b;
}

/*--------------------------------------------------------------
 * Inserir - Alterar - Excluir. Utilizando sql nativa (nativeQuery).
 -------------------------------------------------------------*/
@Override
@TransactionAttribute ( TransactionAttributeType.REQUIRED )
public boolean executarNQ(String nativeQuery, List<Object> params) throws DaoException{
  boolean b = dao.executeNQ(nativeQuery, params);
  dao.flush();
  return b;
}

/*--------------------------------------------------
 * Maximo de uma expressao: nativeQuery sem parametros.
 -------------------------------------------------*/
@Override
public int recuperarMaxResultNQ(String nativeQuery) throws DaoException{
  return dao.maxResultNQ(nativeQuery);
}
```

continua

Listagem 24.2e A classe **Facade**.

continuação

```
/*------------------------------------------------
 * Maximo de uma expressao: nativeQuery com parametros.
 -------------------------------------------------*/
@Override
public int recuperarMaxResultNQ(String nativeQuery, List<Object> params) throws DaoException{
  return dao.maxResultNQ(nativeQuery, params);
}

/*---------------------------------
 * Obtem a ultima sequence da tabela.
 --------------------------------*/
@Override
public Long recuperarSequenceNQ(String sequenceName) throws DaoException{
  return dao.getSequenceNQ(sequenceName);
}


/**********************************************************
 * MANIPULAÇÃO DO ENTITY MANAGER - Apenas objetos persistentes.
 *********************************************************/

/*-----------------------------------------------------------
 * Apagar todos os objetos que estao gerenciados no EntityManager.
 * ---------------------------------------------------------*/
@Override
public void clear(){
  dao.clear();
}

/*------------------------
 * Atualizar o EntityManager
 * ---------------------*/
@Override
public void refresh(Object obj){
  dao.refresh(obj);
}

/*----------------------------------------------------
 * Atualizar o EntityManager com lockModeType como parametro.
 * --------------------------------------------------*/
@Override
public void refresh(Object obj, LockModeType lockModeType){
  dao.refresh(obj, lockModeType);
}

/*---------------------------------------------
 * Verificar se um determinado objeto estah gerenciado.
 * -------------------------------------------*/
@Override
public boolean isManaged(Object obj){
  return dao.isManaged(obj);
}

/*-------------------------------------
 * Bloquear/desbloquear um objeto para edicao
 * -----------------------------------*/
@Override
public void lock(Object obj, LockModeType loModeType){
  dao.lock(obj, loModeType);
}
```

continua

Listagem 24.2f A classe **Facade**.

continuação

```
367
368  /*---------------------------------------------------
369   * Sincroniza objetos persistentes com o banco de dados.
370   * ------------------------------------------------*/
371  @Override
372  public void flush(){
373   dao.flush();
374  }
375
376  /*-------------------------------------
377   * Desassocia o objeto do entityManager.
378   * ---------------------------------*/
379  @Override
380  public void detach(Object obj){
381   dao.detach(obj);
382  }
383
384  /*-----------------------
385   * Obtem um objeto managed.
386   * ---------------------*/
387  @Override
388  public Object get(Class<T> t, Object obj) {
389   return dao.get(t, obj);
390  }
391
392  /*---------------------------
393   * Obtem uma referencia do Dao.
394   * ------------------------*/
395  @Override
396  public IDao<T> getDao() {
397   return dao;
398  }
399
400  /*-------------
401   * Define o Dao.
402   * ----------*/
403  @Override
404  public void setDao(IDao<T> dao) {
405   this.dao = dao;
406  }
407 }
```

Listagem 24.2g A classe **Facade**.

Todos os métodos possuem um comentário explicando os seus propósitos, convém lê-los. É claro que as suas dúvidas só serão realmente dirimidas com a prática, nas próximas lições, onde iremos usar os métodos da classe testando-os intensivamente.

Por ora, perceba a injeção do DAO sendo feita pelo container CDI nas linhas 14 e 15 (Listagem 24.2). Outras anotações, como a **@TransactionAttribute**, que é específica de EJB, diz respeito ao comportamento das transações com banco de dados e terá a próxima lição dedicada a ela.

...E veja que ainda não vemos as anotações do tipo **@Stateless** ou **@Named** ou ainda a **@TransactionManager**, e na verdade são elas que definem a classe de fachada como um gerador de objetos do tipo *Session Bean* persistente. E como já tecemos alguns comentários à respeito, só para lembrar, essas anotações serão feitas nas "apps", ou seja, nas classes que estendem *Facade*, por fora do framework **pworld-1.0.jar**. Sim, não esquecemos do componente pworld-1.0.jar (tudo o que está no pacote *br.eti.amazu.component.pworld* será empacotado, mas só depois de testar...)

Fim do Laboratório 24.1

Prolongando a sessão com o banco de dados

Na Lição 23 vimos que uma sessão com o banco de dados pode ser aberta de duas formas: EXTENDED e TRANSACTION. A primeira, dependendo de como é utilizada, prolonga demais a sessão podendo se tornar um verdadeiro gargalo na aplicação. A segunda é a preferida, já que não existe esse problema, mas necessita de um filtro para ampliar um pouco mais a sessão com o banco de dados. O laboratório a seguir implementa esse filtro...

Laboratório 24.2

Sob o pacote *br.eti.amazu.component.pworld.persistence,* crie a classe **ConnectionFilter** abaixo:

```
package br.eti.amazu.component.pworld.persistence;

import java.io.IOException;
import javax.annotation.Resource;
import javax.servlet.Filter;
import javax.servlet.FilterChain;
import javax.servlet.FilterConfig;
import javax.servlet.ServletException;
import javax.servlet.ServletRequest;
import javax.servlet.ServletResponse;
import javax.servlet.annotation.WebFilter;
import javax.transaction.UserTransaction;

@WebFilter(servletNames={"Faces Servlet"})
public class ConnectionFilter implements Filter {

    @Override
    public void destroy() {  }

    @Resource
    private UserTransaction utx;

    @Override
    public void doFilter(ServletRequest request, ServletResponse response,
        FilterChain chain) throws IOException, ServletException {

        try {
            utx.begin();
            chain.doFilter(request, response);
            utx.commit();

        } catch (Exception e) {
            e.printStackTrace();
        }
    }

    @Override
    public void init(FilterConfig arg0) throws ServletException {   }
}
```

Embora façamos uso deste filtro, veremos um pouco mais pra frente que ele também pode ser um pesadelo para o sistema, caso as consultas não sejam dimensionadas de forma eficiente, gerando um problema conhecido como **N + 1 Queries**.

Faces Servlet é o nome do Servlet, declarado no arquivo **web.xml**.

Listagem 24.3 A classe **ConnectionFilter**.

Fim da Lição 24.

Lição 25
De volta ao BlankApp

Objetivos:

- Flexibilizar o DAO por meio da classe AppDao
- Expor o acesso a dados por meio das *appsFacade*

O eclético DAO

Arquitetura

A ideia é fazer com que o DAO seja completamente independente, entretanto pode acontecer de o desenvolvedor querer inserir dentro dele um novo método de acesso a dados. Se o nosso DAO fosse "engessado" dentro de um arquivo **jar**, isto seria impossível. Ele estará realmente dentro de um arquivo **jar**, cuidaremos disto mais tarde, entretanto não estará "engessado", visto que ele será estendido por uma outra classe, a **AppDao**. Será dentro desta classe AppDao que o desenvolvedor poderá criar seus novos métodos, caso necessite. Veja essa ideia abaixo...

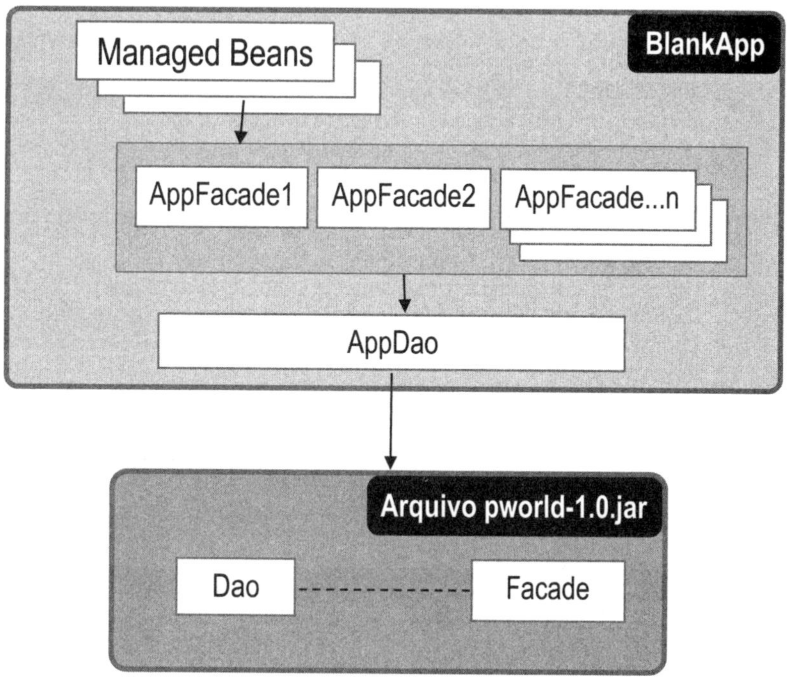

Figura 25.1
Arquitetura da camada mais inferior.

O Dao e a Facade são as camadas mais profundas da arquitetura, quanto mais profunda, maior o isolamento, as interfaces irão garantir esse comportamento.

Apenas um **AppDao** servindo o aplicativo e várias *AppFacades* expondo seus métodos de acesso.

Embora a arquitetura admita várias(n) *AppsFacade*, apenas uma seria suficiente para suprir a demanda do aplicativo em produção, pois as fachadas também são genéricas — apenas uma pode ser instanciada várias vezes, pois o recurso foi incluído para facilitar o trabalho do desenvolvedor e a manutenção (e também otimizar o funcionamento, quando em produção).

...e tudo ocorrerá mais ou menos assim: um usuário *logado* poderá obter várias instâncias de uma única AppFacade. E cada uma dessas instâncias irá trabalhar isoladamente buscando os dados no banco. Poderá haver momentos em que se tenham milhares de instâncias trabalhando em conjunto, a performance irá depender do dimensionamento do servidor WildFly — sobre isto é necessário um bom conhecimento, mas já é uma outra história, visto que o objetivo aqui é construir software.

Construção de AppDao

Temos de criar as classes persistentes AppDao e AppFacade, e elas ficarão em um pacote dentro de *amazu.infra.*

Laboratório 25.1

Sem delongas, vamos dar prosseguimento ao projeto. Sob o pacote *br.eti.amazu.infra*, crie um pacote com o nome *persistence* e, sob este, mais um pacote com o nome *appdao*. Dentro deste último, crie a interface **IAppDao** e a classe **AppDao**, conforme abaixo...

Listagem 25.1 A interface **IAppDao**.

```java
package br.eti.amazu.infra.persistence.appdao;

import br.eti.amazu.component.pworld.persistence.dao.IDao;

public interface IAppDao<T> extends IDao<T> {

  /*---------------------------------------------------------------------------------
   * DAQUI PARA BAIXO, ACRESCENTAR OUTROS METODOS, SE FOR O CASO (TALVEZ NUNCA PRECISE...)
   ---------------------------------------------------------------------------------*/
}
```

Listagem 25.2 A classe **AppDao**.

```java
package br.eti.amazu.infra.persistence.appdao;

import javax.annotation.PostConstruct;
import javax.inject.Named;
import javax.persistence.EntityManager;
import javax.persistence.PersistenceContext;
import javax.persistence.PersistenceContextType;
import br.eti.amazu.component.pworld.persistence.dao.Dao;

@Named
public class AppDao<T> extends Dao<T> implements IAppDao<T>{

  @PersistenceContext(type=PersistenceContextType.TRANSACTION)
  private EntityManager entityManager;

  @PostConstruct
  public void init(){
    super.setEntityManager(entityManager);
  }

  /*---------------------------------------------------------------------------------
   * DAQUI PARA BAIXO, ACRESCENTAR OUTROS METODOS, SE FOR O CASO (TALVEZ NUNCA PRECISE...)
   ---------------------------------------------------------------------------------*/
}
```

Nossa AppDao não possui nenhum método, é que, no momento, não precisamos de nenhum, já que ela herda tudo de Dao.

Nossa Persistence Context será do tipo TRANSACTION.

Colocar essas classes dentro de um pacote fora de *blankapp*, **mas dentro de *infra***, foi uma decisão bem acertada, pois a ideia é buscar o desacoplamento com qualquer outro componente que vier a ser criado no futuro que utilize o DAO (com esta ideia você poderá criar seus componentes no futuro e utilizá-los sem problemas em qualquer aplicativo, mas terá de usar o pacote *infra* também, customizado do seu jeito).

Fim do Laboratório 25.1

Expondo o acesso a dados

Construção de AppFacade

O acesso aos métodos do DAO já foi visto, fizemos isto por intermédio das fachadas utilizando o padrão Facade. O aplicativo BlankApp não utiliza as classes Facade diretamente, ele utiliza as AppsFacade, que iremos construir agora.

Laboratório 25.2

Sob o pacote *br.eti.amazu.infra.persistence*, crie um pacote com o nome *appfacade* e, dentro dele, a interface **IAppFacade** e a classe **AppFacade**, conforme abaixo...

```
package br.eti.amazu.infra.persistence.appfacade;

import br.eti.amazu.component.pworld.persistence.facade.IFacade;

public interface IAppFacade<T> extends IFacade<T> {

  /*------------------------------------------------------------
   * DAQUI PARA BAIXO, ACRESCENTAR OUTROS METODOS, SE FOR O CASO...
   -----------------------------------------------------------*/
}
```

Listagem 25.3 A interface **IAppFacade**

Nossa AppFacade não possui nenhum método, é que, no momento, não precisamos de nenhum, já que ela herda tudo de Facade. Quase tudo idêntico a AppDao, com duas diferenças básicas:

- O aplicativo só poderá possuir UMA classe AppDao enquanto que a AppFacade poderá possuir mais de uma, com nomes distintos, claro (*AppFacade*, *AppMenuFacade*, *AppPessoaFacade*...), lembrando que apenas uma já é suficiente para todo o aplicativo;
- As AppsFacade recebem algumas anotações adicionais imprescindíveis, as que definem o tipo de Session Beans (EJB) e as "transactions" (novamente EJB), vistas em outra lição à frente.

```
package br.eti.amazu.infra.persistence.appfacade;

import javax.annotation.PostConstruct;

import javax.ejb.Stateless;
import javax.ejb.TransactionAttribute;
import javax.ejb.TransactionAttributeType;
import javax.ejb.TransactionManagement;
import javax.ejb.TransactionManagementType;

import javax.inject.Inject;
import javax.inject.Named;
import javax.interceptor.Interceptors;

import br.eti.amazu.component.pworld.persistence.exception.InterceptorException;
import br.eti.amazu.component.pworld.persistence.facade.Facade;
import br.eti.amazu.infra.persistence.appdao.IAppDao;

@Named
@Stateless
```

continua

Listagem 25.4a A classe **AppFacade**.

continuação

```
@Interceptors({InterceptorException.class })
@TransactionManagement ( TransactionManagementType.CONTAINER )
@TransactionAttribute ( TransactionAttributeType.SUPPORTS )
public class AppFacade<T> extends Facade<T> implements IAppFacade<T> {

  @Inject
  private IAppDao<T> dao;

  @PostConstruct
  public void initDao(){
    super.setDao(dao);
  }

  /*-------------------------------------------------------------
   * DAQUI PARA BAIXO, ACRESCENTAR OUTROS METODOS, SE FOR O CASO...
   -------------------------------------------------------------*/
}
```

Listagem 25.4b A classe **AppFacade**.

Nossa AppFacade também não possui nenhum método, por enquanto não precisamos de nenhum, já que ela herda tudo de Facade.

Fim do Laboratório 25.2

A seguir, o que interessa sobre transações com banco de dados...

EJB

JPA

HIBERNATE

Lição 26
Transações

Objetivos:

- Aprender sobre transações com banco de dados
- Entender como funciona o mecanismo de transações do EJB

O que é uma transação

Conceito

Transações são operações que ocorrem em banco de dados quando a manipulação dos dados são do tipo *Create*, *Delete* ou *Update*. Por definição, essas operações devem ocorrer de uma única vez, ou não ocorrer absolutamente nada, se algo der errado.

Algo muito importante a se notar é que uma transação pode consistir em várias instruções SQL - não apenas uma. Um exemplo seria a realização de uma transferência bancária, de uma conta para outra, em um mesmo banco. Nesse cenário, o sistema deveria creditar em uma conta e debitar na outra, exigindo atualizações em diferentes pontos no banco de dados, porém em uma única transação, ou realiza as duas operações (debitar e creditar) ou não realiza nenhuma.

Em outro exemplo, para salvar os dados, não bastaria simplesmente executar as duas instruções hipotéticas descritas a seguir...

```
//Apagar o objeto departamento_de_vendas no banco de dados.
dao.delete(departamento_de_vendas);

/* Inserir o objeto departamento_de_marketing no banco de dados.
 * Mas atenção só inserir este objeto se o departamento_de_vendas
 * for excluído antes.*/
dao.insert(departamento_de_marketing);
```

É evidente que essas instruções poderão até funcionar, mas será que os dados são consistentes? Como controlar isto? Como garantir que as duas instruções imaginárias acima possam acontecer de forma concomitante?

Imagine se por algum motivo os dados do departamento_de_marketing estivessem incorretos de forma a produzir uma exceção; desta forma, o departamento_de_vendas seria persistido e o departamento_de_marketing não. Daí, alguma coisa já estaria errada, pois você pretendia que as duas instruções fossem executadas concomitantemente e só apenas uma aconteceu de verdade.

Partindo desta premissa, uma boa ideia seria a existência de algum artifício que desfizesse todas as operações, caso alguma delas desse errado. Isto é possível e só tem um jeito de se fazer: utilizando **Transações**.

> Transação é uma operação que engloba uma ou mais subrotinas de persistência a dados (**create-update-delete**), e que possuem quatro propriedades, conhecidas pelo acrônimo **ACID**.

Características das Transaçoes

A — **Atomicidade:** A operação não poderá, de jeito nenhum, ser efetuada pela metade. Ela só será confirmada (***commit***) se todas as subrotinas de persistência forem realizadas com sucesso, caso contrário, a operação toda será descartada, e os efeitos, até então supostamente concluídos com êxito, seriam cancelados (***rollback***).

C — **Consistência:** Uma transação não pode produzir dados inconsistentes.

I — **Isolamento**: A execução de uma transação não deve interferir na execução de outra.

D — **Durabilidade:** Garante que as modificações realizadas na transação sejam persistidas.

Transaçoes com EJB

Como funcionam

Dentro de um método transacional é possível encontrar operações como as descritas na listagem abaixo:

```
try{
   //Primeiramente, iniciamos uma transação.
   transaction.begin();

   //O padrão DAO nas duas linhas abaixo.
   dao.delete(departamento_de_vendas);
   dao.insert(departamento_de_marketing);

   //Ratifica a operação (confirma).
   transaction.commit();

}catch (Exception e){

   //Se houver erro, cancela a operação.
   transaction.rollback();

   //Personaliza a exceção.
   throw new DaoException(e);

}finally{

   //havendo erro ou não, encerra.
   transaction.close();
}
```

Listagem 26.1 Hipotética transação.

Ao lado, temos sim, operações consistentes dentro de um contexto transacional. Mas colocamos isto aí apenas para ilustrar, pois dentro do nosso framework não faremos nada disto, uma vez que o EJB é que será o autor dessa façanha.

A configuração mostrada nas linhas 22 e 23 da Listagem 25.4, em combinação com as configurações da anotação **@TransactionAttribute** mostradas na Listagem 24.2 é que são responsáveis pelas transações, às quais passamos a analisar:

1) Se o container EJB vai realizar a transação automática, todo o processo será transparente ao desenvolvedor. Nada de escrever *commit* ou *rolback* em meu código!
2) Mas, como é que o container EJB irá "saber" quais métodos de meu DAO deverão ser feitos com transação?

Bem, a resposta a esta indagação pode ser obtida com o entendimento das anotações referentes às transações de EJB, vejamos...

@TransactionManagement

Todos os Session Beans (Session Beans são as classes anotadas com a anotação *@Stateless*, em nosso aplicativo), devem receber a anotação *@TransactionManagement*. Na arquitetura EJB, as transações com banco de dados podem ser gerenciadas de dois modos:

Container Managed Transactions — **CMT**
Bean Managed Transactions — **BMT**

Quando o desenvolvedor opta pelo gerenciamento CMT, a responsabilidade de abrir, confirmar ou de abortar transações será atribuída ao EJB Container. Neste modo, o desenvolvedor deve ficar esperto ao anotar quais métodos do Session Bean irão trabalhar com transações, normalmente, os métodos que realizam operações de definições de dados (incluir, alterar ou atualizar). O modo CMT é padrão, portanto, se a anotação *@TransactionManagement* não for declarada, é este o modo que irá funcionar, entretanto, veja a anotação presente na linha 22 da Listagem 25.4, explicitando o modo container (CMT):

```
@TransactionManagement ( TransactionManagementType.CONTAINER )
```

O fizemos para explicitar a opção, para facilitar a compreensão e a manutenção.

Os atributos transacionais

Sim, o desenvolvedor tem de ficar esperto ao demarcar os métodos que receberão transações, mas de que forma ele poderá fazer isto? Como o EJB Container conhecerá esses métodos? Como ele irá abrir, confirmar, abortar ou suspender as transações? É muito simples, basta utilizar as anotações referentes aos comportamentos que a gente quer que ele possua! Estamos falando dos atributos transacionais, que podem receber os seguintes valores: **REQUIRED**, **REQUIRES_NEW**, **SUPPORTS**, **MANDATORY**, **NOT_SUPPORTED** e **NEVER**. Esses atributos devem ser declarados imediatamente acima da classe, ou acima de cada método, vejamos:

Anotando a classe: quando queremos que todos os métodos do Session Bean possuam o mesmo atributo transacional, mas entenda que quando nenhum atributo for declarado explicitamente, o EJB Container utilizará por padrão o REQUIRED.

Anotando o método: quando queremos que um método específico utilize um dos atributos, sendo declarado explicitamente acima do método.

> **IMPORTANTE:**
>
> A anotação mandatória é a do método, assim sendo, se a classe receber o atributo SUPPORTS (veja a linha 23 da Listagem 25.4), e o método receber o atributo REQUIRED (veja a linha 27 da Listagem 24.2), o método irá funcionar com o comportamento REQUIRED.

A tabela abaixo mostra o comportamento de cada atributo

Atributo	Já existia uma transação aberta?	Comportamento
REQUIRED	@TransactionAttribute (TransactionAttributeType.***REQUIRED***)	
	Não	Abre uma nova transação
	Sim	Usa a transação que já estava aberta.
REQUIRES_NEW	@TransactionAttribute (TransactionAttributeType.***REQUIRES_NEW***)	
	Não	Abre uma nova transação
	Sim	Abre uma nova transação e suspende a que estava aberta
SUPPORTS	@TransactionAttribute (TransactionAttributeType.***SUPPORTS***)	
	Não	Nada faz
	Sim	Usa a transação que já estava aberta
MANDATORY	@TransactionAttribute (TransactionAttributeType.***MANDATORY***)	
	Não	Lança uma EJBTransactionRequiredException
	Sim	Usa a transação que já estava aberta
NOT_SUPPORTED	@TransactionAttribute (TransactionAttributeType.***NOT_SUPPORTED***)	
	Não	Nada faz
	Sim	Suspende a transação que estava aberta e não faz mais nada
NEVER	@TransactionAttribute (TransactionAttributeType.***NEVER***)	
	Não	Nada faz
	Sim	Lança uma EJBException

Rollback

Claro, por padrão as transações problemáticas são abortadas, e nós utilizamos a anotação **@ApplicationException(rollback=true)**. Já estudamos esse comportamento na lição 23.

Grosso modo, poderíamos dizer que o aplicativo já está em condições de receber alguns testes. Poderíamos utilizar um Framework para isto, o **Arquillian** (arquillian.org). Ele é a ferramenta de testes EJB por excelência, entretanto não o faremos por uma série de fatores, entre eles, a dificuldade de realização de debug, já que vamos utilizar um container EJB local.

Fim da Lição 26.

Lição 27
Introdução ao Mapeamento de Entidades

Objetivos:

HIBERNATE

- Aprender o conceito de Modelagem de Dados
- Conhecer as possibilidades do modelo de domínio do BlankApp
- Aprender sobre cardinalidade entre entidades
- Citar os tipos de relacionamentos entre entidades
- Interpretar sumariamente diagramas de classes do domínio de uma aplicação

O processo de modelagem

Conceito

Modelagem de dados é uma técnica aplicada à construção de modelos de dados, onde o principal foco é o **Modelo Entidade Relacional**, que é a ferramenta gráfica para a representação do Modelo de Dados, cuja finalidade é identificar entidades e seus relacionamentos. A modelagem de dados é a base para a criação de um banco de dados de qualquer sistema e é considerada a parte mais essencial para a qualidade do software. O primeiro trabalho dos engenheiros na construção do software é a concepção de seu modelo, o que pode ser obtido por meio de engenharia de requisitos, mapeamento de processos e elaboração de regras de negócios. O modelo concebido será o ponto de partida para a elaboração de um banco de dados bem estruturado e também das classes de domínio do projeto.

Mas é importante ressaltar que, no processo de modelagem das classes envolvidas em um ambiente de programação Java, deve-se sempre levar em conta o framework a ser utilizado para a realização da persistência de dados, e mais: o próprio nome da classe poderá influenciar a maneira como se configura os mapeamentos, sob o ponto de vista da facilidade de entendimento do negócio.

> ***Um ponto de partida:***
>
> *Inicialmente, projete as entidades, que nada mais são que as casses de domínio levando-se em conta os aspectos fundamentais considerados pela JPA/Hibernate.*
>
> *Algo tipo assim:* ***Um*** *departamento possui uma* ***coleção*** *de funcionários.*

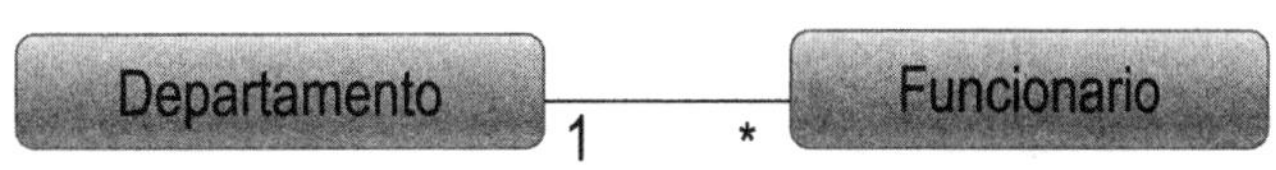

Figura 27.1 Associação entre as entidades Departamento e Funcionario.

O modelo de domínio previsto para o BlankApp

No projeto BlankApp já configuramos Hibernate, JPA e EJB (ver o arquivo pom.xml). A figura 21.2 mostra a arquitetura do projeto que, em conjunto com o diagrama de classes mostrado na figura 27.2, forma o arcabouço de que precisamos. O diagrama de classes representa apenas as entidades de domínio, são elas que nos interessam sob o ponto de vista do mapeamento Objeto-Relacional.

O modelo é bem simplório, a fim de atender nossos propósitos.

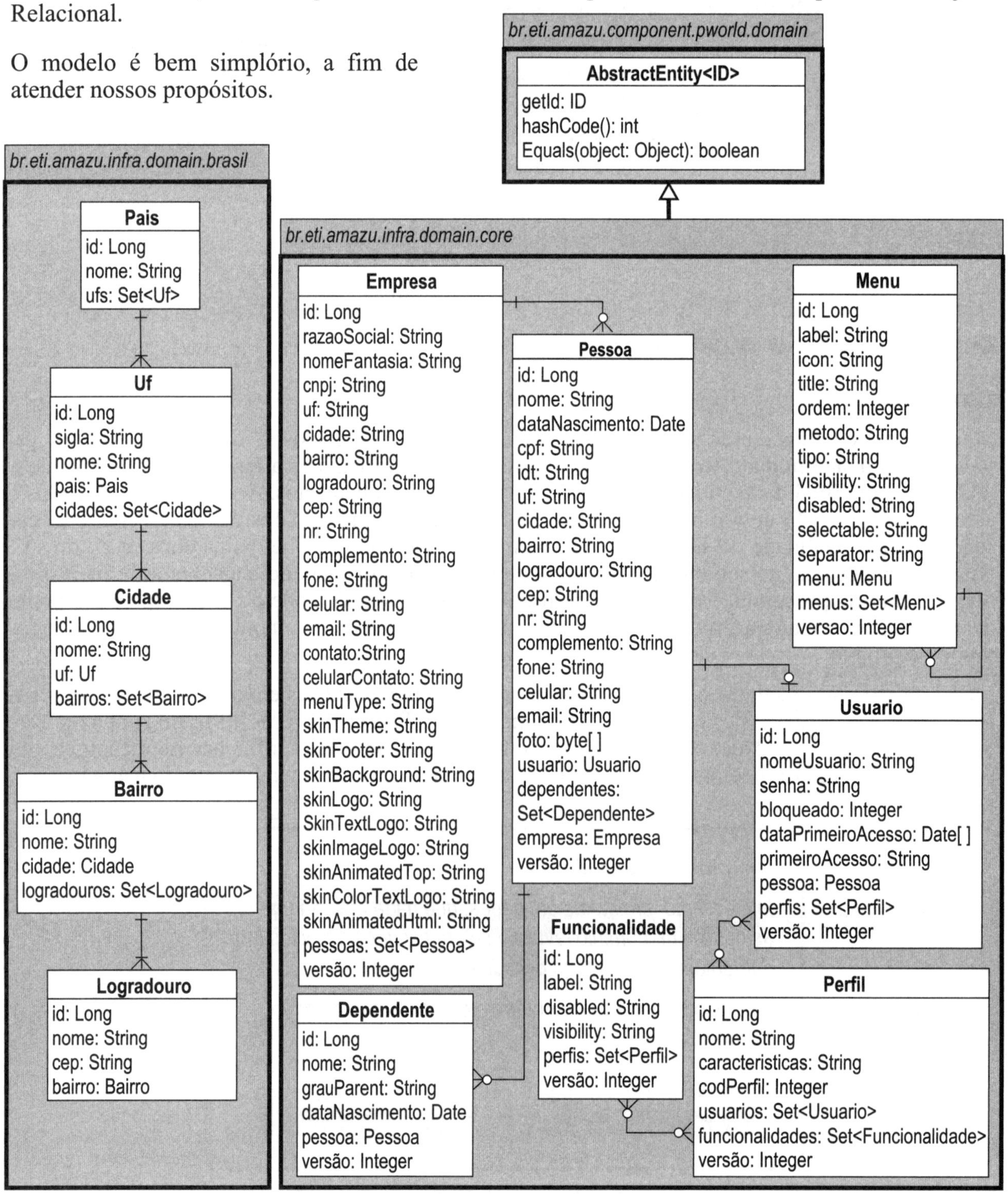

Figura 27.2 Diagrama de classes do **domínio do projeto**.

Características do modelo proposto

POR QUE FOI DEFINIDO ESSE MODELO PARA O NOSSO ESTUDO?

O modelo proposto possui todos os tipos de relacionamentos possíveis em banco de dados. As relações entre as entidades, conforme podemos ler no diagrama, estão assim:

- A entidade Menu possui um Autorrelacionamento;
- A entidade Pessoa possui relação Um para Muitos com Dependente;
- A entidade Pessoa possui relação Um para Um com Usuario;
- A entidade Perfil possui relação Muitos para Muitos com Usuario;
- A entidade Perfil possui relação Muitos para Muitos com Funcionalidade.

As entidades são simples classes do tipo Plain Old Object (POJO), a maioria herdando da entidade base a qual denominamos **AbstractEntity**. Evidente, a classe AbstractEntity não se encontra diretamente dentro do projeto BlankApp, mas sim, dentro do componente pworld (futuramente no arquivo **pworld-1.0.jar**). O diagrama omite os métodos *getters/setters* para simplificar o entendimento;

O modelo proposto parece atender bem, pois a intenção é demonstrar todos os tipos de relacionamentos entre objetos, bem como os mapeamentos Objeto-Relacional entre as classes e as tabelas do banco de dados, o que justifica a sua adoção. As tabelas serão criadas no PostgreSql após a realização do primeiro teste, a JPA fará isto para nós.

Didaticamente, o modelo que escolhemos para implementar no nosso aplicativo BlankApp possui quase todas as situações possíveis com que se deparam os desenvolvedores de software, portanto ele será bem útil para a realização dos laboratórios deste livro. Onde o leitor poderá tirar o máximo proveito.

DO QUE ESTE MODELO É CAPAZ?

- Permite-nos o obter informações a respeito de uma pessoa, seus dados individuais, quantos dependentes possui e quem são eles, se possui um nome de usuário, ou não, etc;
- Quais usuários possuem o perfil de "Operador", por exemplo, estamos falando de perfis de acesso ao sistema;
- O sistema possui "funcionalidades" que, tecnicamente falando, são os "papéis", ou recursos que o sistema disponibiliza. Exemplo: fazer upload, criar usuário, cadastrar pessoas, etc. Então o modelo do diagrama nos possibilita saber quais os papéis (funcionalidades) que um determinado perfil possui e vice versa;
- O modelo nos permite a criação e manutenção de perfis de usuário;
- Por fim, nos permitirá a criação de um sistema de menu dinâmico por meio de buscas recursivas — a implementação disto será vista em laboratórios do Volume III desta obra.

O QUE É PRECISO FAZER PARA ESTE MODELO FUNCIONAR?

Após a criação das classes de domínio, devemos criar as tabelas correspondentes no banco de dados, mas nós não vamos nos preocupar muito com isto, pois tudo acontecerá de forma automática, com a JPA executando as tarefas de criação. Então, nada de criar tabelas diretamente no banco de dados!

Cardinalidade entre entidades

Entende-se por cardinalidade o número que expressa o comportamento de uma ocorrência em determinada entidade associada a uma ou mais ocorrências de uma outra entidade através de um relacionamento. Existem dois tipos de cardinalidade: mínima e máxima. Antes de passarmos ao estudo das cardinalidades, é importante conhecer os tipos de relacionamentos que podem existir entre as tabelas. A relação existente entre duas entidades, também pode ser chamada de *Associação*, e compreende: **Um para Um (1:1)**, **Um para Muitos (1:*)**, **Muitos para Muitos (*:*)** e **Autorrelacionamento**.

Teoricamente o autorrelacionamento não existe, muitas vezes nem é citado pelos autores, mas tecnicamente ele existe sim, visto que ele nada mais é do que uma das outras três associações entre atributos dentro de uma mesma entidade. Em todos os quatro tipos de relações podemos observar as suas cardinalidades. Veja abaixo como elas poderiam se apresentar para um exemplo de relação 1:*:

Cada lado da relação possui sua cardinalidade específica:

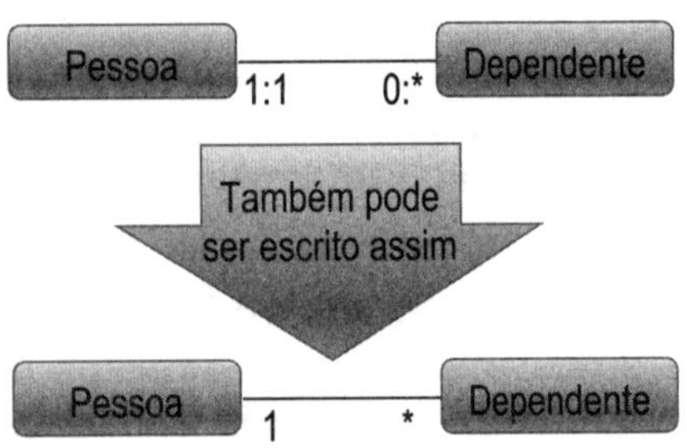

1:1 mínimo de um e máximo de um;
0: mínimo de nenhum e máximo de muitos.*

A mesma relação também pode ser escrita com as suas cardinalidades máximas:

1 mínimo de um e máximo de um;
** mínimo de nenhum e máximo de muitos.*

0:1	*No mínimo zero e no máximo um*
1:1	*No mínimo um e no máximo um*
*0:**	*No mínimo zero e máximo de muitos*
*1:**	*No mínimo um e máximo de muitos*
1:5	*No mínimo um e no máximo cinco*

Figura 27.3
Uma relação. A tabela ao lado mostra um resumo de algumas cardinalidades.

Leitura da cardinalidade:

Para fazermos a leitura do gráfico, partimos de determinada entidade e a cardinalidade correspondente a essa entidade é representada no lado oposto.

No exemplo ao lado, a cardinalidade **1..1** faz referência à entidade **Dependente**, e a cardinalidade **0..*** faz referência à entidade **Pessoa**.

Baseado nessa interpretação, a sua leitura seria mais ou menos assim:

1..1 "Não pode haver um **dependente** sem pessoa";

0..* "Uma **pessoa** possui uma coleção de dependentes, ou nenhum dependente".

Elementos de bancos de dados

Noções

Bancos de Dados, ou SGBD (Sistema Gerenciador de Banco de Dados), são aplicativos para gerenciar bases de dados. Para a criação e manipulação o SGBD utiliza uma linguagem, sendo a mais conhecida, a SQL (*Structured Query Language*). Existem vários SGBDs no mercado, alguns pagos, outros gratuitos. Abaixo, os SGBDs mais utilizados no mundo:

Oracle: Sob licença da gigante Oracle, é muito utilizado em órgãos governamentais;

SQL Server: Bastante estável e sob licença da Microsoft;

MySQL: Software gratuito, possui grandes adeptos pela sua facilidade de uso;

PostgreSQL: Banco de Dados de excelente performance e gratuito.

De uma maneira geral, em um banco de dados temos:

- **TABELAS**: Onde são armazenados os dados, ocupando espaço físico no disco;
- **VISÕES**: Não armazenam dados e não ocupam espaço físico. São agrupamentos de dados gerados por consultas previamente definidas e colocadas à disposição sempre que necessário. Uma alteração na visão pode propagar nos dados físicos;
- **SEQUÊNCIAS**: Dispositivos geradores de chaves únicas para os registros das tabelas;
- **GATILHOS**: Tipo especial de procedimento armazenado que é executado sempre onde há uma tentativa de modificar os dados em uma tabela protegida por ele;
- **FUNÇÕES**: Conjunto de instruções para realizar alguma coisa no banco de dados, seja uma inserção, deleção, alteração ou uma consulta;
- **RELACIONAMENTOS**: As tabelas podem se relacionar umas as outras, semelhantemente ao que já estudamos na lição anterior — o comportamento das classes de entidades deve ser semelhante ao das tabelas de banco de dados.

Há mais a ser estudado, mas já temos o suficiente para o prosseguimento de nossa lição.

Disposição dos dados

O mapeamento pode ser feito de duas formas: Partindo-se de um banco de dados já existente, ou de um diagrama de classes, que é o que nós iremos fazer. Você utiliza a primeira forma quando estiver desenvolvendo um aplicativo para um banco que já exista, com inúmeros registros, já em produção. A segunda forma é utilizada quando o desenvolvedor parte do zero, normalmente utilizando-se de ferramentas de TI para chegar ao modelo de domínio final.

Em nosso estudo, o produto final será o **Modelo Entidade-Relacional (MER)**, que será obtido, em sua totalidade, ao término da lição 31. O que primeiro temos de compreender é como funciona um banco de dados relacional, entretanto, não vamos aprofundar muito esse estudo, pois supomos que você já possua um certo domínio, então vamos abordar os elementos mais notáveis.

Das classes para as tabelas

Pela análise da classe, é possível "enxergar" como vai ficar a tabela, mas é necessário disponibilizar uma documentação. Suponha que você tenha as seguintes classes: **Uf** e **Cidade** e que o relacionamento entre elas é o que está representado na figura 27.4, a seguir...

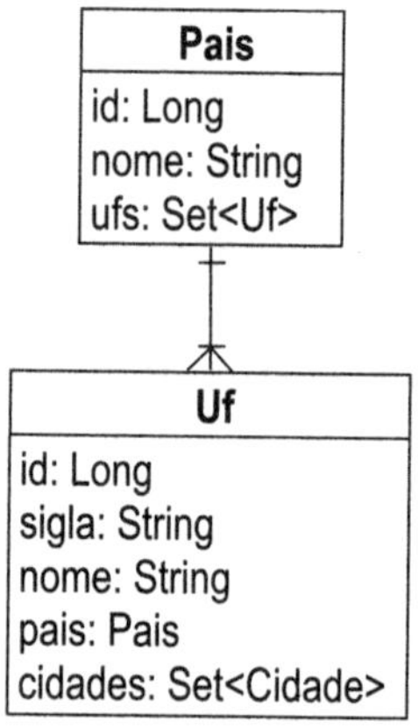

Figura 27.4
Analisando duas classes .

De antemão já conhecemos o relacionamento que é **um para muitos**. Conhecemos também o tipo de cada atributo. Quando uma entidade possui uma lista de tipos de uma outra entidade (cidades, no exemplo), deduzimos que essa outra entidade receberá uma *chave estrangeira.*

O que falta?

- Se a chave primária terá uma sequência;
- Se todos os atributos serão persistidos (não transientes);
- Se os atributos do tipo *String* possuem comprimento fixo ou variável (*character* ou *character varying*);
- O tamanho de cada atributo, se *character*;
- O tamanho máximo de cada atributo, se *character varying* e
- Os valores default para os atributos.

O resultado final para esse exemplo (as tabelas) pode ser visto abaixo:

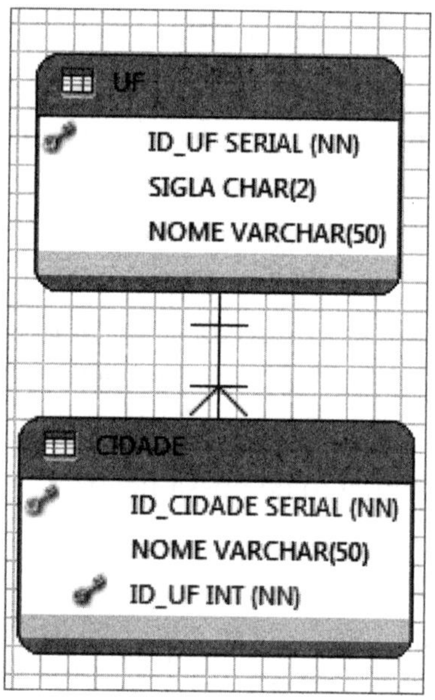

Figura 27.5
As tabelas criadas a partir do diagrama da figura 27.4.

...e é claro, a documentação do projeto traria as informações adicionais.

SOBRE AS TABELAS, nos interessa;

- *Tipos dos campos;*
- *Tamanho dos campos;*
- *Chave primária (primary key);*
- *Chave Estrangeira (foreign key);*
- *Chave única (unique key);*
- *Geradores de sequência;*
- *Quais tabelas se relacionam e como;*
- *Se os campos admitem valores nulos ou não;*
- *Quais os valores default para cada campo.*

A partir do conhecimento desses elementos, teremos condições de realizar o mapeamento das classes pretendidas.

Fim da Lição 27.

JPA

HIBERNATE

Lição 28
Mapeamento Self Relation

Objetivos:

- Observar como a JPA cria os elementos no banco de dados
- Compreender o autorrelacionamento
- Mapear um autorrelacionamento com Hibernate/JPA
- Testar o funcionamento do autorrelacionamento

Menus recursivos — técnica

Uma das técnicas que podemos utilizar para criar menus de qualquer sistema é a **busca recursiva**. Os menus são persistidos em um banco de dados e no momento da criação da página inicial (ou tela inicial), os menus são trazidos da base de dados de forma recursiva. Isto é conseguido utilizando o autorrelacionamento. Abaixo, um exemplo do que pode ser conseguido com esta técnica...

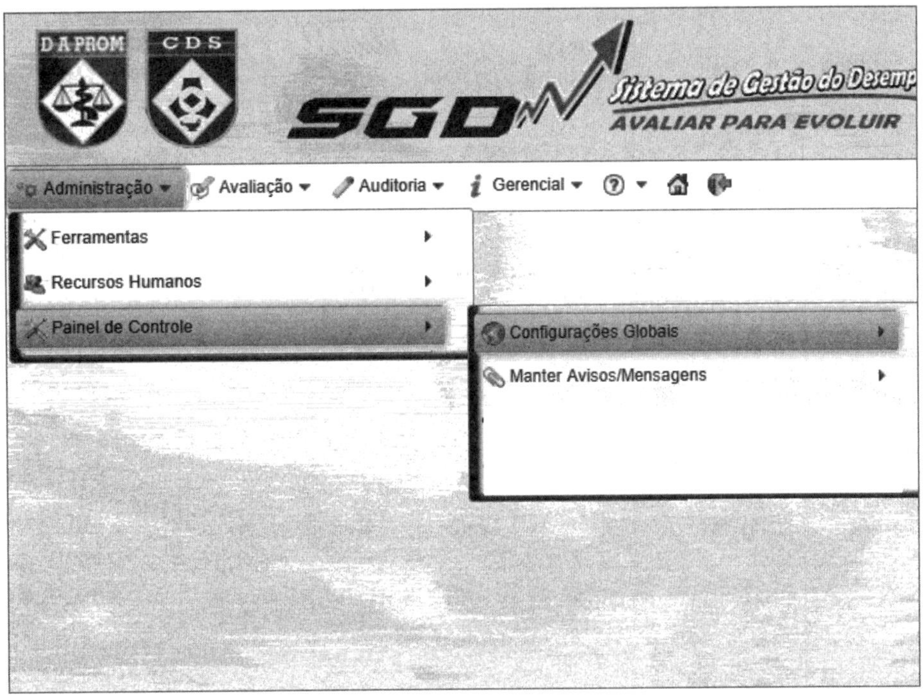

Figura 28.1
Menus dinâmicos
FONTE: Exército Brasileiro— http://sgd.daprom.eb.mil.br - acesso em 25/01/2019. Mesmas tecnologias empregadas neste livro.

Documentação

Diagrama de classes

Depois da *Análise dos Requisitos*, trabalho específico dos profissionais de TI envolvidos, chegou-se a conclusão de que o modelo de domínio para o BlankApp é o exposto na figura 27.2, cuja documentação suplementar está exposta (resumidamente) no diagrama de classes e na tabela a seguir (apenas do autorrelacionamento, o que estamos vendo nesta lição)...

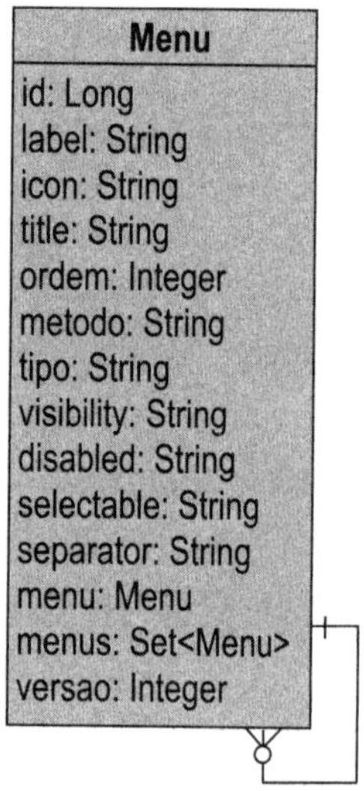

Figura 28.2

Na verdade, o autorrelacionamento é um engodo. O que vemos é apenas um relacionamento do tipo **um para muitos**, referenciando a mesma classe (mesma tabela).

- Um menu ("pai") pode ter ou não uma lista de menus ("filhos") (⪫)
- Uma lista de menus tem de possuir, obrigatoriamente, um menu, e apenas um, desde que ela não seja uma lista de menus raízes. (+)

Dicionário de dados

Menu						
Atributo	**Tipo**	**Compri-mento (n)**	**Valor padrão**	**Admite nulo**	**Transiente**	**Obs**
id	Long (seq)			N	N	PK. Sequence
label	String (variável)	70		N	N	É o label (nome) do menu (UK)
icon	String (variável)	30		N	N	O ícone a ser exibido ao lado do menu
title	String (variável)	30		Y	N	Dicas sobre o menu.
ordem	Integer		0	N	N	Utilizado para ordenar a lista de menus
metodo	String (variável)	70		Y	N	O método disparado ao ser acionado.
tipo	String (fixa)	1	"1"	N	N	Sinaliza se o menu é grupo ou item: 0 = Grupo, 1 = Item.
visibility	String (fixa)	1	"F"	N	N	Indica a visibilidade do menu: T = publico, F= privado
disabled	String (fixa)	1	"F"	N	N	Se o menu será ou não desabilitado: F = false, T = true.
selectable	String (fixa)	1	"T"	N	N	Se o menu será ou não selecionável: F= false, T= true.
separator	String (fixa)	1	"F"	N	N	Indica se o menu terá um separador: F = false, T= true.
menu	Menu					O menu pai onde houver (FK)
menus	Set<Menu>					Os menus filhos (quando houverem).
versao	Integer		0	Y	N	Versão do registro.

Cada entidade tem de possuir um atributo que identifica a possível chave primária para ela e isto é obrigatório. Pela análise da documentação, vemos que o atributo **id** da entidade é a sua chave primária (em Java normalmente utilizamos a palavra "id" para representá-la). Por **Long (seq)**, entendemos que o atributo será uma chave primária do tipo *Long (ou NUMBER(19,0))* e que o mecanismo de persistência irá gerar essa chave, automaticamente, na criação de um registro (*sequence*).

Por **Transient**, entendemos como a forma como serão persistidos os dados. Se "Sim", indica que o atributo não é persistente, ou seja, não possui um campo correspondente na tabela, ou se possui, não será gravado um valor nele.

Por comprimento **fixo** e **variável**, devemos entender como sendo o mapeamento dos atributos (apenas texto) para os tipos correspondentes no banco de dados:

- **Fixo**: mapeia-se para o tipo *character (ou CHAR(n))*;
- **Variável**: mapeia-se para o tipo *character varying (ou VARCHAR2(n))*.

O **comprimento** (n) é a quantidade de caracteres prevista para cada campo do tipo *character* ou *character varying*.

Todas as entidades deverão possuir um atributo ***versao*** do tipo Integer. Esse atributo permitirá o versionamento de cada registro, possibilitando evitar conflitos de mais de um usuário tentando salvar um mesmo registro ao mesmo tempo, mas requer programação.

Com os dados que possuímos já podemos criar as nossas tabelas no banco de dados, manualmente, no entanto, não teremos esse esforço, vamos delegar essa tarefa para a JPA durante a realização de um simples teste. Então, por enquanto, não nos preocupemos com a construção física dessa tabela, vamos nos concentrar em como mapeá-la corretamente, para que a JPA possa criá-la para nós e todo esse mecanismo de persistência funcione direito.

O desenvolvedor, ao iniciar os trabalhos, deverá estar de posse de dois documentos: O **diagrama** (pode ser o MER) e o **Dicionário de Dados**, ambos vistos na página anterior, pois ele se baseará o tempo todo neles durante a construção das classes Java e do próprio banco de dados. O mapeamento, DAS CLASSES PARA O BANCO deverá obedecer a sintaxe do banco escolhido para o projeto. **No nosso caso, esse planejamento foi feito para PostgreSQL** (o Apêndice A deste Volume II mostra como se faz para Oracle).

Lembrando que o jeito certo de se fazer as coisas é "partindo do diagrama de classes do domínio da aplicação, construímos o banco de dados".

Mapeamento

Nada contra plugins...

Você já deve saber que existem plugins muito bons que fazem esse tipo de trabalho no Eclipse, mas vamos sugerir a você que não use plugin porque, agindo assim, com certeza irá assimilar e solidificar o seu conhecimento.

Criação de nova estrutura de pacotes e da classe Menu

As anotações da JPA/Hibernate serão vistas, paulatinamente, à medida em que elas forem aparecendo ao longo da construção de nossas classes de domínio. Nesta lição, além de escrever a classe **Menu**, iremos reescrever a classe **AppFacade** e várias outras classes e páginas xhtml para o início dos experimentos.

Mapeando Menu com Menu

Laboratório 28.1

Sob o pacote *br.eti.amazu.infra*, crie mais um pacote com o nome *domain*, e dentro dele outro pacote chamado *core*. Dentro deste último, crie a classe **Menu** mostrada ao lado...

```
package br.eti.amazu.infra.domain.core;

import java.util.Set;
import javax.persistence.Column;
import javax.persistence.Entity;
import javax.persistence.FetchType;
import javax.persistence.ForeignKey;
import javax.persistence.GeneratedValue;
import javax.persistence.GenerationType;
import javax.persistence.Id;
import javax.persistence.JoinColumn;
import javax.persistence.ManyToOne;
import javax.persistence.NamedQueries;
import javax.persistence.NamedQuery;
import javax.persistence.OneToMany;
import javax.persistence.OrderBy;
import javax.persistence.SequenceGenerator;
import javax.persistence.Table;
import javax.persistence.UniqueConstraint;
import javax.persistence.Version;
import br.eti.amazu.component.pworld.domain.AbstractEntity;

@Entity(name = "Menu")

@Table(schema = "PWORLD", name = "MENU",
    uniqueConstraints=@UniqueConstraint(name="LABEL_UK", columnNames={"LABEL"}))

@NamedQueries({
  @NamedQuery(name = "Menu.allMenus", query = "select a from Menu a"),

  @NamedQuery(name = "Menu.rootMenus",
    query = "select a from Menu a where a.menu.id is null or a.menu.id=a.id "
      + "order by a.ordem"),

  @NamedQuery(name = "Menu.itensMenus", query = "select a from Menu a where a.tipo='2'"),

  @NamedQuery(name = "Menu.singleMenu", query = "select a from Menu a "
    + "where a.label=:param0")
})
public class Menu extends AbstractEntity<Long>{
  private static final long serialVersionUID = 1L;

  public Menu(){ }

  public Menu(Long id){
    this.id = id;
  }
  public Menu(String label){
    this.label = label;
  }

  @Id
  @SequenceGenerator(schema="PWORLD", allocationSize=1, initialValue=1, name="MENU_SEQ",
    sequenceName="MENU_SEQ")
  @GeneratedValue(strategy = GenerationType.IDENTITY, generator = "MENU_SEQ")
  @Column(name = "ID_MENU") //nao mapear o tipo do atributo ID (a JPA farah isto)!
  private Long id;

  @Column(name = "LABEL",columnDefinition = "CHARACTER VARYING(70)",nullable=false)
  private String label;

```

continua

Listagem 28.1a A classe **Menu**.

continuação

```
@Column(name = "ICON", columnDefinition = "CHARACTER VARYING(30)", nullable=false)
private String icon;

@Column(name = "TITLE", columnDefinition = "CHARACTER VARYING(30)")
private String title;

@Column(name = "ORDEM", columnDefinition = "INTEGER DEFAULT 0", nullable=false )
private Integer ordem;

@Column(name = "METODO", columnDefinition = "CHARACTER VARYING(70)")
private String metodo;

@Column(columnDefinition = "CHAR(1) DEFAULT  '1'", nullable = false)
private String tipo;  //tipo 0 = grupo, 1 = item

@Column(name="VISIBILITY", columnDefinition = "CHAR(1) DEFAULT  'F'", nullable = false)
private String visibility;  //se o menu serah publico(T) ou nao(F)

@Column(name="DISABLED", columnDefinition = "CHAR(1) DEFAULT  'F'", nullable = false)
private String disabled;  //se o menu serah desabilitado(T) ou nao(F)

@Column(name = "SELECTABLE", columnDefinition = "CHAR(1) DEFAULT  'T'", nullable = false)
private String selectable;  //se o menu serah selecionavel(T) ou nao(F)

@Column(columnDefinition = "CHAR(1) DEFAULT  'F'", nullable = false)
private String separator;  //se o menu terah (T) ou nao (F) um separador.

/* Autorrelacionamento em Menu (1 : *)
 * -------------------------------------------
 *  LEITURA BIDIRECIONAL:
 *  menu  |  < -------(EAGER)--------> |  menu
 *-------------------------------------------
 *  NAO POSSUI ESCRITA EM CASCATA
 *-----------------------------------------*/
@ManyToOne( targetEntity = Menu.class, fetch = FetchType.EAGER, optional=true)
@JoinColumn(name = "ID_MENU_FK", foreignKey = @ForeignKey(name = "MENU_FK"))
private Menu menu;

/* Autorrelacionamento em Menu (* : 1)
 * --------------------------------------------
 *  LEITURA BIDIRECIONAL:
 *  menu  |  < -------(EAGER)--------> |  menu
 *------------------------------------------
 *  NAO POSSUI ESCRITA EM CASCATA
 *----------------------------------------*/
@OneToMany( targetEntity = Menu.class, mappedBy = "menu", fetch = FetchType.EAGER)
@OrderBy("ordem")
private Set<Menu> menus;

@Version
@Column(name = "VERSAO", columnDefinition = "INTEGER DEFAULT 0")
private Integer versao;

/*----------
 * get/set
 ----------*/
```

Listagem 28.1b A classe **Menu**.

Fim do Laboratório 28.1

Anotações envolvidas no Self Relation

@Version

A anotação *@Version* é sempre mapeada para um campo do tipo *Integer* e serve para incrementar a versão dos dados que ocupam o registro.

@OrderBy

Realiza a ordenação dos registros. Pode ser anotada assim:

@OrderBy("nome"): Ordena pelo atributo nome na forma ascendente (default).

@OrderBy("nome DESC"): Ordena pelo atributo nome na forma descendente.

@Entity

A anotação *@Entity* é utilizada para mapear uma classe persistente. Por padrão o nome da entity é o nome da classe. Toda entidade persistente precisa, obrigatoriamente, possuir essa anotação, pois ela é a peça chave do mapeamento e deve ser colocada acima da declaração da classe. Possui o seguinte parâmetro:

name	(Opcional) informa o nome da entity. Se não for informado, o nome da entity será o mesmo nome da classe.

@Table

Mapeia o nome da tabela. Se essa anotação não for utilizada, será aplicado o valor default, que é o nome da própria classe (será criada uma tabela com o nome da classe). Seus parâmetros são todos opcionais:

Catalog	O catálogo da tabela
Name	O nome da tabela. Se omitido, assume o nome da entity.
Schema	O esquema da tabela. Se não for utilizado assumirá o esquema default do banco de dados (normalmente o "public").
uniqueConstraints	Regras / Restrições que podem ser adicionadas a nível de tabela.

@Id

Especifica a chave primária de uma entidade. O campo ou propriedade em que a anotação *@Id* é aplicada deve ser um dos seguintes tipos:

Qualquer tipo primitivo do Java;

String, java.util.Date, java.sql.Date, java.math.BigDecimal, java.math.BigInteger.

O atributo assinalado com *@Id* é assumido como sendo a chave primária da tabela. Essa anotação, assim como a *@Entity*, confere à classe o seu poder persistente.

@SequenceGenerator

Define um gerador de chave primária que deve ser referenciado (definido) em *@GeneratedValue*.

allocationSize	A quantidade a incrementar a partir de um valor.
initialValue	O valor inicial (primeiro registro).
Name	O nome do gerador.
schema	Se não for utilizado assumirá o esquema "public".
sequenceName	O nome da sequência especificada no banco de dados.

@GeneratedValue

Dispõe sobre a especificação das estratégias de geração para os valores de chaves primárias. A anotação *@GeneratedValue* deve ser aplicada a um atributo mapeado com a anotação *@Id.* Ela trabalha em conjunto com a *@SequenceGenerator* e não pode ser dispensada. Seus parâmetros também são todos opcionais:

columnDefinition	Definição do tipo da coluna.
insertable	Informa se a tabela deve ser incluída na SQL de *insert*, por padrão é true.
length	Tamanho da coluna, o padrão é 255.
name	Nome da coluna, se omitido, assume o nome do atributo.
nullable	Informa se o valor que pode ser null. Default é *true*

@Column

Essa anotação é utilizada para mapear os atributos da classe para os campos da tabela. Ela é opcional, ou seja, poderá ser omitida se o nome do atributo for igual ao nome do campo da tabela mapeada. Seus parâmetros também são todos opcionais:

strategy	Estratégia de geração de chave primaria. Seu valor pode ser definido através da enum ***javax.persistence.GenerationType***, os valores podem ser AUTO, IDENTITY, SEQUENCE ou TABLE. Os valores da enum *javax.persistence.GenerationType*: **AUTO**: A JPA irá escolher uma estratégia adequada para o banco de dados particular. A estratégia de geração de AUTO, na verdade, utiliza a estratégia adotada pela *sequence* do banco. **IDENTITY**: A JPA irá atribuir a chave primária para a entidade utilizando uma coluna de identidade de banco de dados. **SEQUENCE**: A JPA irá atribuir a chave primária para a entidade através da *sequence* do banco de dados. **TABLE**: A JPA irá atribuir a chave primária para a entidade.
generator	*O "name"* do *gerador de sequências* de *@SequenceGenerator.*
Table	Nome da tabela que contém esta coluna, se não for informado assume o nome da tabela da *entity.*
updatable	Informa se a coluna deve ser incluída no SQL de update, por padrão é true.
precision	Precisão da coluna decimal. Default é 0.
scale	Número de casas decimais, usado somente em coluna com número decimal. Default é 0.

<table>
<tr><td>unique</td><td>Se a coluna é uma chave única. É um atalho para a anotação UniqueConstraint no nível de tabela e é útil para quando a restrição de chave única corresponda a apenas a uma coluna. Default é false.

@UniqueConstraint

Podemos utilizar esta anotação em substituição ao parâmetro "unique", entretanto, se as duas estiverem presentes, o parâmetro "unique" será mandatório. Usamos @UniqueConstraint quando queremos dar um "nome" para a constraint e, principalmente, quando queremos que a constraint seja feita por dois ou mais campos da tabela. Abaixo, mostramos um exemplo de como isto pode ser feito - uma constraint referenciando dois campos...

<pre>@Table(
  name = "MENU",
  schema = "PUBLIC",
  uniqueConstraints={@UniqueConstraint(name="UK_LABEL",
        columnNames={"LABEL, ICON"})})</pre>
Caso necessite de outra uniqueConstraint, basta adicionar mais uma anotação @UniqueConstraint antes do fechamento da chave, separando-as por vírgula.</td></tr>
</table>

Para a definição dos tipos das colunas (*ColumnDefinition*), deve-se mapear para os tipos que o banco de dados contempla, veja:

Para um tipo character (char), mapear assim:

```
columnDefinition = "CHAR(1) DEFAULT '1'"
```

Para um tipo *character varying* (varchar), não precisa do parâmetro ColumnDefinition, mas explicitamos ele para facilitar a compreensão:

```
columnDefinition = "CHARACTER VARYING(70)".
```

Para um tipo *Integer* ou *Long*:

```
columnDefinition = "INTEGER".
columnDefinition = "INTEGER DEFAULT 0".
```

Para um tipo text:

`columnDefinition = "TEXT"` para PostgreSQL ou `"CLOB"` para Oracle.

@Temporal

Por outro lado, existem alguns tipos de dados que possuem sua anotação própria:

`@Temporal(TemporalType.DATE)` - para datas;

`@Temporal(TemporalType.TIME)` - para horas;

`@Temporal(TemporalType.TIMESTAMP)`- é uma extensão do tipo de dados DATE capaz de manter informações de tempo com maior precisão (grava data, horas, minutos e segundos).

IMPORTANTE:

Todos os parâmetros da anotação *@Column* são opcionais sim, mas se você deseja que a JPA gere as tabelas, pelo menos dois parâmetros serão obrigatórios: **tipo** e **length**, a não ser que você opte pelo mapeamento usando **ColumnDefinition**, que é mais fácil e mais inteligível. Para um campo da tabela, procure utilizar o mesmo nome do atributo da classe — faça isto sempre!

Exemplo: Se o nome do atributo for dataNascimento, prefira um nome para o campo na tabela como datanascimento ou DATA_NASCIMENTO.

Ao usar JPA, o postgreSQL não irá distinguir maiúsculas de minúsculas, lembrando que no segundo caso será necessário o parâmetro *name* na anotação *@Column*, porque **dataNascimento** é diferente de **DATA_NASCIMENTO**.

Abaixo, reproduzimos o trecho do código onde acontece o relacionamento.

```
/* Autorrelacionamento em Menu (1 : *)
 * ------------------------------------------
 *  LEITURA BIDIRECIONAL:
 *  menu  | < -------(EAGER)--------> |  menu
 *-------------------------------------------
 *  NAO POSSUI ESCRITA EM CASCATA
 *-----------------------------------------*/
@ManyToOne( targetEntity = Menu.class, fetch = FetchType.EAGER, optional=true)
@JoinColumn(name = "ID_MENU_FK", foreignKey = @ForeignKey(name = "MENU_FK"))
private Menu menu;

/* Autorrelacionamento em Menu (* : 1)
 * ------------------------------------------
 *  LEITURA BIDIRECIONAL:
 *  menu  | < -------(EAGER)--------> |  menu
 *-------------------------------------------
 *  NAO POSSUI ESCRITA EM CASCATA
 *-----------------------------------------*/
@OneToMany( targetEntity = Menu.class, mappedBy = "menu", fetch = FetchType.EAGER )
@OrderBy("ordem")
private Set<Menu> menus;
```

Alvo

Listagem 28.2 Mapeamento Self Relation.

Como vemos, o autorrelacionamento nada mais é do que a combinação das relações 1:* e *:1 **para atributos de uma mesma classe**. Essas duas associações nós veremos em detalhes daqui a pouco. Por ora, nos interessa saber que a chave primária da tabela se relaciona com a chave secundária da mesma tabela utilizando as duas anotações **@ManyToOne** e **@OneToMany** e que o **alvo** das duas anotações é sempre a mesma classe.

Experimentos Self Relation

Experimento 01: "Subindo" o aplicativo

Laboratório 28.2

Este experimento serve apenas para você analisar a "subida" do aplicativo pelos logs exibidos no console do Eclipse e também para constatar a criação da tabela **MENU** no PostgreSQL, por um simples acionamento no botão "Run" do servidor. Mas antes de rodar, abra o **pgAdmin** e apague o banco de dados **pworld** (se é que existe um lá com este nome). Crie novamente o banco com o mesmo nome, utilizando o encoding UTF-8. Aguarde um pouco até que ele seja criado com sucesso.

Será necessário, também, a criação do *schema* **pworld**, dentro do banco de dados que você acabou de criar. Para tanto, clique com o direito do mouse em cima do menu *Schemas* e clique na opção *Create, Schema*. Na janela que se abre, digite o nome do esquema como **pworld** e clique no botão *Salvar*.

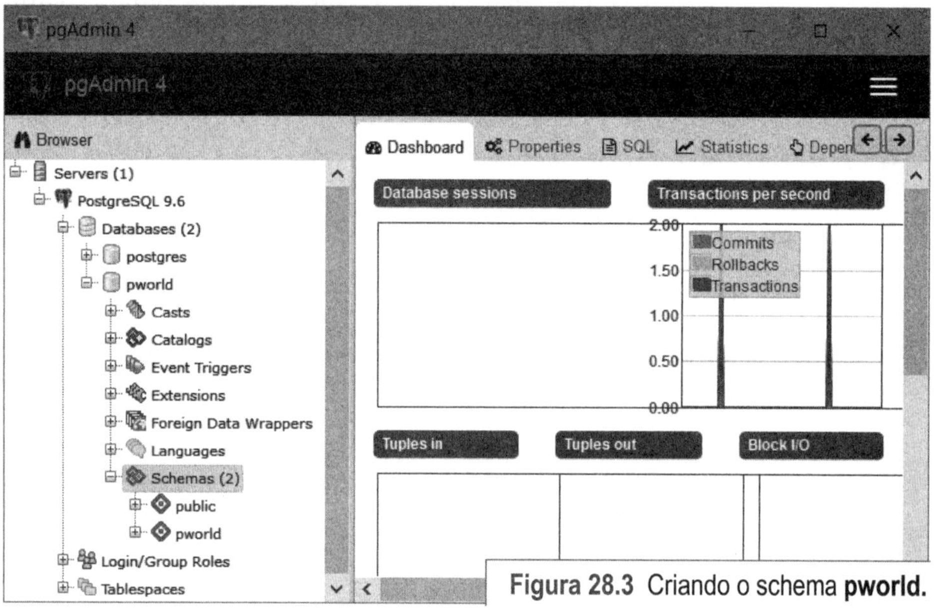

Figura 28.3 Criando o schema **pworld.**

Figura 28.4 Rodando o WildFly.

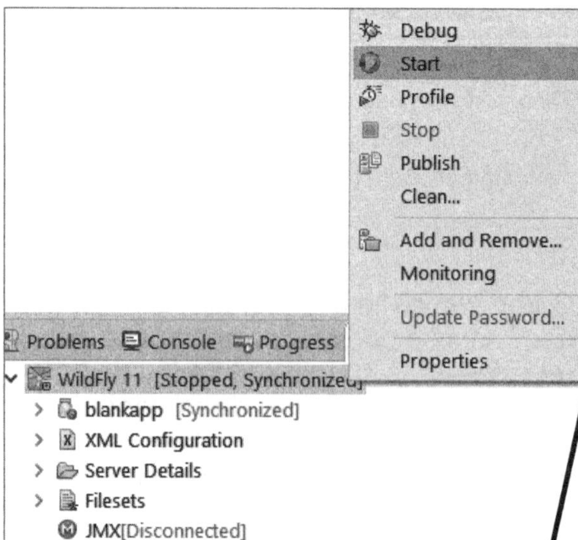

Agora, clique com o direito do mouse em cima do servidor, na visão server, e coloque o **WildFly** para funcionar, agindo no menu *Start*.

Observe o resultado na visão Console (listagem 28.3 e figura 28.5).

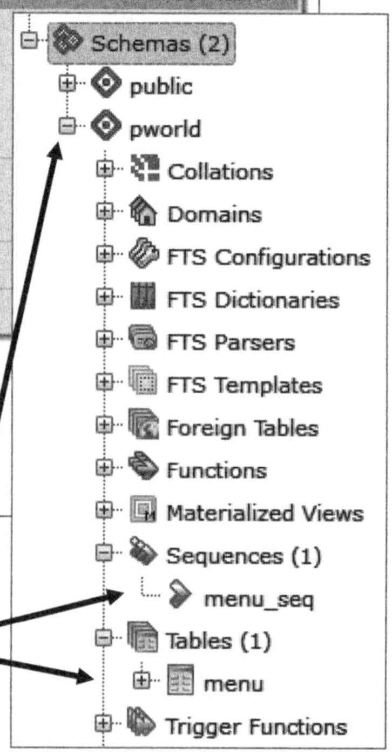

Figura 28.5
Após a "subida" do aplicativo, a JPA criou os elementos para o esquema PWORLD (lembrando que o PostgreSQL não diferencia maiúsculas de minúsculas), a tabela MENU e a *sequence* MENU_SEQ dentro desse esquema.

```
18:53:30,215 INFO  [org.jboss.as.jpa] (ServerService Thr
18:53:30,261 INFO  [org.hibernate.jpa.internal.util.LogH
HHH000204: Processing PersistenceUnitInfo [

  name: PWORLD-DEV
  ...]

18:53:30,669 INFO  [org.jboss.as.ejb3.deployment] (MSC ser
bindings for session bean named 'AppFacade' in deployment u
as follows:

  java:global/blankapp/AppFacade!br.eti.amazu.blankapp.persis
  java:app/blankapp/AppFacade!br.eti.amazu.blankapp.persisten
  java:module/AppFacade!br.eti.amazu.blankapp.persistence.faca
  java:global/blankapp/AppFacade
  java:app/blankapp/AppFacade
  java:module/AppFacade

18:53:32,478 INFO  [org.hibernate.tool.hbm2ddl.SchemaExport] (Ser

18:53:32,497 INFO  [stdout] (ServerService Thread Pool -- 65) Hibern
18:53:32,497 INFO  [stdout] (ServerService Thread Pool -- 65)     drop

18:53:32,507 INFO  [stdout] (ServerService Thread Pool -- 65) Hibernate:
18:53:32,507 INFO  [stdout] (ServerService Thread Pool -- 65)     create se
PWORLD.MENU_SEQ start 1 increment 1

18:53:32,520 INFO  [stdout] (ServerService Thread Pool -- 65) Hibernate:
18:53:32,521 INFO  [stdout] (ServerService Thread Pool -- 65)     create table PWOR
18:53:32,523 INFO  [stdout] (ServerService Thread Pool -- 65)         ID_MENU int8 no
18:53:32,523 INFO  [stdout] (ServerService Thread Pool -- 65)         DISABLED CHAR(1)
18:53:32,523 INFO  [stdout] (ServerService Thread Pool -- 65)         ICON CHARACTER VAR
18:53:32,523 INFO  [stdout] (ServerService Thread Pool -- 65)         LABEL CHARACTER VARY
18:53:32,523 INFO  [stdout] (ServerService Thread Pool -- 65)         METODO CHARACTER
18:53:32,524 INFO  [stdout] (ServerService Thread Pool -- 65)         ORDEM INTEGER DEFAULT
18:53:32,524 INFO  [stdout] (ServerService Thread Pool -- 65)         SELECTABLE CHAR(1) DEFA
18:53:32,524 INFO  [stdout] (ServerService Thread Pool -- 65)         separator CHAR(1) DEFAU
18:53:32,539 INFO  [stdout] (ServerService Thread Pool -- 65)         tipo CHAR(1) DEFAULT  '1
18:53:32,539 INFO  [stdout] (ServerService Thread Pool -- 65)         TITLE CHARACTER VARYING
18:53:32,539 INFO  [stdout] (ServerService Thread Pool -- 65)         VERSAO INTEGER DEFAULT 0
18:53:32,540 INFO  [stdout] (ServerService Thread Pool -- 65)         VISIBILITY CHAR(1) DEFAULT
18:53:32,540 INFO  [stdout] (ServerService Thread Pool -- 65)         ID_MENU_FK int8,
18:53:32,541 INFO  [stdout] (ServerService Thread Pool -- 65)         primary key (ID_MENU)
18:53:32,541 INFO  [stdout] (ServerService Thread Pool -- 65)     )

18:53:34,814 INFO  [javax.enterprise.resource.webcontainer.jsf.config] (ServerService Thread
Pool -- 63) Inicializando Mojarra 2.2.13.SP1 20160303-1204 para o contexto '/blankapp'
```

Inicialização da **Persistence Unit.**

Stateless Session Beans (fachada de serviço).

Criando os elementos de bancos de dados.

Listagem 28.3 Log da subida do aplicativo.

O log mostrado acima foi formatado e retirado algumas linhas para permitir sua exibição nesta página de livro, sem, contudo, prejudicar a compreensão. Ao rodar pela primeira vez, alguns erros poderão aparecer, pois a JPA tentará, em primeiro plano, excluir alguns elementos que ainda não foram criados — daí o aparecimento desses erros, entretanto, eles não comprometem o funcionamento padrão. Ao rodar pela segunda vez os erros desaparecem — tente isto. Após a comprovação do teste, desligue o servidor para dar continuidade ao desenvolvimento.

Fim do Laboratório 28.2

Nem tudo são flores, retornando à lição 22, Listagem 22.7, vemos:

```
<property name="hibernate.hbm2ddl.auto" value="create-drop"/>
```

É por intermédio dessa configuração que a JPA cria as tabelas dentro do banco de dados considerado. Instala sim, todas as tabelas e seus anexos, tais como as sequências, *restrictions* e demais elementos que compõem o banco de dados relacional. Mas, "nem tudo são flores", não pense que a JPA fará o trabalho completo, pois algumas *restrictions* ela não conseguirá criar e você talvez as tenha de fazer manualmente. **Cuidado, esta configuração apaga e cria tudo novamente!**

Apoio aos experimentos

Laboratório 28.3

Sob o pacote *br.eti.amazu.infra.view,* crie o pacote *util*, e dentro dele a classe **FormatTest** abaixo. Ela será útil para formatar as saídas de log no console do Eclipse, melhorando a legibilidade dos nossos experimentos.

```
package br.eti.amazu.infra.view.util;

import org.apache.log4j.Level;

import br.eti.amazu.infra.util.log.Ansi;
import br.eti.amazu.infra.util.log.Log;

public class FormatTest {

 public static void printHeader(String titulo, String subTitulo) {

  Log.setLogger("", "*************************************************************",
    Level.INFO, Ansi.BLACK_YELLOWBG);

  Log.setLogger("",titulo, Level.INFO,  Ansi.BLACK_BOLD);

  Log.setLogger("", "*************************************************************",
    Level.INFO, Ansi.BLACK_YELLOWBG);

  Log.setLogger("", subTitulo, Level.INFO, Ansi.BLACK_ITALIC);

  Log.setLogger("", "-------------------------------------------------------------",
    Level.INFO, Ansi.RED);
 }

 public static void printFooter() {
  Log.setLogger("", "-------------------------------------------------------------",
    Level.INFO, Ansi.BLACK_YELLOWBG);
 }

 public static String getTab(){
  return String.format("%-51s", new Object[]{"\n"});
 }

}
```

Listagem 28.4
A classe **FormatTest** melhora a legibilidade nas saídas de log.

Fim do Laboratório 28.3

Laboratório 28.4

Um dialog para experimentar o Self Relation

Sob a pasta *src/main/webapp/pages/showcase*, crie uma pasta com o nome **mapeamentos** e, dentro dela, o fragmento de página **dlgSelfRelation.xtml**, conforme a figura 28.6 e listagem a seguir...

Figura 28.6
O fragmento de página **dlgSelfRelation.xhtml** criado dentro da pasta *src/main/webapp/pages/showcase/mapeamentos.*

```
<ui:fragment xmlns="http://www.w3.org/1999/xhtml"
 xmlns:ui="http://java.sun.com/jsf/facelets"
 xmlns:h="http://java.sun.com/jsf/html"
 xmlns:f="http://java.sun.com/jsf/core"
 xmlns:p="http://primefaces.org/ui"
 xmlns:a="http://java.sun.com/jsf/composite/components">

 <p:dialog widgetVar="dlgSelfRelation"  header="EXPERIMENTOS COM SELF RELATION"
  modal="true" appendTo="@(body)"   hideEffect="explode" resizable="false"
  width="480" >

     <h:form id="formSelfRelation">
      <br/>
      <p:panelGrid columns="1" style="width:100%;">
      <h:outputText value="Experimento 01: Subindo o Aplicativo"  style="color:gray;"/>

     <p:commandLink value="Experimento 02: Incluir Menus"
      styleClass="sel_link"
      action="#{selfRelationCaseBean.incluirMenus}"
      style="color:#CD6600;" onclick="PF('dlgLoader').show()"
      oncomplete="PF('dlgLoader').hide()"/>

     <p:commandLink value=" Experimento 03: Demonstrando uma DaoException"
      styleClass="sel_link"
      action="#{selfRelationCaseBean.demonstrarDaoException}"
      style="color:#CD6600;"  onclick="PF('dlgLoader').show()"
      oncomplete="PF('dlgLoader').hide()"/>

     <p:commandLink value=" Experimento 04: Demonstrando uma Rollback"
      styleClass="sel_link"
      action="#{selfRelationCaseBean.demonstrarRollback}"
      style="color:#CD6600;" onclick="PF('dlgLoader').show()"
      oncomplete="PF('dlgLoader').hide()"/>

     <p:commandLink value=" Experimento 05: Montando o Menu"
      styleClass="sel_link"
      action="#{selfRelationCaseBean.montarMenu}"
      style="color:#CD6600;" onclick="PF('dlgLoader').show()"
      oncomplete="PF('dlgLoader').hide()"/>

      </p:panelGrid>
      <br/>
  </h:form>
 </p:dialog>

</ui:fragment>
```

Listagem 28.5 O fragmento de página **dlgSelfRelation.xhtml**.

Obviamente, por se tratar de um fragmento, ele deverá ser adicionado na página onde queremos que o apareça. Para isto, abra a página src/*main/pages/showcase/* ***homeShowCase.xhtml*** e adicione (ou habilite) o fragmento conforme mostrado na listagem a seguir...

```
<!-- Utilize a progressBar na pagina por fora de qualquer form -->
<a:progressbar widgetVar="progressbar"/>

<ui:include src="/pages/showcase/mapeamentos/dlgSelfRelation.xhtml" />

</ui:define>
</ui:composition>
```

Adicione isto

Listagem 28.6
O fragmento sendo adicionado na homeShowCase, imediatamente acima do fechamento da tag <ui:define>.

Observando a Listagem 28.5, vemos que os *commandLinks* possuem ações Ajax em seus eventos **onclick** e **oncomplete**, abrindo e/ou fechando um dialog de nome **dlgLoader**. Esse dialog ainda não existe, vamos criá-lo agora...

Com o direito do mouse, clique sobre o folder *src/main/webapp/WEB-INF/layout* e crie o arquivo com o nome **dlgLoader.xhtml**, como um fragmento de página, cujo código é o que está mostrado na Listagem abaixo:

```
<ui:fragment xmlns="http://www.w3.org/1999/xhtml"
 xmlns:ui="http://java.sun.com/jsf/facelets"
    xmlns:h="http://java.sun.com/jsf/html"
    xmlns:f="http://java.sun.com/jsf/core"
    xmlns:p="http://primefaces.org/ui">

   <p:dialog  modal="true"  appendTo="@(body)"  widgetVar="dlgLoader"
     header="        #{msg.CGL168}..."
     draggable="false"  closable="false"  resizable="false">

     <center>
       <p:graphicImage value="#{resource['images:ajax-loader.gif']}" />
     </center>

   </p:dialog>

</ui:fragment>
```

Listagem 28.7 O fragmento de página **dlgLoader.xhtml**.

Como sempre, a imagem **ajax-loader.gif** poderá ser encontrada no site www.amazu.eti.br, fazendo o download da lição correspondente. Copie e cole essa imagem dentro da pasta *src/main/resources/images*.

ajax-loader.gif

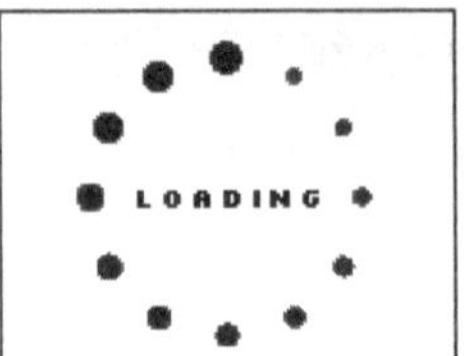

É uma simples imagem do tipo gif animado que irá auxiliar o usuário na obtenção de algum recurso do servidor, durante os processamentos Ajax, diminuindo a ansiedade. O propósito é não permitir que o usuário faça outra requisição enquanto a última não tiver sido totalmente processada e atendida, nas chamadas síncronas.

...e, obviamente, você tem de adicionar o fragmento na template para que isto dê certo...

```
[.]   <p:idleMonitor timeout="2400000">
        <p:ajax event="idle" listener="#{userSessionInBean.idleListener}"/>
      </p:idleMonitor>

      <!-- tela de aviso ao utilizar botao retorno do browser -->
      <ui:include src="dlgButtonBack.xhtml"/>
                                                      Adicione isto
      <ui:include src="dlgLoader.xhtml"/>
```

Listagem 28.9 Adicionando o fragmento **dlgLoader** na **template.xhtml**.

Fim do Laboratório 28.4

Sobre os menus do BlankApp...

A concepção dos menus para o projeto BlankApp é a mesma que está mostrada na árvore da figura abaixo (o menu *Manter Arquivos* será implementado no Volume III da obra)...

```
Administração
         |
         |- - - - Ferramentas
         |               |
         |               |- - - - - - -- - Manter Menus
         |               |_ - - - - - - -  Showcase
         |
         |_ - - - Recursos Humanos
                         |
                         |- - - - - - -  Cadastro de Pessoal
                         |  - - - -- - - Cadastro de Usuários
                         |_ - - - - - -  Manter Perfis
Download
Home Page
Login
Logout
```

Listagem 28.10 Árvore de menus do projeto BlankApp.

Tomando o menu acima como exemplo, tente formar os seguintes conceitos:

- Menu **raiz**;
- Menu **pai**;
- Menu **filho**;
- **Grupo** de menus;
- **Item** de menu;
- **Método** de menu;
- **Funcionalidade** do item de menu.

Um menu **raiz** pode dar origem a outros menus. Quando um menu dá origem a outros, ele também é chamado de **pai**. Neste exemplo (listagem 28.10), vemos cinco menus do tipo raiz (*Administração, Download, Home Page, Login e Logout*). O menu *administração* é o pai de *Ferramentas* e de *Recursos Humanos*.

Quando um menu é pai, ele também é chamado de **grupo**.

Por sua vez, *Ferramentas,* que é **filho** de Administração, também é pai de *Manter Menus* e *Showcase* e *Recursos Humanos,* que é filho de *Administração,* agora é também pai de três filhos: *Cadastro de pessoal*, *Cadastro de Usuários* e *Manter Perfis*.

Quando um menu não tem filhos, ele também é chamado de **item**.

Todo item possui um **método** que executa algo no aplicativo. O item sempre possui uma **funcionalidade** atrelada a ele, já que ele executa algo no aplicativo. Por exemplo: o item "Cadastro de Pessoal" possui uma funcionalidade com o nome "***Administração/Recursos Humanos/Cadastro de Pessoal***", que nada mais é do que a junção de todos os menus, começando pela raiz e separados por uma barra ("/"). Essas funcionalidades (cada item possui uma), serão gravadas em banco de dados. Assim, quando a funcionalidade "*Administração/Recursos Humanos/Cadastro de Pessoal*" for acionada, o método "***inicializarCadastroDePessoas***" será chamado e executado pelo aplicativo.

Laboratório 28.5

Experimento 02: Incluir menus

Sob o pacote *br.eti.amazu.infra.view.showcase*, crie um pacote com o nome *mapeamentos* e, dentro dele, a classe **SelfRelationCaseBean**, conforme a listagem abaixo:

```
package br.eti.amazu.infra.view.showcase.mapeamentos;

import java.io.Serializable;
import java.util.ArrayList;
import java.util.List;

import javax.enterprise.context.RequestScoped;
import javax.inject.Inject;
import javax.inject.Named;

import org.apache.log4j.Level;

import br.eti.amazu.component.dialog.DialogBean;
import br.eti.amazu.component.dialog.DialogType;
import br.eti.amazu.component.pworld.persistence.exception.DaoException;
import br.eti.amazu.infra.domain.core.Menu;
import br.eti.amazu.infra.persistence.appfacade.IAppFacade;
import br.eti.amazu.infra.util.FacesUtil;
import br.eti.amazu.infra.util.log.Ansi;
import br.eti.amazu.infra.util.log.Log;
import br.eti.amazu.infra.view.util.FormatTest;

@Named
@RequestScoped
public class SelfRelationCaseBean  implements Serializable{

  private static final long serialVersionUID = 1L;

  @Inject
  IAppFacade<Menu> menuFacade;

  @Inject
  DialogBean dialogBean;

```

continua

Listagem 28.11a A classe **SelfRelationCaseBean**.

continuação

```
/* -------------------------------------
 * EXPERIMENTO 01 - Subindo o Aplicativo
 -------------------------------------*/
//Apenas colocando o servidor para rodar...

/* ------------------------------
 * EXPERIMENTO 02 - Incluir Menus
 ------------------------------*/
public void incluirMenus(){

  /* Instancia e inclui cada menu (inclui ou avisa que jah foi incluido).
   * Cada menu leva consigo quatro parametros: o label, o menuPai, o tipo e o nr ordem.
   *  A IDEIA EH MONTAR O MENU ABAIXO:
   *
   * Administracao
        |
        |--- Ferramentas
        |       |--- Manter Menus
        |       |--- Showcase
        |
        '--- Recursos Humanos
               |--- Cadastro de Pessoal
               |--- Cadastro de Usuarios
               '--- Manter Perfis
   Download
   Home Page
   Login
   Logout*/

  //Montando o cabecalho do log
  FormatTest.printHeader("SELF RELATION", "Experimento 02 - Incluir Menus");

  Menu menuAdm = null;
  Menu menuFerram = null;
  Menu menuRecHumanos = null;

  for(int i=0; i<=11; i++){

    if( i==0 ) menuAdm = this.instancieMenus("Administração", null, "0",  0);

    if( i==1 ) menuFerram = this.instancieMenus("Ferramentas", menuAdm, "0", 1);
    if( i==2 ) this.instancieMenus("Manter Menus", menuFerram, "1", 0);
    if( i==3 ) this.instancieMenus("Showcase", menuFerram, "1", 1);

    if( i==4 ) menuRecHumanos = this.instancieMenus("Recursos Humanos",
          menuAdm, "0", 2);

    if( i==5 ) this.instancieMenus("Cadastro de Pessoal",
            menuRecHumanos, "1", 0);

    if( i==6 ) this.instancieMenus("Cadastro de Usuários",
            menuRecHumanos, "1", 1);

    if( i==7 ) this.instancieMenus("Manter Perfis",
            menuRecHumanos, "1", 2);

    if( i==8 ) this.instancieMenus("Download", null, "1", 1);
    if( i==9 ) this.instancieMenus("Home Page", null, "1", 2);
    if( i==10 ) this.instancieMenus("Login", null, "1", 3);
    if(i==11) this.instancieMenus("Logout", null, "1", 4);
  }
```

continua

Listagem 28.11b A classe **SelfRelationCaseBean**.

continuação

```
    dialogBean.addMessage(FacesUtil.getMessage("MGL025"),
        DialogType.INFO_CLOSABLE);

    //Montando o rodapeh do experimento.
    FormatTest.printFooter();
  }

  /* ----------------------
   *  APOIO AOS EXPERIMENTOS
   -----------------------*/
  Menu  instancieMenus(String label, Menu menuPai, String tipo, Integer nrOrdem){

    Menu menu = new Menu(label); //instancio o menu (estado new).
    menu.setMenu(menuPai); //setando o pai do menu Administracao.

    //Verificando se jah existe o menu. Se nao existe inclui, se jah existia, loga.
    if(existMenu(menu.getLabel())){
      this.printExistMenu(menu);

    }else{
      menu.setTipo(tipo); //setando o tipo do menu (grupo ou item).
      menu.setOrdem(nrOrdem); //setando o nr ordem do menu.
      menu = this.incluaMenu(menu); //inclui o menu - e realiza logs.
    }
    return menu; //...e retorna o menu perfeitamente sincronizado com o banco de dados.
  }

  boolean existMenu(String label){

    //Busca o menu no banco de dados...
    try{
      List<Object> params = new ArrayList<Object>();
      params.add(label);
      return menuFacade.recuperar("Menu.singleMenu", params) != null ; //true, se achou..

    }catch(DaoException e){
      e.printStackTrace();
    }

    return false; //retorna false se nao achou.
  }

  void printExistMenu(Menu menu){
    Log.setLogger("", "Já existia um menu com o label "+ menu.getLabel(),
       Level.INFO, Ansi.BLUE);
  }

  Menu  incluaMenu(Menu menu){

    try{

      //setando todos os outros atributos requeridos (eh um teste...).
      menu.setVisibility("F"); // O menu nao serah visivel a todos.
      menu.setDisabled("T"); // O menu  serah habilitado.
      menu.setSelectable("T"); //O menu serah selecionavel.
      menu.setSeparator("F"); //O menu nao terah separador.

      // O icone que serah renderizado no menu - igual para todos...
      menu.setIcon("edit_pen.gif");

```

continua

Listagem 28.11c A classe **SelfRelationCaseBean**.

continuação

```java
        //Aqui inclui o menu e realiza log.
        menuFacade.incluir(menu);

        Log.setLogger("", "Incluiu o menu: " + menu.getLabel(),
            Level.INFO, Ansi.BLUE);

        return menu; //...e retorna o menu perfeitamente sincronizado com o banco de dados.

      }catch(DaoException e){
        e.printStackTrace();
      }

      return null;
    }

}
```

Listagem 28.11a A classe **SelfRelationCaseBean**.

TESTE

Dê o comando *Full Publish* no servidor e coloque-o para funcionar. Navegue até a página *homeShowCase* e clique no link da lição 28. Um dialog igual ao da figura abaixo será mostrada. Vemos ali todos os links dos outros experimentos, mas, evidentemente, somente o Experimento 02 irá funcionar agora. Clique nele e veja o resultado. Clique mais uma vez e veja o log...

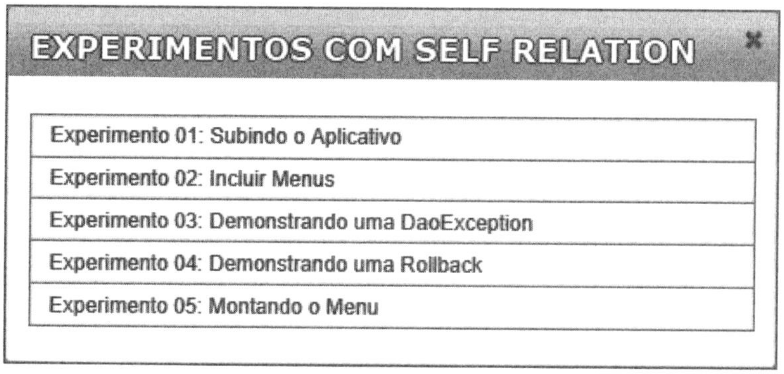

Figura 28.7
O dialog exibindo os experimentos com Self Relation.

Talvez você queira desabilitar os logs de SQL, agindo no arquivo **persistence.xml**.

Os logs estão sendo mostrados no console do Eclipse, conforme as listagens 28.12 ou 28.13. Observe que esses logs estão coloridos com o plugin **ANSI Escape in Console**, que deve ser instalado no Eclipse (Veja Volume I - Lição 17).

```
22 mar 2018 11:02:21  INFO  - ************************************
22 mar 2018 11:02:21  INFO  - SELF RELATION
22 mar 2018 11:02:21  INFO  - ************************************
22 mar 2018 11:02:21  INFO  - Experimento 02 - Incluir Menus
22 mar 2018 11:02:21  INFO  - ------------------------------------
22 mar 2018 11:02:21  INFO  - Incluiu o menu: Administração
22 mar 2018 11:02:21  INFO  - Incluiu o menu: Ferramentas
22 mar 2018 11:02:21  INFO  - Incluiu o menu: Manter Menus
22 mar 2018 11:02:21  INFO  - Incluiu o menu: Showcase
22 mar 2018 11:02:21  INFO  - Incluiu o menu: Recursos Humanos
22 mar 2018 11:02:21  INFO  - Incluiu o menu: Cadastro de Pessoal
22 mar 2018 11:02:21  INFO  - Incluiu o menu: Cadastro de Usuários
22 mar 2018 11:02:21  INFO  - Incluiu o menu: Manter Perfis
22 mar 2018 11:02:21  INFO  - Incluiu o menu: Download
22 mar 2018 11:02:21  INFO  - Incluiu o menu: Home Page
22 mar 2018 11:02:21  INFO  - Incluiu o menu: Login
22 mar 2018 11:02:21  INFO  - Incluiu o menu: Logout
22 mar 2018 11:02:21  INFO  - ************************************
```

Lisagem 28.12
O log no console do Eclipse — clicou uma primeira vez. **Foi desabilitado os logs de SQL no arquivo persistence.xml**, simplesmente desabilitando a linha 15 da Listagem 22.7.

```
22 mar 2018 11:10:27  INFO  - ********************************************
22 mar 2018 11:10:27  INFO  - SELF RELATION
22 mar 2018 11:10:27  INFO  - ********************************************
22 mar 2018 11:10:27  INFO  - Experimento 02 - Incluir Menus
22 mar 2018 11:10:27  INFO  - ---------------------------------------------
22 mar 2018 11:10:27  INFO  - Já existia um menu com o label Administração
22 mar 2018 11:10:27  INFO  - Já existia um menu com o label Ferramentas
22 mar 2018 11:10:27  INFO  - Já existia um menu com o label Manter Menus
22 mar 2018 11:10:27  INFO  - Já existia um menu com o label Showcase
22 mar 2018 11:10:27  INFO  - Já existia um menu com o label Recursos Humanos
22 mar 2018 11:10:28  INFO  - Já existia um menu com o label Cadastro de Pessoal
22 mar 2018 11:10:28  INFO  - Já existia um menu com o label Cadastro de Usuários
22 mar 2018 11:10:28  INFO  - Já existia um menu com o label Manter Perfis
22 mar 2018 11:10:28  INFO  - Já existia um menu com o label Download
22 mar 2018 11:10:28  INFO  - Já existia um menu com o label Home Page
22 mar 2018 11:10:28  INFO  - Já existia um menu com o label Login
22 mar 2018 11:10:28  INFO  - Já existia um menu com o label Logout
22 mar 2018 11:10:28  INFO  ********************************************
```

Listagem 28.13 Nos cliques subsequentes o experimento não deixa ocorrer erro de duplicações.

ATENÇÃO!

Desabilite os logs de SQL apenas para a realização de experimentos. Durante o desenvolvimento, o recurso é extremamente importante na depuração e acompanhamento.

No arquivo **persistence.xml**, quando você usa isto:

```
<property name="hibernate.hbm2ddl.auto"  value="create-drop"/>
```

A JPA apaga o que existe no banco de dados e cria tudo novamente. Funciona tudo perfeitamente, mas apaga tudo o que existe — então tome cuidado no uso desta instrução.

...e quando você usa isto:

```
<property name="hibernate.hbm2ddl.auto"  value="update"/>
```

A JPA não apaga o que existe no banco, entretanto, ao rodar o WildFly com esta configuração, a JPA tenta recriar os elementos de banco de dados que foram modificados recentemente. Como isto já pode ter sido feito em teste anterior, irão aparecer alguns erros na criação das sequências (pois as sequências já foram criadas). Se estiver usando o valor "update", não se incomode agora, pois isto não irá atrapalhar em nada.

Fim do Laboratório 28.5

Você deverá desabilitar esta configuração (*hibernate.hbm2ddl.auto)*, mas depois terá de voltar com ela para a criação das outras tabelas. Esta configuração terá de ser desabilitada, definitivamente, quando o banco de dados estiver pronto, ou quando não se deseja que nenhum elemento de banco de dados seja criado ou alterado.

Em ambiente de produção ela é absolutamente PROIBIDA! Qualquer mudança em um banco de dados de produção deve ser feita pelo seu administrador, por solicitação da equipe de desenvolvimento.

Laboratório 28.6

Experimento 03: Demonstrando uma DaoException

Se você optar por exibir na tela as mensagens oriundas da camada DAO, as dez mensagens apresentadas na lição 23, será necessário sobrescrever o método **trace** da classe **InterceptorException**. Fazemos isto criando uma nova classe, estendendo a InterceptorException e substituindo o parâmetro da anotação *@Interceptors* em nossas appsFacade. Vamos fazer isto. Sob o pacote *br.eti.amazu.blankapp.infra.persistence*, crie mais um pacote com o nome *exception* e, dentro dele, a classe **ViewInterceptorException**...

```
package br.eti.amazu.blankapp.infra.persistence.exception;

import javax.inject.Inject;
import javax.interceptor.AroundInvoke;
import javax.interceptor.InvocationContext;

import org.apache.log4j.Level;

import br.eti.amazu.component.dialog.DialogBean;
import br.eti.amazu.component.dialog.DialogType;
import br.eti.amazu.component.pworld.persistence.exception.DaoException;
import br.eti.amazu.component.pworld.persistence.exception.DaoMessage;
import br.eti.amazu.component.pworld.persistence.exception.InterceptorException;
import br.eti.amazu.component.pworld.persistence.exception.MailException;
import br.eti.amazu.infra.util.log.Ansi;
import br.eti.amazu.infra.util.log.Log;

public class ViewInterceptorException extends InterceptorException{

  @Inject
  DialogBean dialogBean;

  public ViewInterceptorException() {
    super();
  }

  @AroundInvoke
     public Object trace(InvocationContext invocationContext) throws Exception{
          try {
              return invocationContext.proceed();

          } catch (Exception t) {
           String msg = store(t);
           Log.setLogger("PWORLD-10=======================>",
               msg, Level.ERROR, Ansi.RED_BOLD_YELLOWBG );

     if(DaoMessage.getKey(msg).equals("_eMail")){
       t.printStackTrace();
       dialogBean.addMessage(msg, DialogType.ERROR);
       throw new MailException(msg);

     }else{
       t.printStackTrace();
       dialogBean.addMessage(msg, DialogType.ERROR);
       throw new DaoException(msg);
     }
    }
  }
}
```

Listagem 28.14 A classe **ViewInterceptorException**. Ela estende a *InterceptorException* e sobrescreve o método *trace*.

Abra a classe **AppFacade** e realize a seguinte modificação:

Substitua o parâmetro da anotação @Interceptors, de InterceptorException.class para **ViewInterceptorException.class**.

Adicione isto

```
[..]
@Named
@Stateless
@Interceptors({ViewInterceptorException.class })
@TransactionManagement ( TransactionManagementType.CONTAINER )
@TransactionAttribute ( TransactionAttributeType.SUPPORTS )
public class AppFacade<T> extends Facade<T> implements IAppFacade<T> {

  @Inject
  private IAppDao<T> dao;
```

Listagem 28.15 Alterando a classe **AppFacade**.

Abra a classe **SelfRelationCaseBean** e adicione o código abaixo:

Adicione isto

```
[..]
/* ---------------------------------------------------------------------------
 *  EXPERIMENTO 03 - Demonstrando uma ViewDaoException
 ---------------------------------------------------------------------------*/
public void demonstrarDaoException(){

  //Montando o cabecalho do log
  FormatTest.printHeader(
      "SELF RELATION", "Experimento 03 - Demonstrando uma DaoException");

  // Instancia um menu com label grande, maior que o tamanho definido para o campo.
  this.instancieMenus
      ("Administraçãiiiiiiiiiiiiiiiiiiiiiiiiiiiiiiiiiiiiiiiiiiiiiiiiiiiiiiiiiiiiii",
           null,"0",  0);

  //Montando o rodapeh do experimento.
  FormatTest.printFooter();
}

/* ----------------------
 *  APOIO AOS EXPERIMENTOS
 ----------------------*/
```

A ideia é setar o label do menu com mais de 70 caracteres. O banco de dados não vai aceitar e devolverá uma exception que será capturada pelo aplicativo.

Listagem 28.16 Alterando a classe **SelfRelationCaseBean**.

TESTE

Rodando o aplicativo e acionando o link do Experimento 03, obtemos a caixa de diálogo relativa ao erro, conforme programada em DialogBean (linha 39, Listagem 28.14)... A Listagem 28.17 mostra o log no console do Eclipse.

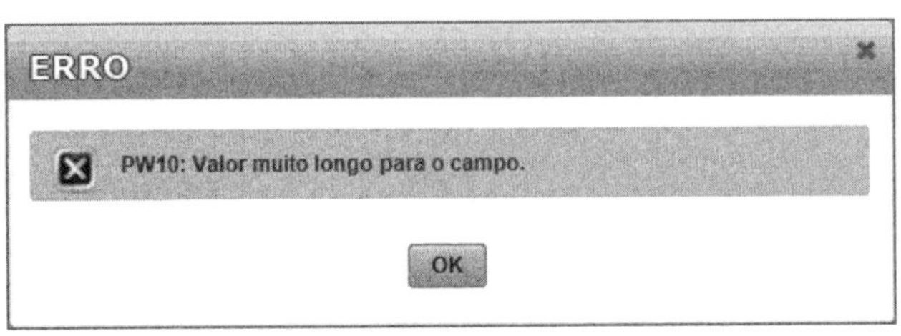

Figura 28.8
DialogBean exibindo uma mensagem do DAO.

```
22 mar 2018 12:24:28  INFO  - ******************************
22 mar 2018 12:24:28  INFO  - SELF RELATION
22 mar 2018 12:24:28  INFO  - ******************************
22 mar 2018 12:24:28  INFO  - Experimento 03 - Demonstrando uma DaoException
22 mar 2018 12:24:28  INFO  - ----------------------------
22 mar 2018 12:24:29  WARN SqlExceptionHelper - SQL Error: 0, SQLState: 22001
22 mar 2018 12:24:29 ERROR SqlExceptionHelper - ERROR: value too long for type
character varying(70)
22 mar 2018 12:24:29  INFO - HHH000010: On release of batch it still contained
JDBC statements
22 mar 2018 12:24:29 ERROR PWORLD-10===================> PW10: Valor muito lon-
go para o campo.

22 mar 2018 12:24:29 ERROR stderr - javax.persistence.PersistenceException:
org.hibernate.exception.DataException: could not execute statement
```

Listagem 28.17 O Eclipse mostrando o erro proveniente da camada DAO.

Fim do Laboratório 28.6

Experimento 04: Demonstrando uma RollBack

Laboratório 28.7

Quando algo dá errado, o aplicativo faz com que as operações com banco de dados do tipo DDL voltem atrás. Mas isto só acontece quando as operações estão sendo executadas dentro de apenas uma classe do tipo facade (session Bean) em um método com início e fim de transação. Para materializar isto, abra as classes **IAppFacade** e **AppFacade** e adicione os códigos abaixo:

```
[...]
    /*-----------------------------------------------------------
    * DAQUI PARA BAIXO, ACRESCENTAR OUTROS METODOS, SE FOR O CASO...
    -------------------------------------------------------------*/

    public void  demonstrarRollBack() throws DaoException ;
}
```

Adicione isto

Listagem 28.18 Alterando a classe **IAppFacade**.

Faça os imports necessários.

```
[...]
    /*-----------------------------------------------------------
    * DAQUI PARA BAIXO, ACRESCENTAR OUTROS METODOS, SE FOR O CASO...
    -------------------------------------------------------------*/
@SuppressWarnings("unchecked")
@TransactionAttribute ( TransactionAttributeType.REQUIRED )
public void demonstrarRollBack() throws DaoException{

  /* Atencao para o bloco try-catch de um metodo com varias idas ao banco.
   * Quando  queremos que todas essas idas estejam dentro de uma transacao, deve-se lancar
   * Exception com throw new DaoException, para que a exception possa ser interceptada. */
  try{

    //setando todos os outros atributos requeridos (eh um teste...).
    Menu menu1 = new Menu("Teste");
    menu1 = instancieMenu(menu1);

    //chama o metodo do dao para incluir o menu1.
    dao.insert((T) menu1);
```

continua

Listagem 28.19a Alterando a classe **AppFacade**.

[...] continuação

Adicione isto

```
    Menu menu2 = new Menu("Testeiiiiiiiiiiiiiiiiiiiiiiiiiiiiiiiiiiiiiiiiiiiiiiiiiii"
        + "iiiiiiiiiiiiiiiiiiiiiiiiiiiiiiiiiiiiiii");

    //chama o metodo do dao para incluir o menu2 e loga.
    dao.insert((T) menu2);

    //O metodo flush eh o "commit" da transacao. A ultima linha do metodo transacional.
    dao.flush();

  }catch(DaoException e){
    e.printStackTrace();

  }catch(Exception e){
    e.printStackTrace();
    throw new DaoException(e.getMessage());
  }
}


Menu  instancieMenu(Menu menu){

  //setando todos os outros atributos requeridos (eh um teste...).
  menu.setTipo("1"); //O tipo do menu
  menu.setOrdem(0); //a ordem do menu
  menu.setVisibility("F"); // O menu nao serah visivel a todos.
  menu.setDisabled("F"); // O menu nao  serah desabilitado.
  menu.setSelectable("T"); //O menu serah selecionavel.
  menu.setSeparator("F"); //O menu nao terah separador.

  // O icone que serah renderizado no menu - igual para todos (eh um teste...).
  menu.setIcon("edit_pen.gif");

  return menu; //...e retorna o menu perfeitamente sincronizado com o banco de dados.
}
```

Listagem 28.19b
Alterando a classe **AppFacade**.

[...]

Adicione isto

```
/* ------------------------------------------
 *  EXPERIMENTO 04 - Demonstrando uma Rollback
 ------------------------------------------*/
public void demonstrarRollback(){

  try{
    FormatTest.printHeader("SELF RELATION", "Experimento 04 - Demonstrando uma Rollback");

    menuFacade.demonstrarRollBack();
    FormatTest.printFooter();

  }catch(DaoException e){
    e.printStackTrace();
  }
}
```

Listagem 28.20
Alterando a classe **SelfRelationCaseBean**.

Ao executar o experimento 04, podemos observar no console do Eclipse algo parecido com esta listagem...

Procure por este log no console

```
22 mar 2018 17:24:28  INFO  - ************************************
22 mar 2018 17:24:28  INFO  - SELF RELATION
22 mar 2018 17:24:28  INFO  - ************************************
22 mar 2018 17:24:28  INFO  - Experimento 04 - Demonstrando uma RollBack
22 mar 2018 17:24:28  INFO  - ------------------------------------
22 mar 2018 17:24:29  WARN SqlExceptionHelper - SQL Error: 0, SQLState: 22001
22 mar 2018 17:24:29 ERROR SqlExceptionHelper - ERROR: value too long for type cha-
racter varying(70)
...
22 mar 2018 12:24:29 ERROR PWORLD-10===================> - PW08: Ocorreu um erro
Fatal provavelmente oriundo do banco de dados e seus anexos. Informe isto ao administrador
22 mar 2018 12:24:30 ERROR [stderr] (default task-24) Caused by: ja-
va.lang.Throwable: setRollbackOnly called from:
...
```

Listagem 28.21 O Eclipse mostrando o erro PW8 proveniente da camada DAO.

Fim do Laboratório 28.7

Experimento 05: Montando o menu

Laboratório 28.8

Abra a classe **SelfRelationCaseBean** e adicione o código abaixo:

[...] Adicione isto

```
/* -----------------------------------------------
 *  EXPERIMENTO 05 - Montando o Menu
 -----------------------------------------------*/
/* Este experimento realiza uma consulta na tabela Menu e monta os menus como estao
* atualmente. Desligue o log do SQL (agindo no arquivo persistence,xml). */
String indentStr = "                                                      ";
int level = 1;
int it = 0;
public void montarMenu(){

  try{
   FormatTest.printHeader("SELF RELATION", "Experimento 05 - Montando o menu");
   List<Menu> menus =  menuFacade.listar("Menu.rootMenus");

   if (menus.isEmpty()) {
    System.out.println("A tabela nao possui registros.");
    dialogBean.addMessage(FacesUtil.getMessage("MGL076"), DialogType.INFO_CLOSABLE);
    FormatTest.printFooter();
    return;

   } else {
    for (Menu menu : menus) {
     level++;
     Log.setLogger("",indentar(menu, level) +menu.getLabel(), Level.INFO, Ansi.BLUE);

     if (menu.getMenus() != null && !menu.getMenus().isEmpty()) {
      for (Menu subMenu : menu.getMenus()) {
       Log.setLogger("",indentar(subMenu, level) + subMenu.getLabel(),
            Level.INFO, Ansi.BLUE);
       printarSubMenu(subMenu);
      }
     }
```

continua

Listagem 28.22a Alterando a classe **SelfRelationCaseBean**.

[...] continuação

```
        }
      }
      dialogBean.addMessage(FacesUtil.getMessage("MGL025"), DialogType.INFO_CLOSABLE);
      FormatTest.printFooter();
    }catch(DaoException e){
      e.printStackTrace();
    }
  }

  String indentar(Menu menu, int level) {
    if (menu.getMenu() == null) level = 0;
    return  indentStr.substring(0, level * 3);
  }

  private void printarSubMenu(Menu subMenu) {
    if (subMenu.getMenus() != null && !subMenu.getMenus().isEmpty()) {
      level++;
      level++;
      int a = 1;
      for (Menu mnu : subMenu.getMenus()) {
        Log.setLogger("", indentar(subMenu, level) + mnu.getLabel(), Level.INFO, Ansi.BLUE);
        printarSubMenu(mnu);
        if (a == subMenu.getMenus().size()) {
          level--;
          level--;
        }
        a++;
      }
    }
  }

  /* ----------------------
   * APOIO AOS EXPERIMENTOS
   ----------------------*/
```

Listagem 28.22b Alterando a classe **SelfRelationCaseBean**.

```
22 mar 2018 18:10:43  INFO  - ************************************
22 mar 2018 18:10:43  INFO  - SELF RELATION
22 mar 2018 18:10:43  INFO  - ************************************
22 mar 2018 18:10:43  INFO  - Experimento 05 - Montando o menu
22 mar 2018 18:10:43  INFO  - ------------------------------------
22 mar 2018 18:10:44  INFO  - Administração
22 mar 2018 18:10:44  INFO  -       Ferramentas
22 mar 2018 18:10:44  INFO  -             Manter Menus
22 mar 2018 18:10:44  INFO  -             Showcase
22 mar 2018 18:10:44  INFO  -       Recursos Humanos
22 mar 2018 18:10:44  INFO  -             Cadastro de Pessoal
22 mar 2018 18:10:44  INFO  -             Cadastro de Usuários
22 mar 2018 18:10:44  INFO  -             Manter Perfis
22 mar 2018 18:10:44  INFO  - Download
22 mar 2018 18:10:44  INFO  - Home Page
22 mar 2018 18:10:44  INFO  - Login
22 mar 2018 18:10:44  INFO  - Logout
22 mar 2018 18:10:44  INFO  - ************************************
```

Desabilite a linha 15 da Listagem 22.7 (*"hibernate.show_sql"*) para observar o log como mostrado aqui.

Listagem 28.23 O log do Experimento 05 no console do Eclipse.

Fim do Laboratório 28.8

Fim da Lição 28. Só prossiga se todos os testes derem certo.

Lição 29
Mapeamento One To One

JPA

HIBERNATE

Objetivos:

- Compreender o relacionamento One To One
- Mapear um relacionamento One To One
- Realizar operações CRUD com o mapeamento One To One

Conceito

É o tipo de relação entre entidades em que cada um dos elementos de uma entidade só pode se relacionar com apenas um elemento da outra entidade.

De acordo com o modelo proposto para o nosso projeto, a relação 1:1 (UM PARA UM) pode ser evidenciada entre as entidades *Pessoa* e *Usuario*. Em uma relação assim, uma *pessoa* só poderia ter apenas UM *usuario*, ou NENHUM. Da mesma forma que não poderia existir um *usuario* SEM *pessoa*. Então pode ser possível que uma *pessoa* não possua *usuario*, mas, o dia em que ela vier a possuir, só poderá possuir UM.

A relação pode ser feita de duas maneiras:

- entre chave primária de uma tabela e chave primária da **segunda tabela**, sendo que a PK da **segunda tabela** também é uma FK **(PK → PK/FK)**;
- entre chave primária de uma tabela e chave secundária da **segunda tabela**, sendo que a FK da **segunda tabela** também é uma UK **(PK → FK/UK)**.

Este tipo de relacionamento encarece um pouco as tarefas do programador, mas o modelo pode ser substituído utilizando uma única classe. Sendo assim, bastaria realizar uma junção das propriedades das duas classes em uma única. No exemplo, poderíamos ter apenas a classe *Pessoa*, a qual conteria, também, todos os atributos da classe *Usuario*, obviamente excluindo a chave primária e a estrangeira da segunda. Embora isto possa ser feito assim, de uma forma tão simplória, não recomendamos a prática, visto que, conceitualmente, existem dois objetos claramente definidos envolvendo a relação.

Existem menos situações em que o relacionamento Um Para Um pode ocorrer no universo, em termos práticos. Um exemplo muito comum pode ser encontrado em um banco de dados escolar, onde uma tabela PESSOA se relaciona com uma tabela ALUNO, e cada aluno corresponde a apenas uma pessoa (PK-PK).

Documentação

Diagrama de classes

Novamente começamos o estudo pelo diagrama de classes e pela análise do domínio mostrada a seguir...

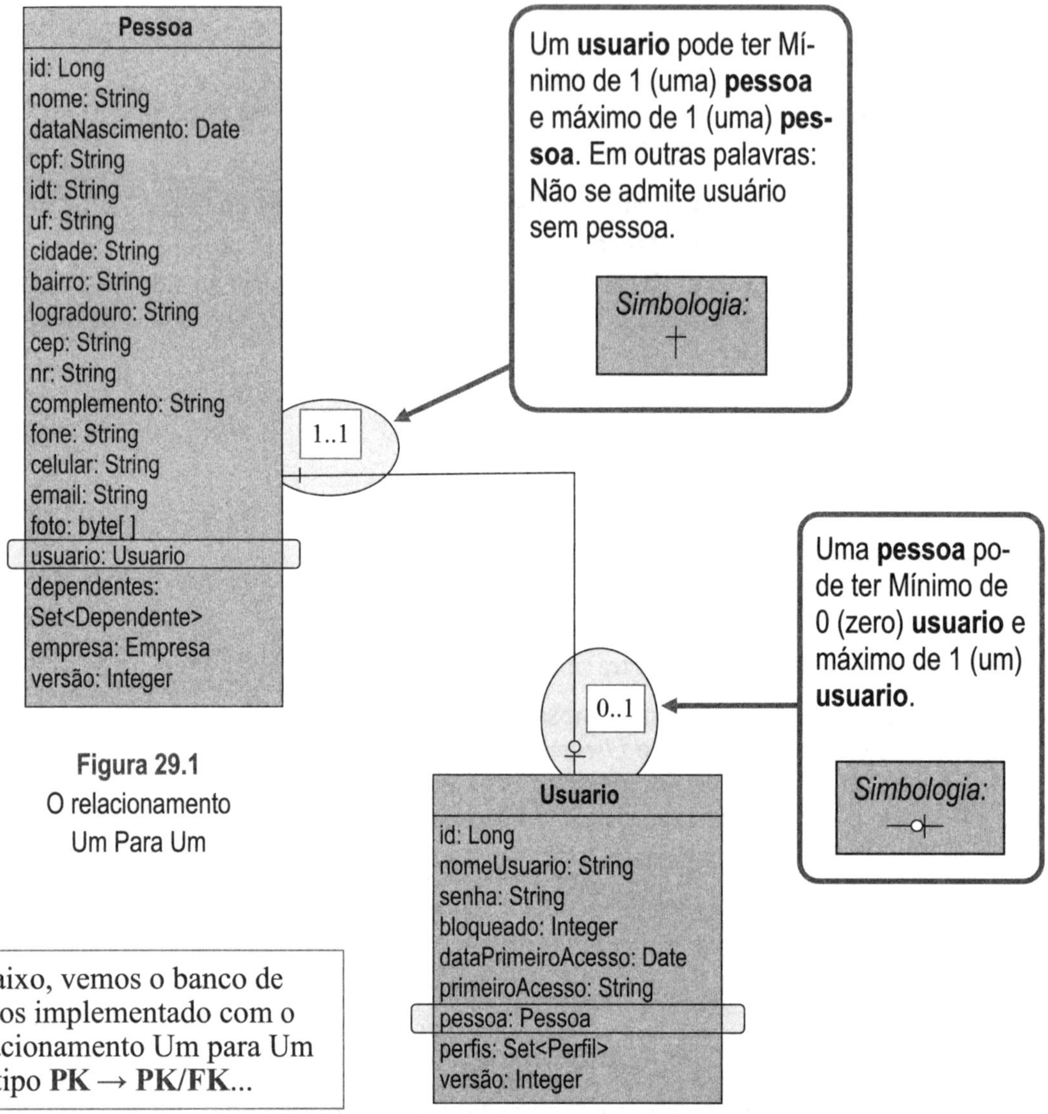

Figura 29.1
O relacionamento Um Para Um

Abaixo, vemos o banco de dados implementado com o relacionamento Um para Um do tipo **PK → PK/FK**...

id_pessoa [PK] bigint	nome character varying(70)	cpf varc
157	Pessoa Admin	2912020(
156	Pessoa Dev	2999000(
158	Pessoa Op Master	289000000
159	Pessoa Op Senior	292190000
160	Pessoa Vis	287980000

id_usuario [PK-FK] bigint	Nome_usuario character varying(15)	senha charac
157	admin	0CJOOC
158	master	8XGW2F
159	senior	1GH6767

Figura 29.2
Implementação, no banco de dados, do relacionamento Um para Um do tipo PK → PK/FK.

Dicionário de dados

Pessoa						
Atributo	**Tipo**	**Compri-mento**	**Valor padrão**	**Admite nulo**	**Transiente**	**Obs**
id	Long (seq)			N	N	PK (sequence).
nome	String (variável)	70		N	N	Nome da pessoa.
dataNascimento	Date			N	N	Data de nascimento.
cpf	String (fixa)	14		N	N	Código de Pessoa Física.
idt	String (variável)	20		N	N	Registro de identidade.
uf	String (fixa)	2		Y	N	Unidade da Federação.
cidade	String (variável)	70		Y	N	Município de residência.
Bairro	String (variável)	70		Y	N	Bairro residencial.
Logradouro	String (variável)	125		Y	N	Rua, quadra, logradouro
cep	String (fixa)	9		Y	N	Código de End. Postal.
nr	String (variável)	15		Y	N	Número da casa/Apto.
complemento	String (variável)	100		Y	N	Complemento de endereço.
fone	String (variável)	15		Y	N	Telefone fixo.
celular	String (variável)	15		Y	N	Telefone celular.
email	String (variável)	40		Y	N	Email.
foto	bytea			Y	N	Foto 3x4 formato JPEG.
usuário	Usuario					Usuário relacionado (FK)
dependentes	Set<Dependente>					Dependentes relacionados. Não será mapeado nesta lição.
empresa	Empresa					Empresa relacionada (FK). Não será mapeado nesta lição.
versao	Integer		0	Y	N	Versão do registro.

Usuario						
Atributo	**Tipo**	**Compri-mento**	**Valor padrão**	**Admite nulo**	**Transiente**	**Obs**
id	Long			N	N	PK, também FK
nomeUsuario	String (variável)	15		N	N	Nome de usuário (UK).
senha	String (variável)	1000		N	N	A senha do usuário.
bloqueado	String (fixa)	1	F	N	N	T - bloqueado; F - liberado.
dataPrimeiroAcesso	Date			N	N	Data do primeiro acesso
primeiroAcesso	String (fixa)	1	T	N	N	T - sim; F - não.
pessoa	Pessoa					Pessoa relacionada (FK).
perfis	Set<Perfil>					Perfis relacionados. Não será mapeado nesta lição.
funcionalidades	Set<Funcionalidade>					Funcionalidades relacionadas. Não será mapeado nesta lição.
versao	Integer		0	Y	N	Versão do registro.

Mapeamento

Mapeando Pessoa com Usuario

Laboratório 29.1

Sob o pacote *br.eti.amazu.infra.domain.core*, crie a classe **Pessoa** mostrada na listagem a seguir. Veja que, por enquanto, não estamos realizando o mapeamento dos atributos ***dependentes*** e ***empresa***, que serão vistos em outra lição, já que eles materializam outro tipo de relacionamento que não o One To One.

Crie também, as classes de apoio **DomainObjectTest** e **DateUtil**, necessárias à esta lição, conforme as listagens 29.2 e 29.3, respectivamente. Após a criação das classes Pessoa e DomainObjectTest, o Eclipse acusará um erro, reclamando a ausência da classe Usuario, que será criada logo em seguida.

```
package br.eti.amazu.infra.domain.core;

import java.util.Date;
import javax.persistence.Column;
import javax.persistence.Entity;
import javax.persistence.FetchType;
import javax.persistence.GeneratedValue;
import javax.persistence.GenerationType;
import javax.persistence.Id;
import javax.persistence.NamedQueries;
import javax.persistence.NamedQuery;
import javax.persistence.OneToOne;
import javax.persistence.SequenceGenerator;
import javax.persistence.Table;
import javax.persistence.Temporal;
import javax.persistence.TemporalType;
import javax.persistence.Version;
import javax.persistence.PrimaryKeyJoinColumn;
import org.hibernate.annotations.Cascade;
import br.eti.amazu.component.pworld.domain.AbstractEntity;


@Entity(name = "Pessoa")
@Table(schema = "PWORLD", name = "PESSOA")

@NamedQueries({
  @NamedQuery(name = "Pessoa.all", query = "select p from Pessoa p order by p.nome"),
  @NamedQuery(name = "Pessoa.excluirPeloNome",
      query = "delete Pessoa p where p.nome =:param0"),

  @NamedQuery(name = "Pessoa.similarPeloNome", query = "select p from Pessoa p where "+
     "PWORLD.sem_acento(upper(p.nome)) like upper(:param0) order by p.nome"),

  @NamedQuery(name = "Pessoa.recuperarPeloNome",
    query = "select p from Pessoa p where p.nome like :param0"),
})
public class Pessoa extends AbstractEntity<Long> {
  private static final long serialVersionUID = 1L;

  @Id
  @SequenceGenerator(schema="PWORLD", allocationSize=1, initialValue=1, name = "PESSOA_SEQ",
               sequenceName = "PESSOA_SEQ")

  @GeneratedValue(strategy = GenerationType.IDENTITY, generator = "PESSOA_SEQ")
  @Column(name = "ID_PESSOA")
  private Long id;

  @Column(name = "NOME", columnDefinition = "CHARACTER VARYING(70)", nullable=false)
  private String nome;
```

continua

Listagem 29.1a A classe **Pessoa**.

continuação

```
@Temporal(TemporalType.DATE)
@Column(name = "DATA_NASCIMENTO", columnDefinition = "DATE", nullable=false)
private Date dataNascimento;

@Column(name="CPF", columnDefinition = "CHAR(14)", nullable=false)
private String cpf;

@Column(name = "IDT", columnDefinition = "CHARACTER VARYING(20)", nullable=false)
private String idt;

@Column(name = "UF", columnDefinition = "CHAR(2)")
private String uf;

@Column(name = "CIDADE", columnDefinition = "CHARACTER VARYING(70)")
private String cidade;

@Column(name = "BAIRRO", columnDefinition = "CHARACTER VARYING(70)")
private String bairro;

@Column(name = "LOGRADOURO", columnDefinition = "CHARACTER VARYING(125)")
private String logradouro;

@Column(name = "CEP", columnDefinition = "CHAR(9)")
private String cep;

@Column(name = "NR", columnDefinition = "CHARACTER VARYING(15)")
private String nr;

@Column(name = "COMPLEMENTO", columnDefinition = "CHARACTER VARYING(100)")
private String complemento;

@Column(name = "FONE", columnDefinition = "CHARACTER VARYING(15)")
private String fone;

@Column(name = "CELULAR", columnDefinition = "CHARACTER VARYING(15)")
private String celular;

@Column(name = "EMAIL", columnDefinition = "CHARACTER VARYING(40)")
private String email;

/* Configuracao especifica para ORACLE
 * @Column(name="FOTO", columnDefinition = "BLOB") */
@Column(name="FOTO", columnDefinition = "BYTEA")
private byte[] foto;

/* Associacao 1:1 com usuario:
 * --------------------------------------------------------------------
 *  LEITURA BIDIRECIONAL:
 *  pessoa | <---------(EAGER)-------> |  usuario
 *--------------------------------------------------------------------
 *  ESCRITA UNIDIRECINAL:
 *  pessoa |------------(write)-------->|  usuario
 *    (A relacao eh unidirecional porque somente pessoa escreve em usuario)
 *--------------------------------------------------------------------*/
@OneToOne(
   fetch = FetchType.LAZY, optional=true,
   orphanRemoval = true
)
```

continua

Listagem 29.1b A classe **Pessoa**.

continuação

```java
@PrimaryKeyJoinColumn()
@Cascade(org.hibernate.annotations.CascadeType.ALL)
private Usuario usuario;

@Version
@Column(name = "VERSAO", columnDefinition = "INTEGER DEFAULT 0")
private Integer versao;

/*--------
 * get/set
 ---------*/

[.]
```

O Eclipse vai reclamar a ausência da classe Usuario que será criada mais adiante...

Listagem 29.1c A classe **Pessoa**.

Sob o pacote *br.eti.amazu.infra.util*, crie a classe **DateUtil**. Mas antes de criá-la, abra o arquivo **pom.xml** e adicione a seguinte dependência (não se esquecendo de dar o *Maven Update* logo após):

```xml
<dependency>
  <groupId>joda-time</groupId>
  <artifactId>joda-time</artifactId>
  <version>2.4</version>
</dependency>
```

```java
package br.eti.amazu.infra.util;

import java.text.DateFormat;
import java.text.ParseException;
import java.text.SimpleDateFormat;
import java.util.Calendar;
import java.util.Date;
import java.util.GregorianCalendar;
import java.util.Locale;

import org.joda.time.DateTime;
import org.joda.time.Interval;
import org.joda.time.Period;
import org.joda.time.PeriodType;

public class DateUtil {

  /* Verifica se uma data eh valida, recebendo uma string.
   ---------------------------------------------------*/
  public static boolean isValidDate(String strDate) {
    SimpleDateFormat formata = new SimpleDateFormat("dd/MM/yyyy");

    try {
      formata.setLenient(false);
      formata.parse(strDate);

    } catch (ParseException e) {
      return false;
    }
    return true;
  }

  /* Retorna uma string da hora atual no formato "HH:MM".
   ---------------------------------------------------*/
  public static String getStringNowTime() {
    Date d = new Date();
    SimpleDateFormat format = new SimpleDateFormat("HH:MM");
    return format.format(d);
  }

  /* Retorna uma string do ano atual no formato "yyyy".
   ------------------------------------------------*/
  public static String getStringAnoAtual() {
    Date d = new Date();
```

Nem todos os métodos desta classe serão utilizados no livro. Mas é bom você possuí-la, pois tudo o que precisará de "datas" no futuro ela, com certeza, contempla.

continua

Listagem 29.2a A classe **DateUtil**.

continuação

```
        SimpleDateFormat format = new SimpleDateFormat("yyyy");
        return format.format(d);
    }

    /* Retorna uma string da data atual no formato "dd/MM/yyyy".
    -------------------------------------------------------*/
    public static String getStringNowDate() {
        SimpleDateFormat in = new SimpleDateFormat("dd/MM/yyyy");
        return in.format(new Date());
    }

    /* Retorna uma string da data atual no formato "dd de MES de yyyy".
    ---------------------------------------------------------------*/
    public static String getDataMesPorExtenso() {
        SimpleDateFormat in = new SimpleDateFormat("dd 'de' MMMM 'de' yyyy");
        return in.format(new Date());
    }

    /* Devolve um Date, recebendo uma string "dd/MM/yyyy".
    --------------------------------------------------*/
    public static Date getDate(String strDate) {
        DateFormat formata = new SimpleDateFormat("dd/MM/yyyy");

        try {
            formata.setLenient(false);
            return formata.parse(strDate);

        } catch (ParseException e) {
            e.printStackTrace();
        }
        return null;
    }

    /* Devolve uma string no formato "yyyy-MM-dd".
    ------------------------------------------- */
    public static Date getDateNotFormat(String strDate) {
        DateFormat formata = new SimpleDateFormat("yyyy-MM-dd");

        try {
            formata.setLenient(false);
            return formata.parse(strDate);

        } catch (ParseException e) {
            e.printStackTrace();
        }
        return null;
    }

    /* Retorna uma string "dd/MM/yyyy", recebendo um Date.
    ---------------------------------------------------*/
    public static String getStringDate(Date date) {
        SimpleDateFormat in = new SimpleDateFormat("dd/MM/yyyy");
        return in.format(date);
    }

    /* Verifica se a data informada eh maior que a data atual.
    -------------------------------------------------------*/
    public static boolean isDataInformadaMaiorDataAtual(Date date) {
        return date.after(new Date()) ? true : false;
    }

```

continua

Listagem 29.2b A classe **DateUtil**.

continuação

```
/* Verifica se uma data A eh maior que uma data B.
-------------------------------------------- */
public static boolean isDataUmMaiorDataDois(Calendar dataUm, Calendar dataDois) {
 return dataUm.after(dataDois) ? true : false;
}

/* Verifica se uma data A eh maior que uma data B.
-------------------------------------------- */
public static boolean isDataUmMenorDataDois(Calendar dataUm, Calendar dataDois) {
 return dataUm.before(dataDois) ? true : false;
}

/* Devolve a data por extenso em pt_BR.
---------------------------------- */
public static String getDataExtenso(Date data) {
 SimpleDateFormat in = new SimpleDateFormat("d' de 'MMMM' de 'yyyy",
    new Locale("pt", "br"));
 return in.format(data);
}

/* Verifica a diferenca em dias, entre duas datas.
-------------------------------------------- */
public static int getDiferencaEntreDatas(Date dataInicial, Date dataFinal) {
 Long d1 = dataInicial.getTime();
 Long d2 = dataFinal.getTime();
 return (int) Math.floor((d2 - d1) / 1000.0 / 86400.00);
}

/* Retorna a diferenca entre duas datas no formato "00d 00h 00m"
--------------------------------------------------------- */
public static String getDiferencaEntreDatasEmTempo(Date dataInicial, Date dataFinal){
 DateTime start = new DateTime(dataInicial);
 DateTime end =  new DateTime(dataFinal);
 Interval interval = new Interval(start, end);
 Period period = interval.toPeriod(PeriodType.yearMonthDayTime());
 StringBuilder sdate = new StringBuilder();

 sdate.append((period.getYears() == 0) ? "" : ((period.getYears() == 1) ? "1 ano " :
  period.getYears() + " anos "));

 sdate.append((period.getMonths() == 0) ? "" : ((period.getMonths() == 1) ? "1 mes " :
  period.getMonths() + " meses "));

 sdate.append((period.getDays() == 0) ? "" : ((period.getDays() == 1) ? "1 dia " :
  period.getDays() + " dias "));

 sdate.append((period.getHours() == 0) ? "" : ((period.getHours() == 1) ? "1 hora " :
  period.getHours() + " horas "));

 sdate.append((period.getMinutes() == 0) ? "" :((period.getMinutes() == 1) ?"1 minuto " :
  period.getMinutes() + " minutos "));

 sdate.append((period.getSeconds() == 0) ? "":((period.getSeconds() == 1)? "1 segundo " :
  period.getSeconds() + " segundos "));
 return sdate.toString();
}

/* Verifica se uma data estah contida entre duas datas informadas.
--------------------------------------------------------- */
public static boolean isDataInterpolada(Date dataAnterior,
 Date data, Date dataPosterior) {
```

continua

Listagem 29.2c A classe **DateUtil**.

continuação

```
  return (data.equals(dataAnterior) || data.equals(dataPosterior))
     || (data.after(dataAnterior) && data.before(dataPosterior)) ? true : false;
 }

 /* Soma tantos dias a uma data e devolve a nova data somada como String.
 ------------------------------------------------------------------- */
 public static Date somarDataComDias(Date data, int dias) {
  return getDate(data, dias);
 }

 /* Soma tantos dias a uma data e devolve a nova data somada como Date.
 ------------------------------------------------------------------ */
 public static String somarDataComDiasReturnString(Date data, int dias) {
  Date novaData = getDate(data, dias);
  SimpleDateFormat in = new SimpleDateFormat("dd/MM/yyyy");
  return in.format(novaData);
 }

 /* Soma tantos anos a uma data e devolve a nova data somada.
 -------------------------------------------------------- */
 public static Date somarDataComAnos(Date data, int anos) {
  return getDate(data, anos + 365);
 }

 /* cronometro regressivo passando a quantidade de dias, uma data inicial e uma data atual
 ------------------------------------------------------------------------------------- */
 public static String getCronometro(Date dataInicial, Date dataAtual, int quantDias){

  DateTime start = new DateTime(dataAtual);
  Date dataFinal = DateUtil.somarDataComDias(dataInicial, quantDias);
  DateTime end =  new DateTime(dataFinal);

  if(end.isBefore(start)) return "00 dias 00 horas e 00 segundos";

  Interval interval = new Interval(start, end);
  Period period = interval.toPeriod(PeriodType.yearMonthDayTime());
  StringBuilder sdate = new StringBuilder();

  sdate.append((period.getYears() == 0) ? "" :
   ((period.getYears() == 1) ? "1 ano " : period.getYears() + " anos "));

  sdate.append((period.getMonths() == 0) ? "" :
   ((period.getMonths() == 1) ? "1 mes " : period.getMonths() + " meses "));

  sdate.append((period.getDays() == 0) ? "" :
   ((period.getDays() == 1) ? "1 dia " : period.getDays() + " dias "));

  return sdate.toString();
 }

 /* Metodo de apoio...
 -------------------------*/
 static Date getDate(Date date, int dias) {
  Calendar calendar = new GregorianCalendar();
  calendar.setTime(date);
  calendar.add(Calendar.DATE, dias);
  Date novaData = calendar.getTime();
  return novaData;
 }

}
```

Listagem 29.2d A classe **DateUtil**.

Sob o pacote *br.eti.amazu.infra.view.util*, crie a classe **DomainObjectTest**. Ela será bastante útil na realização dos experimentos. Aqui também o Eclipse vai reclamar da classe Usuario.

```java
package br.eti.amazu.infra.view.util;

import java.util.Date;
import br.eti.amazu.infra.domain.core.Pessoa;
import br.eti.amazu.infra.domain.core.Usuario;
import br.eti.amazu.infra.util.DateUtil;

public class DomainObjectTest {
 public static Pessoa getPessoa() {
  Pessoa pessoa = new Pessoa();
  pessoa.setNome("José da Silva");

  pessoa.setDataNascimento(DateUtil.getDate("01/01/1979"));

  pessoa.setCpf("999.999.999-99");
  pessoa.setIdt("101010-ES");
  pessoa.setCep("70730510");
  pessoa.setUf("DF");
  pessoa.setCidade("Brasília");;
  pessoa.setBairro("Asa Sul");
  pessoa.setLogradouro("SCLRN");
  pessoa.setComplemento("Apto");
  pessoa.setNr("703");
  pessoa.setFone("(27)9999-0000");
  pessoa.setCelular("(27)8888-1111");
  pessoa.setEmail("nome@hot.com");
  return pessoa;
 }

 public static Usuario getUsuario() {
  Usuario usuario =
   new Usuario();

  usuario.
   setNomeUsuario("user500");

  usuario.setSenha("admin");
  usuario.setBloqueado("F");

  usuario.
   setDataPrimeiroAcesso(
      new Date());

  usuario.
   setPrimeiroAcesso("T");
  return usuario;
 }
}
```

Listagem 29.3
A classe **DomainObjectTest**.

Agora sim, sob o pacote *br.eti.amazu.infra.domain.core*, crie a classe **Usuario** mostrada abaixo. Voltando ao quadro onde mostra os seus atributos, vemos que aqui, novamente, não vamos mapear ***perfil***, o que será visto em outra lição, já que esse atributo materializa outro tipo de relacionamento.

```java
package br.eti.amazu.infra.domain.core;

import java.util.Date;
import javax.persistence.Column;
import javax.persistence.Entity;
import javax.persistence.FetchType;
import javax.persistence.Id;
import javax.persistence.Version;
import javax.persistence.Table;
import javax.persistence.OneToOne;
import javax.persistence.Temporal;
import javax.persistence.NamedQuery;
import javax.persistence.TemporalType;
import javax.persistence.NamedQueries;
import javax.persistence.PrimaryKeyJoinColumn;
import javax.persistence.UniqueConstraint;
import javax.persistence.GeneratedValue;

import org.hibernate.annotations.GenericGenerator;
import org.hibernate.annotations.Parameter;

import br.eti.amazu.component.pworld.domain.AbstractEntity;

@Entity(name = "Usuario")

@Table(schema = "PWORLD", name = "USUARIO",
  uniqueConstraints=@UniqueConstraint(
     name="UK_USERNAME", columnNames={"NOME_USUARIO"}))
```

continua

Listagem 29.4a A classe **Usuario**.

continuação

```java
@NamedQueries({
  @NamedQuery(name = "Usuario.recuperarPeloNome",
     query = "select u from Usuario u where u.nomeUsuario =:param0"),

  @NamedQuery(name="Usuario.excluirPeloNome",
    query="delete Usuario a where a.nomeUsuario=:param0")



})
public class Usuario extends AbstractEntity<Long> {

  private static final long serialVersionUID = 1L;

  @Id
  @GenericGenerator(name = "gerador", strategy = "foreign",
     parameters = @Parameter(name = "property", value = "pessoa"))

  @GeneratedValue(generator = "gerador")
  @Column(name = "ID_USUARIO")
  private Long id;

  @Column(name = "NOME_USUARIO", columnDefinition = "CHARACTER VARYING(15)", nullable=false)
  private String nomeUsuario;

  @Column(name = "SENHA", columnDefinition = "CHARACTER VARYING(1000)", nullable=false)
  private String senha;

  @Column(name="BLOQUEADO", columnDefinition = "CHAR(1) DEFAULT 'F'",  nullable=false)
  private String bloqueado;

  @Temporal(TemporalType.DATE)
  @Column(name = "DATA_PRIMEIRO_ACESSO", columnDefinition = "DATE",  nullable=false)
  private Date dataPrimeiroAcesso;

  @Column(name = "PRIMEIRO_ACESSO", columnDefinition = "CHAR(1) DEFAULT 'T'",nullable=false)
  private String primeiroAcesso;

  /* Associacao 1:1 com pessoa:
   * ------------------------------------------------------------
   *  LEITURA BIDIRECIONAL:
   *  pessoa | <---------(EAGER)-------> | usuario
   *------------------------------------------------------------
   *  usuario nao escreve em pessoa (sem anotacao de cascade aqui)
   *-----------------------------------------------------------*/
  @OneToOne(fetch = FetchType.LAZY, optional=true)
  @PrimaryKeyJoinColumn()
  private Pessoa pessoa; /* A JPA nao gera a foreign_key no DB. */

  @Version
  @Column(name = "VERSAO", columnDefinition = "INTEGER DEFAULT 0")
  private Integer versao;

  /*--------
   * get/set
   ---------*/
```

ATENÇÃO!
Perceba que somente **@Table** e **@Column** são anotadas com letras maiúsculas, o que é opcional. As demais devem ser feitas em minúsculas, algumas por padronização, outras por exigência.

Listagem 29.4b A classe **Usuario**.

Fim do Laboratório 29.1

Anotações envolvidas no OneToOne

@OneToOne

Esta é a anotação que mapeia o relacionamento Um para Um entre duas entidades. É preciso entender os dois lados do relacionamento. Num relacionamento assim, basta anotar os atributos da primeira entidade com um simples @OneToOne. Abaixo, reproduzimos o código que realiza a associação...

```
/* Associacao 1:1 com usuario.
 * LEITURA BIDIRECIONAL: pessoa <--(EAGER)--> usuario
 * ESCRITA UNIDIRECINAL: pessoa ---(write)--> usuario*/
@OneToOne(fetch = FetchType.EAGER, orphanRemoval = true)
@Cascade(org.hibernate.annotations.CascadeType.ALL)
@JoinColumn(name="ID_PESSOA")
private Usuario usuario;
```

Na primeira entidade, uma *pessoa* POSSUI um *usuario*.

```
/*Associacao 1:1 com pessoa.
 * LEITURA BIDIRECIONAL: pessoa <--(EAGER)--> usuario */
@OneToOne(fetch = FetchType.EAGER, mappedBy = "usuario", optional=true)
private Pessoa pessoa;
```

Listagens 29.5 e 29.6
Mapeamento de **pessoa** com **usuario**.

Já na segunda entidade, um *usuario* POSSUI uma *pessoa* e é preciso informar por onde será feito o mapeamento, utilizando o parâmetro ***mappedBy***.

O mapeamento é feito com o atributo **usuario** da segunda entidade. Isto promove a "linkagem" de *pessoa* com *usuario*.

Os parâmetros de OneToOne:

orphanRemoval	Garante que os registros órfãos sejam removidos no momento de uma exclusão em cascata.
targetEntity	O alvo do cascateamento (a entidade oposta), que na anotação *@OneToOne pode ser omitido sem problemas.*
optional	O padrão é *false*. Se colocado como *true*, a definição dos dados do lado oposto poderá ser omitida, nesse caso não havendo cascateamento.
fetch	Indica o **modo de leitura** realizado sobre a entidade oposta.
cascade	Indica o **modo de escrita** sobre a entidade oposta. Em nosso projeto optamos por não utilizar o cascateamento da escrita com a implementação da JPA, ao invés dela, utilizamos a anotação **@Cascade** do Hibernate, que possui uma implementação mais completa e bem mais segura nesse tipo de relacionamento.

MODOS DE LEITURA E ESCRITA

Em todos os mapeamentos é possível ler e escrever dados em cascata. Assim, se você trouxer um objeto *pessoa* para a memória, será possível ler os dados do objeto a ele associado, no caso, *usuario*. Também será possível, estando com o objeto *pessoa* gerenciado e por meio dele escrever dados em *usuario*. Nós estamos falando dos conceitos de **Leitura Unidirecional/Bidirecional** e **Escrita Unidirecional/Bidirecional**.

1. A leitura unidirecional

Apenas um dos lados consegue ler o lado oposto. Essa leitura pode ser feita de duas formas: *EAGER* ou *LAZY*.

EAGER:

Sempre quando uma das entidades for trazida para a memória, os dados do lado oposto também o serão.

No exemplo acima, *pessoa* consegue ler *usuario*, mas *usuario* não consegue ler *pessoa*. Para que esse comportamento ocorra, você tem de mapear apenas um lado da associação utilizando ***Fetch = FetchType.EAGER***. No outro lado, não use o parâmetro *fetch*. Você poderá inverter a situação, fazendo com que somente *usuario* possa ler *pessoa*, bastando anotar o lado inverso.

LAZY:

Sempre quando uma das entidades for trazida para a memória, os dados do lado oposto só serão trazidos **se o programador explicitar isto no código**, trazendo-os **da primeira vez**. Digamos: trazendo os dados de *pessoa*, os dados de *usuario* não existirão, mas se eles forem necessários, o programa poderá realizar um "getUsuario( )". Nós dissemos que esta é a forma preferida e que sempre deverá ser utilizada, principalmente quando o objeto a ser trazido for uma coleção.

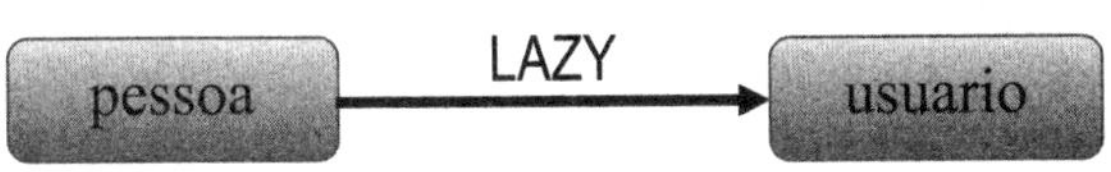

... E, é claro, se quiser que apenas *pessoa* leia *usuario* (unidirecional), terá de omitir o parâmetro *fetch* no mapeamento do lado oposto, como já vimos.

> Embora esta seja a forma preferível, ela é um tanto chata de ser implementada. Não raro, o programador se depara com uma exceção tipo *"LazyIncializationException"*, isto ocorre porque o tempo da sessão com o banco de dados expira, e a coleção associada ao objeto não é possível ser trazida. Entretanto, existem mecanismos para evitar isto, o que veremos nas próximas lições.

2. A leitura bidirecional

A leitura do lado oposto pode ser feita em qualquer um dos lados utilizando-se, também, *EAGER* ou *LAZY*.

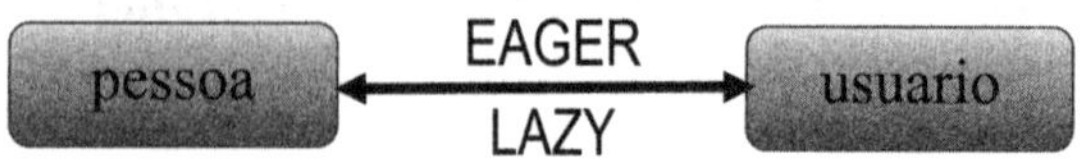

O funcionamento de EAGER ou LAZY é análogo ao explicado para a leitura unidirecional, desta vez anotando-se os dois lados da associação. Trazendo *usuario* para a memória, poderemos também ler os dados de pessoa.

Repare que estamos utilizando essa estratégia em nosso aplicativo: Leitura bidirecional com EAGER.

> Mas... se LAZY é preferível ao EAGER, por que então não o estamos utilizando em One To One?

A estratégia LAZY é importante (muito importante), quando um dos lados da associação trouxer uma coleção. Por exemplo: *pessoa* possui uma coleção de *dependentes*, mas, se você não quer ler os dados dos *dependentes*, pra que consumir tanta memória? Neste caso a estratégia LAZY não é só preferível, **é imprescindível**.

Lembra quando dissemos que uma relação **um para um** é como se fosse a **junção das duas entidades** formando uma única? Pois é... não pesa muito a junção dessas duas entidades, portanto, em uma associação desse tipo a melhor estratégia seria a utilização de EAGER, não fosse assim, o framework nem teria essa funcionalidade (se ela existe é para ser usada!), mas deve ser usada somente se for verdadeiramente imprescindível.

3. A Escrita unidirecional

Neste modo em particular, apenas um dos lados consegue escrever no lado oposto. Por exemplo: Trazendo *pessoa* para a memória, poderemos realizar uma escrita assim:

```
pessoa.setUsuario(null);
pessoa.update( );
```

...e nesse instante o *usuario* seria excluído, em cascata.

Mas atenção: a associação **PK → PK/FK**, que é a forma como estamos trabalhando, não admite exclusão bidirecional, ou seja, trazendo *usuario* para a memória, não seria possível excluir pessoa em cascata, visto que não é possível existir usuário sem pessoa, pois a relação é do tipo um para um, veja:

> Uma pessoa possui ou não UM usuário. Mas não pode existir um usuário SEM pessoa.

> Resumindo: Evite usar EAGER, a menos que a associação seja **um para um** e que ambos os lados não possuam outras relações que tragam outras coleções.

@PrimaryKeyJoinColumn

Esta anotação é utilizada para indicar a chave primária de uma tabela que recebe a chave primária de outra tabela a ela relacionada. Portanto, ela é o tipo de anotação indicada para a associação **PK → PK/FK** que já estudamos. Todos os seus atributos são opcionais e, normalmente, apenas a anotação sem os atributos é suficiente para resolver a maioria dos casos.

@Cascade

Agora sim, veremos a anotação @Cascade do Hibernate. Ela garante o cascateamento das operações de escrita **no lado oposto da associação**. É bem mais versátil que a implementação da JPA, possuindo o parâmetro *CascadeType* com mais possibilidades. A linha 111 da Listagem 29.1 mostra como essa anotação está sendo utilizada no nosso projeto:

```
@Cascade(org.hibernate.annotations.CascadeType.ALL)
```

Perceba que ela não está sendo utilizada na entidade Usuario, pois a estratégia utilizada neste caso é a UNIDIRECIONAL, ou seja, pessoa escreve em usuario, mas usuario não escreve em pessoa.

A JPA não possui uma anotação *@Cascade* declarativamente, aqui nós estamos utilizando a anotação fornecida pelo Hibernate, que se mostra mais operacional. O CasdadeType de JPA nos oferece apenas seis opções, a saber:

DETACH, MERGE, PERSIST, REFRESH, REMOVE e ALL.

Então, o Hibernate oferece mais opções do que a pura implementação de JPA, um total de doze, embora duas delas estejam obsoletas. Abaixo, as explicações:

PERSIST: os objetos associados vão ser persistidos automaticamente quando o objeto "pai" for persistido;

MERGE: Se um objeto tiver suas modificações mescladas em uma sessão, os filhos também serão persistidos;

DELETE: O objeto passado como referência é excluído;

REMOVE: Objetos de uma coleção serão excluídos, quando o objeto pai é passado como referência;

REFRESH: Se o objeto for sincronizado com a base de dados, os filhos também o serão;

~~**EVICT**:~~ Se você estiver processando um grande número de objetos e precisar gerenciar a memória com eficiência, o método EVICT poderá ser usado para remover o objeto e suas coleções do cache de primeiro nível. Está **obsoleto** porque a anotação DETACH faz a mesma coisa.

~~**DELETE-ORPHAN**:~~ Exclui todos os objetos filhos, está **obsoleto**, porque REMOVE faz a mesma coisa.

DETACH: Coloca a instância do objeto em estado DETACH (ver ciclo de vida do EntityManager);

SAVE_UPDATE: Os objetos associados serão persistidos automaticamente quando o objeto "pai" for persistido;

REPLICATE: Se o objeto for replicado para outra base de dados, os filhos também o serão;

LOCK: Se o objeto for reassociado com a sessão, os filhos também o serão;

ALL: Quando queremos que haja o comportamento de todas as outras opções, usamos a opção ***ALL***, como mostrado na linha 111 da Listagem 29.1. É preciso cautela na utilização da opção ***ALL***, pois existem casos em que os registros órfãos não podem ser excluídos em cascata e a abordagem *ALL* não seria a recomendada. No entanto, em OneToOne ela deve ser a preferível exatamente por causa disto.

Na maioria dos casos as opções **PERSIST** e **SAVE_UPDATE** satisfazem os requisitos de qualquer projeto.

@GenericGenerator

Essa anotação é a implementação do Hibernate que veio para sanar alguns problemas encontrados quando o banco de dados não é capaz de gerar uma sequência baseada em um número de *id* previamente fornecido. Normalmente, os geradores de sequência "pegam" o número de *id* da última linha persistida na tabela e soma com mais "um". Algumas vezes, não queremos que esse seja o comportamento, nós queremos informar esse número de *id* e gostaríamos que a sequência fosse baseada nele.

Por exemplo: Queremos inserir uma pessoa e o seu usuário nas tabelas PESSOA e USUARIO, respectivamente. Ao inserir o registro na tabela PESSOA, foi criado um *id* de número 10... queremos que esse *id* também seja o *id* do usuário a ser inserido (lembre-se: essa relação é OneToOne-PK→PK/FK). A anotação **@GenericGenerator** serve para resolver esse tipo de problema e deve ser utilizada anotando-se a **PK/FK** da entidade alvo da associação **oneToOne**.

Seus parâmetros:

name	O nome do gerador.
strategy	A estratégia utilizada na geração da sequência. Se o desenvolvedor criar a sua própria sequência, por meio de uma classe Java, poderá informá-la completamente qualificada, caso contrário, poderá utilizar a estratégia "**foreing**", que é a utilizada na maioria dos casos utilizando-se PostgreSQL com OneToOne.
parameters	Informações adicionais para o funcionamento do gerador. `parameters = @Parameter(name = "property", value = "pessoa")` O parâmetro acima define que o gerador deve fornecer o *id* baseado no atributo *id* do objeto *pessoa*. Obviamente deve-se anotar a outra entidade, no caso, a entidade Usuario.

Laboratório 29.2

Um dialog para experimentar o One To One

À semelhança do que fizemos para experimentar o mapeamento Self Relation, vamos criar um novo dialog para acionar os nossos próximos experimentos. Sob a pasta *src/main/webapp/pages/showcase/mapeamentos,* crie um novo fragmento de página com o nome **dlgOneToOne.xhtml**, codificando-o como abaixo:

```
<ui:fragment xmlns="http://www.w3.org/1999/xhtml"
 xmlns:ui="http://java.sun.com/jsf/facelets"
 xmlns:h="http://java.sun.com/jsf/html"
 xmlns:f="http://java.sun.com/jsf/core"
 xmlns:p="http://primefaces.org/ui"
 xmlns:a="http://java.sun.com/jsf/composite/components">

 <!-- Main modal - ONE TOONE  -->
 <p:dialog widgetVar="dlgOneToOne" header="EXPERIMENTOS COM ONE TO ONE"
  modal="true" appendTo="@(body)" hideEffect="explode" resizable="false"
  width="800">

  <h:form id="formOneToOne">
   <br />
   <p:panelGrid columns="2" style="width:100%;"
    columnClasses="top50,top50">
    <p:panelGrid columns="1">
     <h:outputText value=" 1. INCLUSÃO, ALTERAÇÃO E EXCLUSÃO" />

     <p:commandLink value="Experimento 06: Incluir Pessoa"
      styleClass="sel_link" action="#{oneToOneCaseBean.incluirPessoa}"
      style="color:#CD6600; margin-left:15px;" onclick="PF('dlgLoader').show()"
      oncomplete="PF('dlgLoader').hide()" />

     <p:commandLink value=" Experimento 07: Associar Usuário"
      styleClass="sel_link" action="#{oneToOneCaseBean.associarUsuario}"
      style="color:#CD6600; margin-left:15px;" onclick="PF('dlgLoader').show()"
      oncomplete="PF('dlgLoader').hide()" />

     <p:commandLink
      value=" Experimento 08: Incluir Pessoa e Usuário em cascata"
      styleClass="sel_link" action="#{oneToOneCaseBean.incluirCascata}"
      style="color:#CD6600; margin-left:15px;"
      onclick="PF('dlgLoader').show()"
      oncomplete="PF('dlgLoader').hide()" />

     <p:commandLink value=" Experimento 09: Update em cascata"
      styleClass="sel_link" action="#{oneToOneCaseBean.updateCascata}"
      style="color:#CD6600; margin-left:15px;"
      onclick="PF('dlgLoader').show()" oncomplete="PF('dlgLoader').hide()" />

     <p:commandLink value=" Experimento 10: Exclusão de Usuário"
      styleClass="sel_link" action="#{oneToOneCaseBean.excluirUsuario}"
      style="color:#CD6600; margin-left:15px;"
      onclick="PF('dlgLoader').show()"
      oncomplete="PF('dlgLoader').hide()" />

     <p:commandLink value=" Experimento 11: Exclusão em cascata"
      styleClass="sel_link" action="#{oneToOneCaseBean.excluirCascata}"
      style="color:#CD6600; margin-left:15px;"
      onclick="PF('dlgLoader').show()" oncomplete="PF('dlgLoader').hide()" />
```

continua

Listagem 29.7a O fragmento de página **dlgOneToOne.xhtml**.

continuação

```
        <p:commandLink
          value=" Experimento 12: Inclusão na tabela 1 com NativeQuery"
          styleClass="sel_link" onclick="PF('dlgLoader').show()"
          action="#{oneToOneCaseBean.incluirTabelaUmNativeQuery}"
          style="color:#CD6600; margin-left:15px;"
          oncomplete="PF('dlgLoader').hide()" />

        <p:commandLink
          value=" Experimento 13: Inclusão na tabela 2 com NativeQuery"
          styleClass="sel_link" style="color:#CD6600; margin-left:15px;"
          action="#{oneToOneCaseBean.incluirTabelaDoisNativeQuery}"
          onclick="PF('dlgLoader').show()"
          oncomplete="PF('dlgLoader').hide()" />

        <p:commandLink value=" Experimento 14: Update com NativeQuery"
          styleClass="sel_link" onclick="PF('dlgLoader').show()"
          action="#{oneToOneCaseBean.updateNativeQuery}"
          style="color:#CD6600; margin-left:15px;"
          oncomplete="PF('dlgLoader').hide()" />

        <p:commandLink value=" Experimento 15: Exclusão com NativeQuery"
          styleClass="sel_link" onclick="PF('dlgLoader').show()"
          action="#{oneToOneCaseBean.excluirNativeQuery}"
          style="color:#CD6600; margin-left:15px;"
          oncomplete="PF('dlgLoader').hide()" />
      </p:panelGrid>

      <p:panelGrid columns="1">
        <h:outputText value=" 2. LISTANDO E RECUPERANDO" />
        <p:commandLink
          value=" Experimento 16: Recupera pelo lado 1 da associação"
          styleClass="sel_link" action="#{oneToOneCaseBean.recuperarLadoUm}"
          style="color:#CD6600; margin-left:15px;"
          onclick="PF('dlgLoader').show()"
          oncomplete="PF('dlgLoader').hide()" />

        <p:commandLink
          value=" Experimento 17: Recupera pelo lado 2 da associação"
          styleClass="sel_link" onclick="PF('dlgLoader').show()"
          action="#{oneToOneCaseBean.recuperarLadoDois}"
          style="color:#CD6600; margin-left:15px;"
          oncomplete="PF('dlgLoader').hide()" />

        <p:commandLink value=" Experimento 18: Recupera com NativeQuery"
          styleClass="sel_link" onclick="PF('dlgLoader').show()"
          action="#{oneToOneCaseBean.recuperarNativeQuery}"
          style="color:#CD6600; margin-left:15px;"
          oncomplete="PF('dlgLoader').hide()" />

        <p:commandLink value=" Experimento 19: Pesquisa like"
          styleClass="sel_link" action="#{oneToOneCaseBean.pesquisar}"
          style="color:#CD6600; margin-left:15px;"
          onclick="PF('dlgLoader').show()"
          oncomplete="PF('dlgLoader').hide()" />

        <p:commandLink value=" Experimento 20: Lista com NamedQuery"
          styleClass="sel_link" action="#{oneToOneCaseBean.listar}"
          style="color:#CD6600; margin-left:15px;"
          onclick="PF('dlgLoader').show()"
          oncomplete="PF('dlgLoader').hide()" />
```

continua

Listagem 29.7b
O fragmento de página **dlgOneToOne.xhtml**.

continuação

```
        <p:commandLink value=" Experimento 21: Lista com NativeQuery"
          styleClass="sel_link" onclick="PF('dlgLoader').show()"
          action="#{oneToOneCaseBean.listarNativeQuery}"
          style="color:#CD6600; margin-left:15px;"
          oncomplete="PF('dlgLoader').hide()" />

      </p:panelGrid>
    </p:panelGrid>
    <br />
  </h:form>
</p:dialog>
</ui:fragment>
```

Listagem 29.7a O fragmento de página **dlgOneToOne.xhtml**.

Agora é só adicionar (ou descomentar) o fragmento dentro da **homeShowCase**. Para isto, abra a página **homeShowCase.xhtml** e verifique o código em destaque, por fora de qualquer form...

```
  <!-- Utilize a progressBar na pagina por fora de qualquer form -->
  <a:progressbar widgetVar="progressbar"/>
                                                    Adicione isto
  <ui:include src="/pages/showcase/mapeamentos/dlgOneToOne.xhtml"/>

  </ui:define>
</ui:composition>
```

Listagem 29.8
O fragmento adicionado na homeShowCase, imediatamente acima do fechamento da tag <ui:define>.

Fim do Laboratório 29.2

Criptografando a senha do usuário

Antes de iniciar o laboratório da codificação do *managedBean* que irá testar o mapeamento One To One, vamos criar uma classe de apoio que servirá para criptografar a senha que será guardada no banco de dados. Trata-se de uma classe de apoio muito importante para a segurança. É bom ressaltar que na internet nada pode ser considerado tão seguro assim. Existem criminosos, especialistas, que dedicam todo o seu tempo na quebra da segurança de sistemas, roubando senhas e assim obtendo vários tipos de vantagens. A criptografia aqui é importante por gravar no banco de dados as senhas criptografadas, mas o processo de gravação — a tramitação dos dados pela rede, enquanto grava, não é seguro, a menos que o sistema utilize navegação com certificação digital (navegação com **https**), assunto que não estudaremos neste livro.

Na prática, há dois tipos de algoritmos de criptografia:

Algoritmo bidirecional: é aquele que é possível descriptografar uma senha criptografada. Os algoritmos bidirecionais foram os primeiros que utilizaram criptografia ampla, e hoje seu uso deve ser desencorajado por permitir roubo de senhas com muita facilidade.

Algoritmo unidirecional: é aquele em que não há como descriptografar a senha, pois a estratégia utilizada não permite retornar o valor inicial. Esses algoritmos também podem ser chamados de *Message Digests*, e são extremamente eficientes para armazenamento de senhas. Utiliza-se o paradigma da geração de HASH ao invés da criptografia propriamente dita.

HASH: O Hashing é semelhante à criptografia, difere dela porque um hash não pode ser revertido, enquanto que a criptografia pode ser descriptografada. Um Sistema de computador nunca deve armazenar uma senha de usuário, ao invés disso, ele deverá armazenar o hash da senha, impossível de ser decifrada por um atacante qualquer.

O primeiro algoritmo de hash foi o **MD5**. Seu uso é desaconselhado.

A técnica que vamos utilizar consiste em criar um hash a partir da senha do usuário usando um algoritmo de hash unidirecional, e guardar no banco. Quando o usuário previamente cadastrado realizar o login, a senha digitada será transformada num hash e comparada com o que há no banco. Entretanto, vamos melhorar a segurança ainda mais, utilizando uma outra técnica combinada, denominada ***Hashing Salt***.

HASHING SALT: Nada mais é que a utilização de iterações e saltos no *hashing* da senha, de forma randômica, o que gera uma string a ser guardada no banco de dados. O salt é gerado apenas durante a gravação da senha no banco de dados, isto aumenta significativamente a probabilidade de segurança (ver o Paradoxo do Aniversário — consulte na web).

Ao logar, a senha do usuario é transformada em um hash, utilizando o salt recuperado do banco como um parâmetro. Esse hash gerado será comparado com o hash gravado no banco, se coincidirem, retorna *true* (logado). Perceba que, mesmo estando com o hash em mãos, jamais teremos como saber qual é a string (a senha) original que a gerou.

O algoritmo de hash mais moderno é o **SHA-512**, e até a data da finalização deste livro (fevereiro/2019) não se tinha notícias sobre algum hacker que o tivesse quebrado.

Hash e Salt

Laboratório 29.3

Sob pacote *br.eti.amazu.infra.util*, crie a classe **Crypt** e codifique-a conforme abaixo:

```
package br.eti.amazu.infra.util;

import java.io.UnsupportedEncodingException;
import java.security.MessageDigest;
import java.security.NoSuchAlgorithmException;
import java.security.SecureRandom;

public final class Crypt {

  //Salt definido em 1000 iteracoes. Voce pode aumentar ou diminuir isto.
  private final static int ITERATION_NUMBER = 1000;

  public static final String getHash(String senha) {

    try {
      //Geracao randomica do salt
      SecureRandom random = SecureRandom.getInstance("SHA1PRNG");
      byte[] byteSalt = new byte[senha.length()];

      random.nextBytes(byteSalt);
      //Inicializa o algoritmo SHA-512
      MessageDigest messageDigest = MessageDigest.getInstance("SHA-512");
      messageDigest.reset();
      messageDigest.update(byteSalt);

      //Gera o hash inicial
      byte byteHash[] = messageDigest.digest(senha.getBytes("UTF-8"));

      //Melhora o hash (incrementa mais seguranca)
      for(int i=0; i<ITERATION_NUMBER; i++) {
        messageDigest.reset();
        byteHash = messageDigest.digest(byteHash);
      }
```

continua

Listagem 29.9a A classe **Crypt**

continuação

```
      //transforma o hash para gravacao no banco
      StringBuilder hexHash = new StringBuilder();
      for(byte b : byteHash) {
        hexHash.append(String.format("%02X", 0xFF & b));
      }

      //Transforma o salt para ser gravado no banco
      StringBuilder hexSalt = new StringBuilder();
      for(byte b : byteSalt) {
        hexSalt.append(String.format("%02X", 0xFF & b));
      }

      /* O retorno eh algo neste formato:
       * Uma sequencia de caracteres que representa o salt.
       * Exemplo: 00000000
       * + a sequencia de caracteres "+HASH+"
       * + uma sequencia de caracteres que representa o Hash.
       * Exemplo: 999999999999999
       * Ficando assim: 00000000+HASH+999999999999999 */
      return(hexSalt.toString() + "+HASH+" + hexHash.toString());

    } catch (NoSuchAlgorithmException e) {
      e.printStackTrace();

    } catch (UnsupportedEncodingException e) {
      e.printStackTrace();
    }
    return null;
  }

  public static boolean checkPassword(String senha, String saltHash){
    try {
      //Desdobra o que veio do banco de dados em duas strings: salt e hash
      String salt = saltHash.substring(0, saltHash.indexOf("+HASH+"));
      String hashBD = saltHash.substring(saltHash.indexOf("+HASH+") + 6);

      //transforma o salt em array de bytes inteligivel ao algoritmo
      byte[] byteSalt = new byte[senha.length()];
      for(int i=0; i<salt.length(); i+=2) {
          byteSalt[i/2] = (byte) ((Character.digit(salt.charAt(i), 16) << 4) +
             Character.digit(salt.charAt(i+1), 16));
      }

      //Inicializa o algoritmo com o salt obtido do banco
      MessageDigest messageDigest = MessageDigest.getInstance("SHA-512");
      messageDigest.reset();
      messageDigest.update(byteSalt);

      //E utilizando a mesma iteracao utilizada na criacao do hash.
      byte byteHash[] = messageDigest.digest(senha.getBytes("UTF-8"));
      for(int i=0; i<ITERATION_NUMBER; i++) {
        messageDigest.reset();
        byteHash = messageDigest.digest(byteHash);
      }

      //Transforma o hash em array de bytes inteligivel ao algoritmo.
      StringBuilder hexHash = new StringBuilder();
      for(byte b : byteHash) {
        hexHash.append(String.format("%02X", 0xFF & b));
      }

```

continua

Listagem 29.9b A classe **Crypt**

continuação

```
    //Compara o hash criado no login com o hash obitido do banco
    if(hexHash.toString().equals(hashBD)){
     return true; //se forem iguais, o usuario estah logado.

    }else{
     return false; //se forem diferentes o usuario nao loga.
    }

  } catch (NoSuchAlgorithmException e) {
   e.printStackTrace();

  } catch (UnsupportedEncodingException e) {
   e.printStackTrace();

  } catch (StringIndexOutOfBoundsException e) {
   e.printStackTrace();
  }
  return false;
 }

}
```

Listagem 29.9c A classe **Crypt**

Para testar a geração do hash (simulando a criação de uma senha), sob o source folder *src/test/java*, crie o pacote *br.eti.amazu.infra* e, dentro dele, a classe **TestCrypt**, como a seguir...

Listagem 29.10 A classe **TestCrypt**

```
package br.eti.amazu.infra;

import br.eti.amazu.infra.util.Crypt;

public class TestCrypt {

 public static void main(String[] args) {

  //Gerar o hash para a password "admin"
  String hash = Crypt.getHash("admin");

  /*Tanto hash quanto salt
   *serao gravados no banco.*/
  System.out.println(hash);
 }

}
```

TESTE:

Clique com o direito do mouse no centro da Code Editor, na classe **TestCrypt**, e acione o menu *Run As, Java Application*. No console, você verá algo parecido como (lembrando que o salto é aleatório, portanto o resultado no seu Eclipse será bem diferente) — cada vez que roda o resultado é diferente:

No nosso estudo, isto é o que deverá ser gravado no banco de dados.

```
1187094E38+HASH+4D0F20A7E0CC09B6B8FE3A5081E44C806B136E7B
BBA9FD21E0915C14390AD5F99728BD735C2B02CBBB18207913194B70
18A6FA924AE86E12A28BFADD2DCF7A4A
```

Para este exemplo, o salt gerado foi:

```
1187094E38
```

e o hash para este salt foi:

```
4D0F20A7E0CC09B6B8FE3A5081E44C806B136E7BBBA9FD21E0915C14
390AD5F99728BD735C2B02CBBB18207913194B7018A6FA924AE86E12
A28BFADD2DCF7A4A
```

Para validar a senha do usuário, utilize o método *checkPassword* da classe Crypt, passando os parâmetros *senha* e *salt* concatenados com o hash. Para este teste, sob o pacote *br,eti.amazu.infra* do source folder *src/test/java*, crie a classe **CheckPasswordTest**, seguindo as recomendações da listagem abaixo...

```
package br.eti.amazu.infra;

import br.eti.amazu.infra.util.Crypt;

public class CheckPasswordTest {

 public static void main(String[] args) {
  System.out.println(
   Crypt.checkPassword("admin",
         "6B930277F6+HASH+FE7408BC07A51C5F6ED09376AE8DC02311E84BA4EBB20C717EAE0E38CA8222BF
         B52D63E242317843B06100A8C2BA767A6D431ED9884D65D199AE91233CF96D11"));
 }
}
```

A senha....

Listagem 29.11 A classe **CheckPasswordTest**

ATENÇÃO: Este é o salt concatenado com o hash proveniente do banco de dados (pode ser diferente do que você acabou de produzir no SEU teste). Para dar certo, primeiro produza a string com o teste anterior. Copie a string e cole-a no segundo argumento deste método. Ao rodar o teste, será printado "true" no console do Eclipse, sinalizando que a senha foi validada. Um erro de validação provocaria o log "false" no console.

Fim do Laboratório 29.3

Este tipo de abordagem representa uma certa quebra de paradigmas, pois neste caso a criptografia é uma **mão de uma única via**, onde a codificação é realizada somente durante a criação da senha, nem mesmo o administrador do banco de dados ou o desenvolvedor terá acesso a ela. Veja que a senha original não é gravada no banco, apenas o salt e o hash. Se você fizer um teste diferente, mantendo o hash vindo do banco, mas trocando apenas a senha, verá que não ocorrerá login, pois será gerado um hash diferente com o salt fornecido.

Você ainda poderá querer utilizar outros tipos de criptografia, como, por exemplo, realizar a criptografia de dados no browser do cliente e enviar os dados já criptografados, utilizando Javascript no lado do cliente e Java no lado do servidor, ou vice-versa. A **Lição 37** (Volume III da obra) mostra uma forma de se fazer isto, entretanto, isto é uma outra abordagem, havendo criptografia em um lado e descriptografia no outro. Evidentemente não garante nenhum tipo de segurança, pois os algoritmos que o fazem são bastante conhecidos, gerando apenas um desconforto para o hacker, que terá de implementar a descriptografia.

Em todos os casos, já o dissemos, a melhor abordagem de segurança é a utilização de **certificação SSL (Secure Sockets Layer)**, ou seja, uma ferramenta de encriptação de páginas web antes de serem transmitidas pela internet que realiza a autenticação das partes envolvidas.

A classe OneToOneCaseBean — seus métodos de apoio

Laboratório 29.4

Sob pacote *br.eti.amazu.infra.view.showcase.mapeamentos*, crie a classe **OneToOneCaseBean** e codifique-a, por enquanto, apenas com seus dois métodos de apoio aos experimentos.

```java
package br.eti.amazu.infra.view.showcase.mapeamentos;

import java.io.Serializable;
import java.util.List;

import javax.enterprise.context.RequestScoped;
import javax.inject.Inject;
import javax.inject.Named;

import br.eti.amazu.component.dialog.DialogBean;
import br.eti.amazu.component.pworld.persistence.exception.DaoException;
import br.eti.amazu.infra.domain.core.Pessoa;
import br.eti.amazu.infra.domain.core.Usuario;
import br.eti.amazu.infra.persistence.appfacade.IAppFacade;

@Named
@RequestScoped
public class OneToOneCaseBean implements Serializable{

  private static final long serialVersionUID = 1L;

  @Inject
  IAppFacade<Pessoa> pessoaFacade;

  @Inject
  IAppFacade<Usuario> usuarioFacade;

  @Inject
  DialogBean dialogBean;


  /**********************************
   *  Metodos de apoio aos experimentos:
   **********************************/

  /* ----------------------------------
   *  Retorna um objeto pessoa gerenciado.
   ----------------------------------*/
  Pessoa getPessoa(){

    try{
      //Buscar as pessoas no banco, pegar a primeira linha da lista, caso ela nao venha nula.
      List<Pessoa> pessoas = pessoaFacade.listar("Pessoa.all");

      //Se a lista de pessoas for diferente de nula e se possui pelo menos um elemento...
      if(pessoas != null  && pessoas.size()>0){

        //A ideia eh pegar a primeira pessoa da lista para fazer o teste.
        return pessoas.get(0);
      }

    } catch (DaoException e) {
      e.printStackTrace();
    }
```

continua...

Listagem 29.11a A classe **OneToOneCaseBean**

continuação

```
    return null; //Retorna null se acontecer um erro.

  }

  /* ------------------------------------------------
   *  Retorna um objeto pessoa com usuario gerenciado.
   ------------------------------------------------*/
  Pessoa getPessoaComUsuario(){

    try{
      //Busco todas as pessoas no banco.
      List<Pessoa> pessoas = pessoaFacade.listar("Pessoa.all");

      //Se a lista de pessoas for diferente de nula e se possui pelo menos um elemento...
      if(pessoas != null  && pessoas.size()>0){

        //Vou pegar a primeira pessoa que possua um usuario.
        for(Pessoa pessoa:pessoas){
          if(pessoa.getUsuario() !=null){
            return pessoa;
          }
        }
      }

    } catch (DaoException e) {
      e.printStackTrace();
    }

    return null; //Retorna null se acontecer um erro.
  }
}
```

Listagem 29.11b A classe **OneToOneCaseBean**

Antes de rodar o experimento, teremos de criar as tabelas **PESSOA** e **USUARIO** no banco de dados. Se você apagar o banco de dados e recriar ele novamente (também o esquema), deverá habilitar a instrução `<property name="hibernate.hbm2ddl.auto" value="create-drop"/>` no arquivo **persistence.properties**. Se fizer isto, ao rodar o servidor, todos os elementos do banco de dados serão recriados.

Eventualmente, como o dissemos, o console do Eclipse poderá imprimir várias WARNINGS do tipo "tabela não encontrada" ou "sequência não encontrada". Isto é o procedimento normal, pois a JPA tenta validar o esquema e avisar quando algo sai do esperado, entretanto, tudo será criado convenientemente.

Então, para não perder dados, abra o arquivo **persistence.xml** e habilite a instrução *"hibernate.hbm2ddl.auto"*, mas com o valor *"update"*, para não apagar os dados.

Tudo certo, rode o servidor WildFly — não se preocupe com aquelas warnings, alguns erros também (procedimento normal da JPA). Em seguida, pode abrir o pgAdmin e constatar que as tabelas e as sequências foram criadas convenientemente.

Depois de constatar isto, **desligue o WildFly** e desabilite a configuração ***hibernate.hbm2ddl.auto*** do arquivo persistence.xml.

Fim do Laboratório 29.4

Experimentos One To One

Experimento 06: Incluir somente na tabela PESSOA

Laboratório 29.5

Insira o método da listagem abaixo dentro da classe **OneToOneCaseBean**.

```
/* -----------------------------------------------
 *  EXPERIMENTO 06 - Incluir somente na tabela PESSOA
 ------------------------------------------------*/
// Simples inclusao. Se repetir o teste, mude os dados da pessoa...
public void incluirPessoa(){
  FormatTest.printHeader("ONE TO ONE", "Experimento 06 - Incluir somente na tabela pessoa");
  try {
    Pessoa pessoa = DomainObjectTest.getPessoa();
    pessoa.setNome("Pedro Manoel Silva da Silva");
    pessoaFacade.incluir(pessoa);

    Log.setLogger("", "incluiu " + pessoa.getNome().toUpperCase() + " com sucesso!",
        Level.INFO,  Ansi.BLUE);

    FormatTest.printFooter();
  } catch (DaoException e) {
    e.printStackTrace();
  }
}
```

Faça os *imports* convenientemente...

Listagem 29.12 Experimento 06

Rode o experimento e observe o resultado no console do Eclipse. Para rodar o experimento acione o link "Mapeamento One To One" da página Home Show Case e siga a dica da figura abaixo:

Figura 29.3 Acionando o link *"Experimento 06: Incluir Pessoa"*

NOTA: As listagens de saída no console do Eclipse, exibidas nos experimentos sendo mostradas nesta lição, estão sem os logs de SQL, pois foi desabilitado isto agindo também no arquivo **persistence.xml** (`<property name="hibernate.show_sql" value="false"/>`).

```
31 mai 2018 20:53:28  INFO  ********************************************
31 mai 2018 20:53:28  INFO  - ONE TO ONE
31 mai 2018 20:53:28  INFO  ********************************************
31 mai 2018 20:53:28  INFO  - Experimento f0 - Incluir somente na tabela pessoa
31 mai 2018 20:53:28  INFO  - ------------------------------------------
31 mai 2018 20:53:28  INFO  - incluiu PEDRO MANOEL SILVA DA SILVA com sucesso!
31 mai 2018 20:53:28  INFO  --------------------------------------------
```

Listagem 29.13 Resultado do Experimento 06

Abra o **pgAdmin** e confira a inclusão de um registro na tabela PESSOA.

Fim do Laboratório 29.5

Laboratório 29.6

Experimento 07: Associar Usuario a Pessoa

Insira o método da listagem abaixo dentro da classe OneToOneCaseBean. Rode o experimento e observe o resultado no console do Eclipse...

```java
/* ----------------------------------------
 *  EXPERIMENTO 07 - Associar usuario a pessoa
 ----------------------------------------*/
/* A ideia eh inserir um registro apenas na tabela USUARIO. Como esta tabela ( USUARIO) possui
 * uma <pk><fk>, exigirah a existencia de um registro correspondente na tabela PESSOA.
 * A estrategia eh buscar esse registro primeiro e, antes de fazer as associacoes, verificar
 * se essa pessoa jah possui um usuario. Se nao possuir, a associacao poderah ser feita.*/
public void associarUsuario(){
 FormatTest.printHeader("ONE TO ONE", "Experimento 07 - Associar Usuário");

 try {
  //Recupero a primeira pessoa da lista
  Pessoa pessoa = this.getPessoa();

  //Verifico se pessoa estah nula, se tiver, loga e sai...
  if(pessoa == null){

   //A pessoa estah nula (tabela nao possui registros)
   Log.setLogger("", "Não encontrou pessoas na tabela.", Level.INFO, Ansi.RED);
   FormatTest.printFooter();
   return;
  }

  // Daqui para baixo, pessoa estah OK para alterar os seus dados.  Vou alterar o usuario...
  if(pessoa.getUsuario() != null){ //Verifico se a pessoa jah nao tem um usuario.

   //A pessoa tem um usuario, apenas loga.
   Log.setLogger("", "A pessoa " +  pessoa.getNome().toUpperCase() +
      " já possui um usuário associado.",  Level.INFO, Ansi.RED);

  }else{
   //A pessoa nao tem um usuario - vai associar e inserir um.
   Usuario usuario = DomainObjectTest.getUsuario(); // Obtem novo usuario.
   usuario.setPessoa(pessoa); // Associa o novo usuario com pessoa.
   pessoa.setUsuario(usuario); // Associa a pessoa com o novo usuario.

   // Inclui o novo usuario associado a pessoa. Isto grava um registro na tabela USUARIO.
   usuarioFacade.incluir(usuario);

   Log.setLogger("","Incluiu um novo usuario e o associou a "+pessoa.getNome().toUpperCase(),
      Level.INFO, Ansi.RED);
  }
  FormatTest.printFooter();

 } catch (DaoException e) {

  /* Ao tentar alterar um usuario com um nome de usuario jah existente, ocorre a exception.
   * Neste caso, o usuario nao serah alterado. */
  Log.setLogger("", "Não foi possível efetuar a operação.", Level.INFO,
     Ansi.RED_BOLD_YELLOWBG);
  e.printStackTrace();
 }
}
```

Você pode utilizar o **pgAdmin** para dar eficácia aos testes. Neste exemplo, estamos buscando a primeira pessoa incluída — ela possui um ID = 1 (verifique isto no pgAdmin).

A partir deste ponto, não mostraremos mais o resultado dos experimentos no console do Eclipse.

Listagem 29.14 Experimento 07.

Fim do Laboratório 29.6

Experimento 08: Incluir Pessoa e Usuário em cascata

Laboratório 29.7

Insira o método da listagem abaixo dentro da classe OneToOneCaseBean. Rode o experimento e observe o resultado no console do Eclipse...

Quando dissemos "rodar o experimento", é para DESLIGAR e LIGAR novamente o WildFly.

```
/* ---------------------------------------------------
 *  EXPERIMENTO 08 - Incluir pessoa e usuario em cascata
 ---------------------------------------------------*/
/* Aqui a ideia eh inserir um registro na tabela PESSOA e outro na
* tabela USUARIO, ao mesmo tempo, persistindo em cima do objeto pessoa.*/
public void incluirCascata(){

  FormatTest.printHeader("ONE TO ONE", "Experimento 08 - Incluir Pessoa e Usuário em cascata");

  try {

    //Crio um objeto pessoa.
    Pessoa pessoa = DomainObjectTest.getPessoa(); //nesse instante, pessoa estah "new".
    pessoa.setNome("Maria da Silva"); //Um nome, apenas para diferenciar...

    //Crio um objeto pessoa.
    Usuario usuario = DomainObjectTest.getUsuario(); //nesse instante, usuario estah "new".
    usuario.setNomeUsuario("maria"); //Um nome de usuario, evitando o erro da chave unica...

    //Associando usuario a pessoa...
    pessoa.setUsuario(usuario);
    usuario.setPessoa(pessoa);

    //Incluindo pessoa (nesse instante, usuario tambem serah incluso, em cascata).
    pessoaFacade.incluir(pessoa);

    Log.setLogger("", "Incluiu pessoa e usuário, concomitantemente", Level.INFO, Ansi.BLUE);

    FormatTest.printFooter();

  } catch (DaoException e) {

    //Ao tentar incluir pela segunda vez, sem mudar o nome de usuario, ocorre a exception.
    Log.setLogger("", "Não pode incluir nome de usuário duplicado.",
       Level.INFO, Ansi.RED_BOLD_YELLOWBG);

    e.printStackTrace();
  }

}
```

Listagem 29.15 Experimento 08.

Fim do Laboratório 29.7

Ao rodar este teste pela segunda vez ocorrerá um erro de duplicação de registros proveniente da JPA. Caso necessite rodar de novo, apague os registros que foram criados, diretamente no banco de dados.

Experimento 09: Update em cascata

Laboratório 29.8

Insira o método da listagem abaixo dentro da classe OneToOneCaseBean. Rode o experimento e observe o resultado no console do Eclipse...

Lembrando que a cada teste, é bom verificar o que ocorre no banco de dados. Então, mantenha o pgAdmin aberto enquanto realiza os testes.

```
/* ----------------------------------
 * EXPERIMENTO 09 - Update em cascata
 -----------------------------------*/
public void updateCascata(){

  FormatTest.printHeader("ONE TO ONE", "Experimento 09 - Update em cascata");

  try {

    /* Inicialmente,  recupero um registro de pessoa (que pode ou nao conter um usuario).
    * A ideia aqui eh alterar os dados de pessoa e usuario, caso a pessoa possua mesmo um
    * usuario. O update pode ser feito em cima de pessoa, o efeito serah em cascata. */
    Pessoa pessoa = this.getPessoa(); //Recupero a primeira pessoa da lista

    //Verifico se pessoa estah nula, se tiver, loga e sai...
    if(pessoa == null){

      //A pessoa estah nula (tabela nao possui registros)
      Log.setLogger("", "Não encontrou pessoas na tabela.", Level.INFO, Ansi.RED);
      FormatTest.printFooter();
      return;
    }

    /* Daqui para baixo, pessoa estah OK, posso alterar os seus dados. Vou alterar o nome... */
    pessoa.setNome("Joaquim José da Silva Xavier");

    //Agora vou verificar se a pessoa possui um usuario...
    if(pessoa.getUsuario() != null){

      //Aqui a pessoa tem usuario, vou alterar seu nome de usuario...
      pessoa.getUsuario().setNomeUsuario("tiradentes");
      pessoaFacade.alterar(pessoa); //Altera os dados nas duas tabelas.
      Log.setLogger("", "Operação efetuada com sucesso.", Level.INFO, Ansi.BLUE);

    }else{

      //Aqui a pessoa nao possui usuario, informo que nao foi possivel alterar, aviso isto...
      Log.setLogger("",
         "Alterou apenas o nome da pessoa, pois a mesma não possuía um usuário associado.",
            Level.INFO, Ansi.BLUE);
    }
    FormatTest.printFooter();

  } catch (DaoException e) {

    /* Ao tentar alterar um usuario com um nome de usuario jah existente, ocorre a exception.
     * Neste caso, nem pessoa, nem usuario serao alterados, pois as operacoes estao ocorrendo
     * dentro de uma transacao. */
    Log.setLogger("", "Não foi possível efetuar a operação.", Level.INFO,
        Ansi.RED_BOLD_YELLOWBG);
    e.printStackTrace();
  }
}
```

Listagem 29.16 Experimento 09.

Fim do Laboratório 29.8

Experimento 10: Exclusão de Usuário

Laboratório 29.9

Insira o método da listagem abaixo dentro da classe OneToOneCaseBean. Rode o experimento e observe o resultado no console do Eclipse...

```
/* -------------------------------------
 * EXPERIMENTO 10 - Exclusão de  usuario
 -------------------------------------*/
public void  excluirUsuario(){

  FormatTest.printHeader("ONE TO ONE", "Experimento 10 - Exclusão de Usuário");

  try {

    /*Soh funciona se gerenciar o objeto a ser excluido (mesma regra do update).
     * Entao, primeiramente, busco a pessoa que quero excluir...
     * /

    /* Recupero a primeira pessoa da lista que possui um usuario.
     * Poderia recuperar qualquer uma, utilizo a primeira por mero acaso.
     */
    Pessoa pessoa = this.getPessoaComUsuario();

    //Verifico se pessoa estah nula, se tiver, loga e sai...
    if(pessoa == null){

      //A pessoa estah nula (tabela nao possui registros)
      Log.setLogger("", "Não encontrou pessoas na tabela.", Level.INFO, Ansi.RED);
      FormatTest.printFooter();
      return;
    }

    //Dessassocia o usuario de pessoa.
    pessoa.setUsuario(null);

    //Gravo a operacao (nesse instante o usuario associado serah excluido da tabela).
    pessoaFacade.alterar(pessoa);

    //Tudo OK, loga e sai.
    Log.setLogger("", "Operação efetuada com sucesso.", Level.INFO, Ansi.BLUE);
    FormatTest.printFooter();

  } catch (DaoException e) {
    e.printStackTrace();
  }

}
```

Listagem 29.17 Experimento 10.

Fim do Laboratório 29.9

Talvez seja interessante executar novamente o teste 08, a fim de que os próximos testes possam ser melhor visualizados.

Experimento 11: Exclusão em cascata e Experimento 12: Inclusão na Tabela 1 com Native Query

Laboratório 29.10

Insira os dois métodos da listagem abaixo na classe OneToOneCaseBean. Rode os experimentos individualmente e observe os resultados no console do Eclipse...

```
/* ------------------------------------
 *  EXPERIMENTO 11 - Exclusão em cascata
 -------------------------------------*/
public void  excluirCascata(){
 FormatTest.printHeader("ONE TO ONE", "Experimento 11 - Exclusão em cascata");
 try {
  //Soh funciona se gerenciar o objeto a ser excluido (mesma regra do update).
  Pessoa pessoa = this.getPessoaComUsuario(); //Entao, busco a pessoa que quero excluir...

  if(pessoa == null){ //Verifico se pessoa estah nula, se tiver, loga e sai...

   //A pessoa estah nula (tabela nao possui registros)
   Log.setLogger("", "Não encontrou pessoas que possuam usuário  na tabela.",
      Level.INFO, Ansi.RED);
   FormatTest.printFooter();
   return;
  }
  pessoaFacade.excluir(pessoa);  //Exclusao de  pessoa (e tambem do usuario)
  Log.setLogger("", "Operação efetuada com sucesso.", Level.INFO, Ansi.BLUE);
  FormatTest.printFooter();
 } catch (DaoException e) {
  e.printStackTrace();
 }
}

/* ----------------------------------------------------
 *  EXPERIMENTO 12 - Inclusao na tabela 1 com NativeQuery
 -----------------------------------------------------*/
public void  incluirTabelaUmNativeQuery(){
 FormatTest.printHeader("ONE TO ONE",
    "Experimento 12 - Inclusão na tabela 1 com NativeQuery");

 try {
  /* Inicialmente, inicializo a SQL a ser executada (no caso, eh uma SQL de inclusao).
   * Setamos apenas os campos obrigatorios (exceto o id que serah definido pela JPA).*/
  //PostgreSQL
  String sql = "INSERT INTO PWORLD.PESSOA (ID_PESSOA, NOME, DATA_NASCIMENTO, CPF, IDT) "+
         "VALUES( NEXTVAL('PWORLD.PESSOA_SEQ') , :param0, :param1, :param2, :param3)";

  /* Lista dos parametros da SQL.*/
  List<Object> params = new ArrayList<Object>();
  params.add("Luis Alves de Lima e Silva"); //...NOME: O parametro zero (:param0);
  params.add(DateUtil.getDate("25/08/1803"));//..DATA_NASCIMENTO: O parametro um (:param1)
  params.add("888.888.888-10"); //..............CPF: O parametro dois (:param2);
  params.add("9999-XX"); //.....................IDT: O parametro tres (:param3);

  //Executa a SQL e loga.
  pessoaFacade.executarNQ(sql, params);
  Log.setLogger("", "Operação efetuada com sucesso.", Level.INFO, Ansi.BLUE);
  FormatTest.printFooter();
 } catch (DaoException e) {
  e.printStackTrace();
 }
}
```

Em Oracle, substitua esta expressão por: **PWORLD.PESSOA_SEQ.NEXTVAL**

Faça os *imports* necessários.

Listagem 29.18 Experimentos 11 e 12.

Fim do Laboratório 29.10

Experimento 13: Inclusão na Tabela 2 com Native Query
Experimento 14: Update com Native Query

Laboratório 29.11 Insira os métodos das listagens a seguir dentro da classe OneToOneCaseBean. Rode os experimentos individualmente e observe os resultados no console do Eclipse...

```
/* -------------------------------------------------------
 *  EXPERIMENTO 13 - Inclusão na tabela 2 com NativeQuery
 ------------------------------------------------------*/
public void  incluirTabelaDoisNativeQuery(){

  /*A inclusao na tabela 2 (USUARIO) pressupoe a existencia do registro correspondente na
   * tabela 1. Inicialmente, recupera-se a pessoa pelo id, passando-o como parametro para a
   * nativeQuery, mas lembrando que a pessoa jah foi persistida em momento anterior, visto que
   * nao podemos inserir os dois objetos ao mesmo tempo.*/
  FormatTest.printHeader("ONE TO ONE",
     "Experimento 13 - Inclusão na tabela 2 com NativeQuery");

  try {

    //Recupero um registro pelo nome da pessoa
    List<Object> params = new ArrayList<Object>();
    params.add("Luis Alves de Lima e Silva"); //desejo recuperar a pessoa que tem esse CPF

    /*Recupero em uma lista, pois pode ser que tenha mais de uma pessoa com este nome.
     * A estrategia ideal nao eh recuperar pelo nome, mas sim por um campo da tabela que possua
     * chave unica (no caso de PESSOA, somente o seu id possui essa chave).
     * O proposito eh a realizacao do experimento... */
    List<Pessoa> pessoas = pessoaFacade.listar("Pessoa.recuperarPeloNome", params);

    Pessoa pessoa = null; //Dclaro e inicializo pessoa.

    //Se a lista de pessoas for diferente de nula e se possui pelo menos um elemento...
    if(pessoas != null  && pessoas.size()>0){

      /* Pego a pessoa que possui o nome "Luis Alves de Lima e Silva".
       * Na verdade, pego o primeiro da lista (para o meu experimento, eh o que interessa) */
      pessoa = pessoas.get(0);

    }else{

      //Nao encontrou um registro, loga e sai.
      Log.setLogger("", "Não encontrou o registro que queria.", Level.INFO, Ansi.RED);
      FormatTest.printFooter();
      return;
    }

    /* Declaro e inicializo a SQL a ser executada (no caso, eh uma SQL de inclusao).
     * Desta vez seto o ID.  Perceba a presenca dos parametros 0, 1,  2, 3, 4 e 5. */
    String sql = "INSERT INTO PWORLD.USUARIO ("+
              "ID_USUARIO, "+
              "BLOQUEADO, "+
              "DATA_PRIMEIRO_ACESSO, "+
              "NOME_USUARIO, "+
              "PRIMEIRO_ACESSO, "+
              "SENHA) "+
              "VALUES (:param0, :param1, :param2, :param3, :param4, :param5)";
```

continua

Listagem 29.19a Experimento 13.

continuação

```
    /* Limpo a lista de parametro, e adiciono os parametros obedecendo, rigorosamente,
     * a ordem da expressao SQL criada, no caso,  0, 1, 2, 3, 4  e 5. */
    params.clear();
    params.add(pessoa.getId()); //........ID_USUARIO - :param0
    params.add("F"); //...................BLOQUEADO - :param1;
    params.add(new Date());//.............DATA_PRIMEIRO_ACESSO - :param2  <--  java.util.Date
    params.add("caxias"); //..............NOME_USUARIO - :param3
    params.add("T"); //...................PRIMEIRO_ACESSO - :param4
    params.add("minhaSenha"); //..........SENHA - :param5

    pessoaFacade.executarNQ(sql, params);  //Executa a SQL.

    Log.setLogger("", "Operação efetuada com sucesso.", Level.INFO, Ansi.BLUE);
    FormatTest.printFooter();

  } catch (DaoException e) {

    //Ao tentar incluir pela segunda vez, sem mudar o nome de usuario, ocorre a exception.
    Log.setLogger("", "Não pode incluir nome de usuário duplicado.",
        Level.INFO, Ansi.RED_BOLD_YELLOWBG);
    e.printStackTrace();
  }
}
```

Listagem 29.19b Experimento 13.

Abaixo, o experimento 14. Construa-o e rode-o...

```
/* ---------------------------------------
 *  EXPERIMENTO 14 - Update com NativeQuery
 ---------------------------------------*/
public void updateNativeQuery(){
  FormatTest.printHeader("ONE TO ONE", "Experimento 14 - Update com NativeQuery");

  try {
    Pessoa pessoa = this.getPessoa(); //Recupero a primeira pessoa da lista

    if(pessoa == null){  //Verifico se pessoa estah nula, se tiver, loga e sai...

      //A pessoa estah nula (tabela nao possui registros)
      Log.setLogger("", "Não encontrou pessoas na tabela.", Level.INFO, Ansi.RED);
      FormatTest.printFooter();
      return;
    }

    //Declaro e inicializo a SQL a ser executada
    String sql = "UPDATE PWORLD.PESSOA SET NOME = 'Fulano de Tal Alterado' "
        + "WHERE ID_PESSOA = :param0";

    List<Object> params = new ArrayList<Object>(); //Declarando os parametros da operacao...
    params.add(pessoa.getId()); //desejo recuperar a pessoa que tem esse id

    pessoaFacade.executarNQ(sql, params);//Executa a SQL.

    Log.setLogger("", "Operação efetuada com sucesso.", Level.INFO, Ansi.BLUE);
    FormatTest.printFooter();

  } catch (DaoException e) {
    e.printStackTrace();
  }
}
```

Listagem 29.20 Experimento 14.

Fim do Laboratório 29.11

Laboratório 29.12

Experimento 15: Exclusão com Native Query

Insira o método da listagem abaixo dentro da classe OneToOneCaseBean. Rode o experimento e observe o resultado no console do Eclipse...

Execute o teste 08 antes deste. Abra o pgAdmin e adicione a FK na tabela USUARIO (esta FK é a mesma PK, referenciando ID_PESSOA da tabela PESSOA).

```
/* -----------------------------------------
 *  EXPERIMENTO 15 - Exclusão com NativeQuery
 ------------------------------------------*/
public void excluirNativeQuery(){

  /* ATENCAO ESPECIAL deve ser dada a essa abordagem.
   * A exclusao usando Native Query nao realiza exclusao em cascata.
   * Para evitar a existencia de registros orfaos na tabela USUARIO, tem de criar no banco
   * a chave secundaria nessa tabela, com referencia ao ID_PESSOA da tabela PESSOA. */

  FormatTest.printHeader("ONE TO ONE", "Experimento 15 - Exclusão com NativeQuery");

  try {

    //Recupero a primeira pessoa da lista que possui um usuario.
    Pessoa pessoa = this.getPessoaComUsuario();

    //Verifico se pessoa estah nula, se tiver, loga e sai...
    if(pessoa == null){

      //A pessoa estah nula (tabela nao possui registros)
      Log.setLogger("", "Não encontrou pessoas que possuam usuário na tabela.",
          Level.INFO, Ansi.RED);

      FormatTest.printFooter();
      return;
    }

    //Declaro e inicializo a SQL a ser executada
    String sql = "DELETE FROM PWORLD.PESSOA WHERE ID_PESSOA = :param0";

    //Declarando os parametros da operacao...
    List<Object> params = new ArrayList<Object>();
    params.add(pessoa.getId()); //desejo excluir a pessoa que tem esse id

    //Executa a SQL.
    pessoaFacade.executarNQ(sql, params);

    Log.setLogger("", "Operação efetuada com sucesso.", Level.INFO, Ansi.BLUE);
    FormatTest.printFooter();

  } catch (DaoException e) {
    e.printStackTrace();
  }

}
```

Confira no pgAdmin os registros das tabelas PESSOA e USUARIO, antes e depois do teste.

Listagem 29.21 Experimento 15.

Fim do Laboratório 29.12

Experimento 16: Recuperar pelo lado 1 da associação

Laboratório 29.13

Insira o método da listagem abaixo dentro da classe OneToOneCaseBean. Rode o experimento e observe o resultado no console do Eclipse...

```
/* ---------------------------------------------------
 *  EXPERIMENTO 16 - Recuperar pelo lado 1 da associação
 ---------------------------------------------------*/
public void recuperarLadoUm(){

  FormatTest.printHeader("ONE TO ONE",
      "Experimento 16 -  Recuperar pelo lado 1 da associação");

  try {

    //Para este experimento, abra o PG Amin e obtenha um numero de id da pessoa a recuperar
    Pessoa pessoa = pessoaFacade.recuperar(Pessoa.class, 1L); //Recuperando a pessoa de id=1

    //Verifico se pessoa estah nula, se tiver, loga e sai...
    if(pessoa == null){

      //A pessoa estah nula (tabela nao possui registros)
      Log.setLogger("", "Não encontrou a pessoa pesquisada:", Level.INFO, Ansi.RED);
      FormatTest.printFooter();
      return;
    }

    if(pessoa.getUsuario() == null){

      //Se a pessoa nao possui usuario...
      Log.setLogger("", "Encontrou a pessoa pesquisada:\n" +
         "- " + pessoa.getNome().toUpperCase() + ";\n" +
         "- Seu nome de usuário é: Não possui usuário.",
         Level.INFO, Ansi.BLUE);

    }else{

      //Se a pessoa possui usuario...
      Log.setLogger("", "Encontrou a pessoa pesquisada:\n" +
      "- " + pessoa.getNome().toUpperCase() + ";\n" +
      "- Seu nome de usuário é: " + pessoa.getUsuario().getNomeUsuario(),
      Level.INFO, Ansi.BLUE);
    }

    FormatTest.printFooter();

  } catch (DaoException e) {
    e.printStackTrace();
  }

}
```

Listagem 29.22 Experimento 16.

Fim do Laboratório 29.13

Laboratório 29.14

Experimento 17: Recuperar pelo lado 2 da associação

Insira o método da listagem abaixo dentro da classe OneToOneCaseBean. Rode o experimento e observe o resultado no console do Eclipse...

```
/* ----------------------------------------------------
 *  EXPERIMENTO 17 - Recuperar pelo lado 2 da associação
 ---------------------------------------------------*/
public void recuperarLadoDois(){

  FormatTest.printHeader("ONE TO ONE",
      "Experimento 17 -  Recuperar pelo lado 2 da associação");

  try {

    //Para este experimento, abra o PG Amin e obtenha um numero de id do usuario a recuperar
    Usuario usuario = usuarioFacade.recuperar(Usuario.class, 5L); //Recupera o usuario de id=1

    //Verifico se usuaio estah null, se tiver, loga e sai...
    if(usuario == null){

      //O usuario estah null (tabela nao possui registros)
      Log.setLogger("", "Não encontrou o usuário pesquisado:", Level.INFO, Ansi.RED);
      FormatTest.printFooter();
      return;
    }

    if(usuario.getPessoa() == null){

      //Se o usuario nao possui pessoa... (esta situacao nunca vai ocorrer usando JPA)
      Log.setLogger("",
          "Encontrou o usuário pesquisado, mas ele é um registro órfão, não possui pessoa.",
              Level.INFO, Ansi.RED);

    }else{

      //Se o usuario possui  pessoa...
      Log.setLogger("", "Encontrou o usuário pesquisado:\n" +
      "- " +usuario.getNomeUsuario() + ";\n" +
      "- Sua pessoa é: " + usuario.getPessoa().getNome().toUpperCase(),
      Level.INFO, Ansi.BLUE);
    }

    FormatTest.printFooter();

  } catch (DaoException e) {
    e.printStackTrace();
  }
}
```

Recuperando o usuário que possui id = 5. Talvez o banco de dados não possua esse usuário. Você pode executar o Experimento 08 — após rodar, verificar o id gerado pelo banco de dados e utilizar ele aqui...

Listagem 29.23 Experimento 17.

Fim do Laboratório 29.14

Experimento 18: Recuperar com Native Query

Laboratório 29.15

Insira o método da listagem abaixo dentro da classe OneToOneCaseBean. Rode o experimento e observe o resultado no console do Eclipse...

```
/* ------------------------------------------
 *  EXPERIMENTO 18 - Recuperar com NativeQuery
 ------------------------------------------*/
public void recuperarNativeQuery(){

  FormatTest.printHeader("ONE TO ONE", "Experimento 18 -  Recuperar com NativeQuery");

  try {

    //Declaro e inicializo a SQL a ser executada
    String sql = "SELECT a.*  FROM PWORLD.PESSOA a WHERE a. ID_PESSOA = :param0";

    //Declarando definindo os parametros da operacao...
    List<Object> params = new ArrayList<Object>();
    params.add(5L); //recuperar a pessoa que tem esse id (verifique no banco se isto existe)

    Pessoa pessoa = pessoaFacade.recuperarNQ(new Pessoa(), sql, params);

    if( pessoa==null ){

      //objeto pessoa pode vir nulo...
      Log.setLogger("", "Não encontrou a pessoa pesquisada.", Level.INFO, Ansi.RED);

    }else{
      Log.setLogger("", "Encontrou a pessoa " + pessoa.getNome(), Level.INFO, Ansi.BLUE);

      //Usuario pode estar nulo...
      if( pessoa.getUsuario() == null ){
        Log.setLogger("", "A pessoa não possui um usuário associado", Level.INFO, Ansi.RED);

      }else{
        Log.setLogger("", "Seu usuario é: "+ pessoa.getUsuario().getNomeUsuario(),
            Level.INFO, Ansi.BLUE);
      }
    }


    FormatTest.printFooter();

  } catch (DaoException e) {
    e.printStackTrace();
  }

}
```

Mesmas considerações do Experimento 17: Talvez o banco de dados não possua o usuário com id=5. Você pode executar o Experimento 08 — após rodar, verificar o id gerado pelo banco de dados e utilizar ele aqui...

Listagem 29.24 Experimento 18.

Fim do Laboratório 29.15

Experimento 19: Pesquisa like

Laboratório 29.16

Insira o método da listagem abaixo dentro da classe OneToOneCaseBean. Rode o experimento e observe o resultado no console do Eclipse...

```
/* ------------------------------
 *  EXPERIMENTO 19 - Pesquisa like
 ------------------------------*/
public void pesquisar(){

  FormatTest.printHeader("ONE TO ONE",
       "Experimento 19 -  Pesquisar registros similares (like)");

  try {

    /* Isto eh uma consulta SQL usando a clausula like, entao seria bom passar os
    * parametros entre curingas %, conforme a natureza daquilo que se pretende. O parametro eh
    * submetido a um filtro que retira todos os acentos. Obviamente a consulta SQL tambem terah
    * de se valer do mesmo artificio: No banco (utilizando o pgAdmin), execute a sql abaixo
    * para criar a função "sem_acento", cuja finalidade eh filtrar acentos (se ela nao for
    * criada, nao serah possível rodar este teste.
    *
    * CREATE OR REPLACE FUNCTION PWORLD.sem_acento(text)
    * RETURNS text AS $BODY$ select
    * translate($1,'áàâãäéèêëíìïóòôõöúùûüÁÀÂÃÄÉÈÊËÍÌÏÓÒÔÕÖÚÙÛÜçÇ',
    * 'aaaaaeeeeiiiooooouuuuAAAAAEEEEIIIOOOOOUUUUcC');
    * $BODY$ LANGUAGE 'sql' IMMUTABLE STRICT;
    * Se estiver utilizando ORACLE, utilize uma função
    * especifica para ele, como mostrada no apêndice A
    * do Volume II do livro. */

    //Definindo os parametros da operacao...
    List<Object> params = new ArrayList<Object>();
    params.add("%fulano%");

    List<Pessoa> pessoas = pessoaFacade.listar("Pessoa.similarPeloNome", params);

    //Se a lista de pessoas for diferente de nula e se possui pelo menos um elemento...
    if(pessoas != null  && pessoas.size()>0){

      //A pesquisa deu resultado positivo...
      Log.setLogger("", "Encontramos as seguintes pessoas:",   Level.INFO, Ansi.BLACK_BOLD);

      for(Pessoa pessoa:pessoas){
        Log.setLogger("", pessoa.getNome(),  Level.INFO, Ansi.BLUE);
      }

    }else{
      //Nao encontrou um registro, loga.
      Log.setLogger("", "Não encontramos os registros que o Sr queria.", Level.INFO, Ansi.RED);

    }
    FormatTest.printFooter();

  } catch (DaoException e) {
    e.printStackTrace();
  }
}
```

Este teste só dará certo após a criação da função "sem_acento", mostrada neste comentário. Utilize o pgAdmin e rode essa instrução diretamente no PostgreSQL..

Listagem 29.25 Experimento 19.

Fim do Laboratório 29.16

Experimento 20: Listar registros com Named Query

Laboratório 29.17

Insira o método da listagem abaixo dentro da classe OneToOneCaseBean. Rode o experimento e observe o resultado no console do Eclipse...

```
/* ---------------------------------
 *  EXPERIMENTO 20 - Listar registros
 ----------------------------------*/
public void listar(){

  FormatTest.printHeader("ONE TO ONE", "Experimento 20 -  Listar registros");

  try {

    /* Buscar uma lista de pessoas, sem filtro.
     * Na pratica, nunca faca isto, pois inviabiliza a consulta com milhares de registros.
     * Considere ter que realizar a consulta PAGINADA */

    List<Pessoa> pessoas = pessoaFacade.listar("Pessoa.all");

    //Se a lista de pessoas for diferente de nula e se possui pelo menos um elemento...
    if(pessoas == null){

      //a lista de pessoas estah nula (tabela nao possui registros)
      Log.setLogger("", "Não encontrou pessoas na tabela.", Level.INFO, Ansi.RED);
      FormatTest.printFooter();
      return;
    }

    Log.setLogger("", "Lista de pessoas:", Level.INFO, Ansi.BLACK_BOLD);

    //percorrendo a lista e logando...
    for(Pessoa pessoa:pessoas){
      Log.setLogger("", pessoa.getNome().toUpperCase(), Level.INFO, Ansi.BLUE);
    }

    FormatTest.printFooter();

  } catch (DaoException e) {
    e.printStackTrace();
  }

}
```

Listagem 29.26 Experimento 20.

Fim do Laboratório 29.17

Experimento 21: Listar registros com Native Query

Laboratório 29.18

Insira o método da listagem abaixo dentro da classe OneToOneCaseBean. Rode o experimento e observe o resultado no console do Eclipse...

```
/* ---------------------------------------
 *  EXPERIMENTO 21 - Listar com NativeQuery
 ---------------------------------------*/
public void listarNativeQuery(){

  FormatTest.printHeader("ONE TO ONE", "Experimento 21 -  Listar com NativeQuery");

  try {

    //Declaro e inicializo uma expressao sql
    String sql = "SELECT p.* FROM PWORLD.PESSOA p ORDER BY p.NOME";

    /* Buscar uma lista de pessoas, sem filtro.
     * Na pratica, nunca faca isto, pois inviabiliza a consulta com milhares de registros.
     * Considere ter que realizar a consulta PAGINADA */
    List<Pessoa> pessoas = pessoaFacade.listarNQ(new Pessoa(), sql);

    //Se a lista de pessoas for diferente de nula e se possui pelo menos um elemento...
    if(pessoas == null){

      //a lista de pessoas estah nula (tabela nao possui registros)
      Log.setLogger("", "Não encontrou pessoas na tabela.", Level.INFO, Ansi.RED);
      FormatTest.printFooter();
      return;
    }

    Log.setLogger("", "Lista de pessoas:", Level.INFO, Ansi.BLACK_BOLD);

    //percorrendo a lista e logando...
    for(Pessoa pessoa:pessoas){
      Log.setLogger("", pessoa.getNome().toUpperCase(), Level.INFO, Ansi.BLUE);
    }

    FormatTest.printFooter();

  } catch (DaoException e) {
    e.printStackTrace();
  }

}
```

Listagem 29.27 Experimento 21.

Fim do Laboratório 29.18

Aqui terminamos a Lição 29.
Revise todos os passos antes de avançar.

Lição 30
Mapeamentos One To Many e Many To One

JPA

HIBERNATE

Objetivos:

- Compreender os relacionamentos One To Many e Many To One, seus elementos de anotações, chaves envolvidas e ligações entre as tabelas
- Mapear os relacionamentos One To Many e Many To One
- Realizar operações CRUD com os mapeamentos One To Many e Many To One

Conceito

É o tipo de relação em que cada um dos elementos de uma entidade pode se relacionar com vários elementos da outra entidade, em um relacionamento apelidado de PAI e FILHOS. Ao mesmo tempo, um FILHO só pode ter um pai, enquanto que um PAI pode simplesmente não possuir filho algum.

Supondo a situação abaixo...

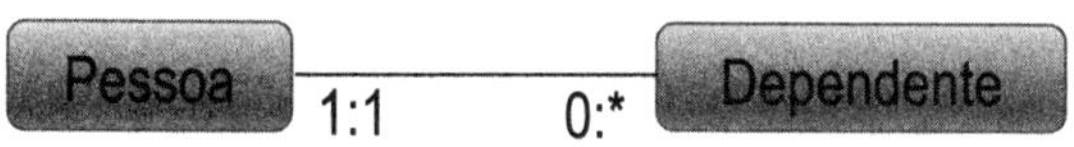

No exemplo, a pessoa pode ser um funcionário de uma empresa que pode ou não possuir seus dependentes (pai, mãe, filhos, cônjuge, outros graus de parentesco, etc).

Portanto, em relação ao exemplo, o relacionamento One To Many é aquele que:

- Uma *pessoa* pode possuir *dependentes*, ou não...
- Um *dependente* (filho), **obrigatoriamente**, tem de possuir uma *pessoa* (pai);
- Dissemos que "uma pessoa possui ou não uma COLEÇÃO de dependentes".
- No exemplo de **Pessoa** e **Dependente**, o que faz a ligação entre as duas entidades é a **chave primária (PK)** existente na entidade *pessoa*, um atributo único que identifica a entidade *pessoa* (chamamos ele de **id**). Este *id* deve ser referenciado, também, na entidade *dependente*, o que definirá a ligação. Na entidade *dependente* este atributo recebe a denominação de **chave secundária (FK)** (ou chave estrangeira), responsáveis por manter a integridade dos registros nas duas tabelas (PK-FK) — o banco de dados possui mecanismos para manter essa integridade, de forma a não permitir que possa existir um *dependente* sem uma *pessoa* correspondente (não permitir registros órfãos).

Um relacionamento One To Many, e seu revés Many To One, é tão expressivo em um aplicativo que culmina em quase a totalidade de seus relacionamentos e é o mais fácil de se entender e de se aplicar. Em um exemplo de bancos de dados escolar, este tipo de relação é bem evidenciado quando um ALUNO pode ou não possuir várias DISCIPLINAS CURSADAS. Em um outro exemplo, num banco de dados de biblioteca, um AUTOR pode publicar VÁRIOS LIVROS.

Documentação

Diagrama de classes

No domínio do nosso projeto, a relação Um para Muitos, e seu revés Muitos Para Um, ocorre entre as seguintes entidades: Empresa e Pessoa; Pessoa e Dependente; Pais e Uf; Uf e Cidade; Cidade e Bairro e Bairro e Logradouro.

1. Empresa e Pessoa

Figura 30.1
O relacionamento Um Para Muitos (Muitos para Um) de Empresa e Pessoa.

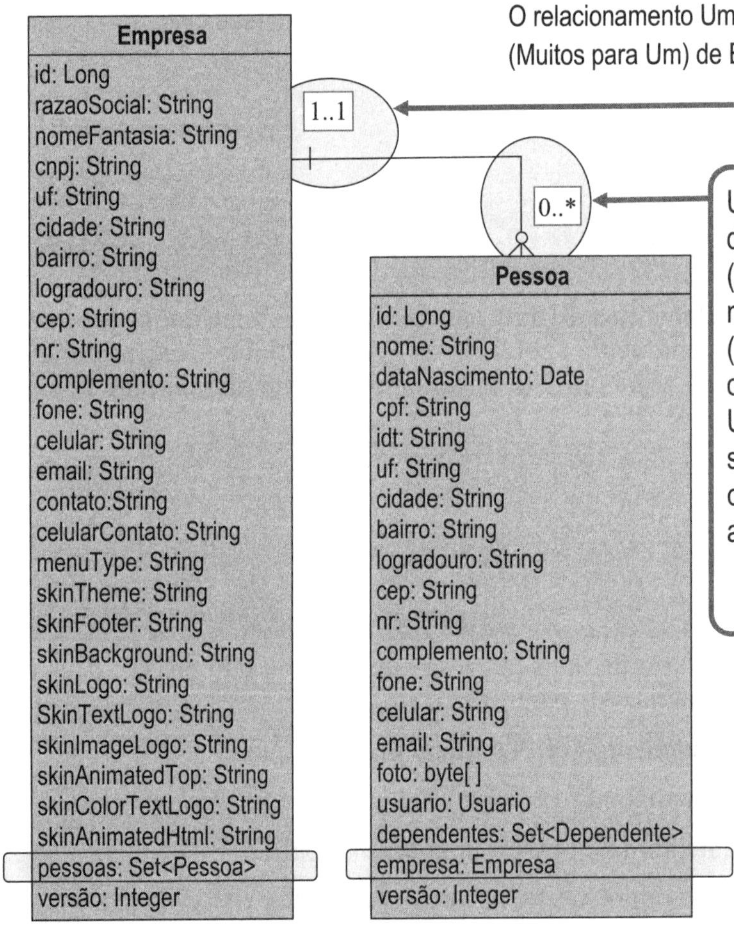

Uma **pessoa** pode ter Mínimo de 1 (uma) **empresa** e máximo de 1 (uma) **empresa**. Em outras palavras: Não se admite uma pessoa sem empresa.

Simbologia:

Uma **empresa** pode ter Mínimo de 0 (zero) **pessoa** e máximo de muitas (*) **pessoas**. Em outras palavras: Uma empresa possui ou não uma coleção de pessoas.

Simbologia:

id_empresa [PK] bigint	nome character varying(70)	cpf character
1	MINHA EMPRESA	291202000

id_pessoa [PK] bigint	nome character varying(70)	id_empres [FK] bigint
233	José da Silva	1
50416	Maria da Conceição	1
2202	Elvis Gonzaga	1

Figura 30.2
Implementação, no banco de dados, do relacionamento Um para Muitos de Empresa e Pessoa.

Perceba aí que o campo **id_empresa** (chave primária da tabela EMPRESA) está replicado no campo **id_empresa** da tabela PESSOA (a chave secundária).
Por questão de padronização os dois campos levam o mesmo nome. Posteriormente você irá descobrir que isto é uma **boa prática de desenvolvimento**.

2. Pessoa e Dependente

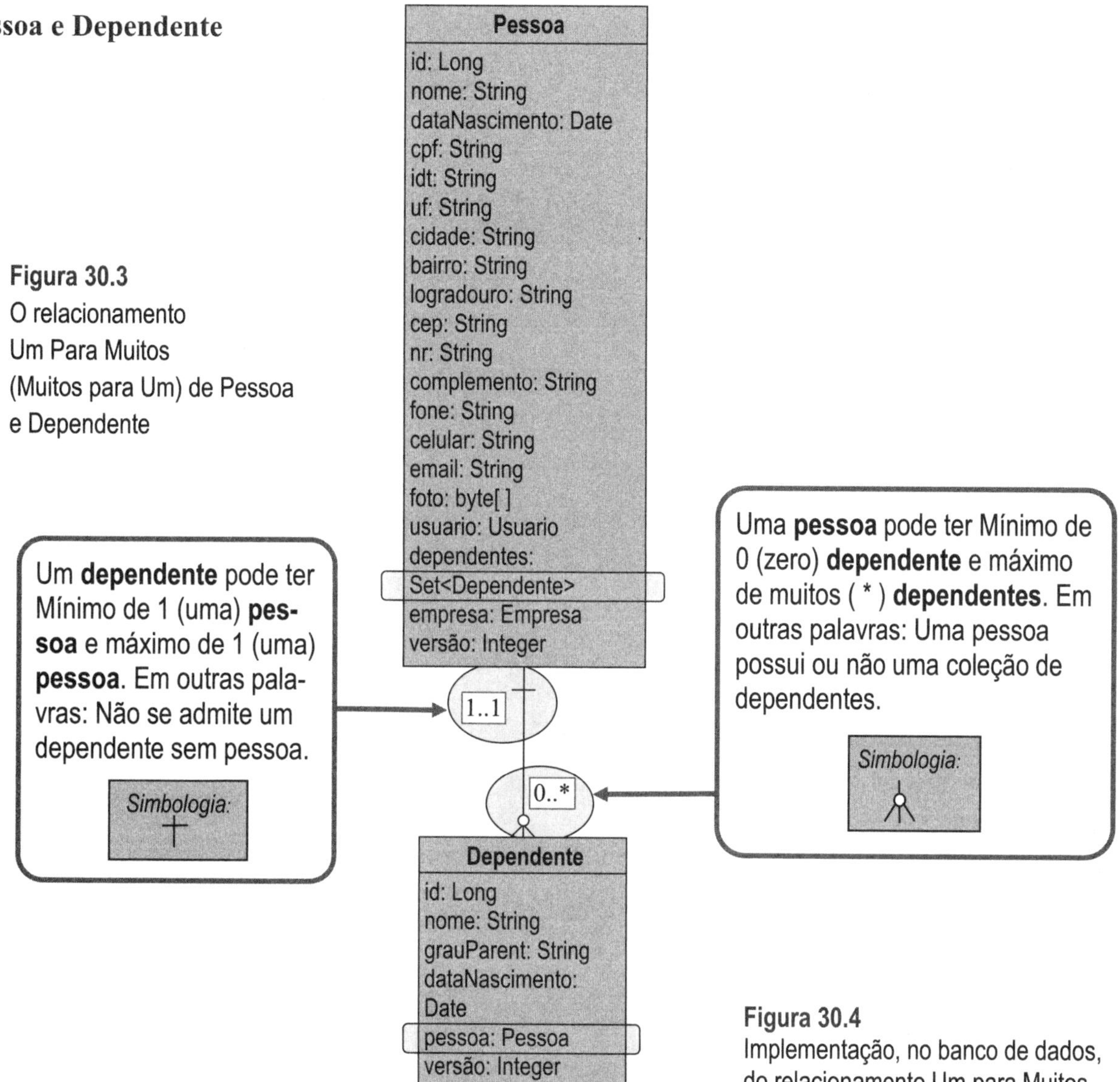

Figura 30.3
O relacionamento
Um Para Muitos
(Muitos para Um) de Pessoa
e Dependente

id_pessoa [PK] bigint	nome character varying(70)	cpf chara
157	Pessoa Admin	291202
156	Pessoa Dev	299900
158	Pessoa Op Master	289000
159	Pessoa Op Senior	2921900
160	Pessoa Vis	28798000

id_dependente [PK] bigint	nome character varying(70)	id_pessoa [FK] bigint
2005	Claudia	157
20016	Yasmina	157
120	Nedir	157

Figura 30.4
Implementação, no banco de dados, do relacionamento Um para Muitos de Pessoa e Dependente.

Perceba aí que o campo **id_pessoa** (chave primária da tabela PESSOA) está replicado no campo **id_pessoa** da tabela DEPENDENTE (a chave secundária). Por questão de padronização os dois campos levam o mesmo nome. Posteriormente você irá descobrir que isto é uma **<u>boa prática de desenvolvimento</u>**.

3. Pais e Uf / Uf e Cidade / Cidade e Bairro / Bairro e Logradouro

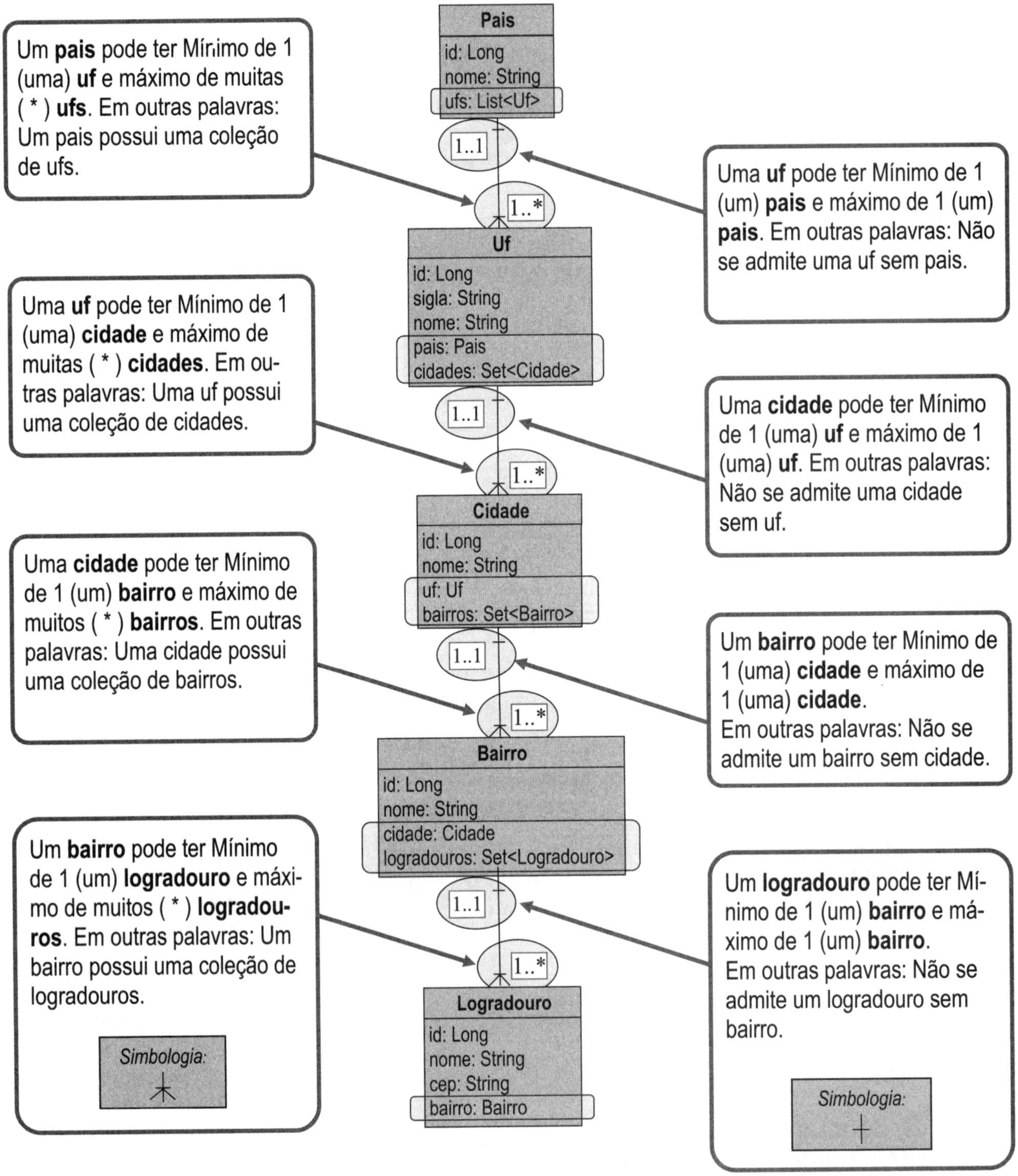

Figura 30.5

Estrutura típica muito utilizada para armazenar o endereço completo.

id_pais [PK] bigint	nome character varying(7
1	Brasil
2	Argentina

Figura 30.6
Implementação, no banco de dados, do relacionamento Um para Muitos (Muitos para Um) das entidades Pais e Uf, Uf e Cidade, Cidade e Bairro, Bairro e Logradouro.

PK é referenciada na tabela-filha como uma FK.

id_uf [PK] bigint	nome character varying(70)	id_pai [fk] bi
5	Bahia	1
2	Alagoas	1
3	Amazonas	1
15	Belo Horizonte	1
1	Acre	1

Perceba aí que os campos de **chave primária** das tabelas "pai" (ou "mestre") estão replicados como campos de **chaves secundárias** nas tabelas "filhas" (ou "detalhe"). Nós costumamos dizer que existe um relacionamento *PAI-FILHO* ou *MESTRE-DETALHE*.

PK é referenciada na tabela-filha como uma FK.

id_cidade [pk] bigint	nome character varying(70)	id_uf [fk] bigint
1	Acrelândia	1
2	Assis Brasil	1
3	Brasiléia	1
16	Rio Branco	1

PK é referenciada na tabela-filha como uma FK.

id_bairro [pk] bigint	nome character varying(70)	id_cidade [fk] bigint
4	Alegria	16
5	Areal	16
6	Aviário	16
8	Bahia Nova	16
10	Base	16
11	Bela Vista	16

Por questão de padronização os campos de chave primária e secundária relacionados levam o mesmo nome. Posteriormente você irá descobrir que isto é uma **boa prática de desenvolvimento**.

PK é referenciada na tabela-filha como uma FK.

id_logradouro [pk] bigint	nome character varying(70)	id_bairro [fk] bigint
125	Rua Carneiro Leão	11
327	Rua Itamaracá	11
384	Rua Machado de Assis	11

Dicionário de dados

Vamos colocar em evidência o relacionamento **um para muitos.** A tabela Pessoa abaixo não mostra todos os seus atributos porque já foram mostrados em lição anterior. Na prática, o programador recebe essas tabelas e, baseado nelas, codifica os mapeamentos JPA/Hibernate.

Empresa						
Atributo	Tipo	Compri-mento	Valor padrão	Admite nulo	Transiente	Obs
id	Long (seq)			N	N	PK (sequence).
razaoSocial	String (variável)	70		N	N	Nome da empresa.
nomeFantasia	String (variável)	70		S	N	Nome fantasia da empresa.
cnpj	String (fixa)	18		N	N	Código de Pessoa Jurídica.
uf	String (fixa)	2		Y	N	Unidade da Federação.
cidade	String (variável)	70		Y	N	Município de residência.
Bairro	String (variável)	70		Y	N	Bairro residencial.
Logradouro	String (variável)	125		Y	N	Rua, quadra, logradouro
cep	String (fixa)	9		Y	N	Código de End. Postal.
nr	String (variável)	15		Y	N	Número da casa/Apto.
complemento	String (variável)	100		Y	N	Complemento de endereço.
fone	String (variável)	15		Y	N	Telefone fixo.
celular	String (variável)	15		Y	N	Telefone celular.
email	String (variável)	40		Y	N	Email.
contato	String (variável)	40		Y	N	Nome de pessoa para contato.
celularContato	String (variável)	15		Y	N	Celular de contato.
menuType	String (variável)	15		Y	N	O tipo de menu da configuração. Admite "menuBar", "tiered", "slide" e "panelMenu"
skinTheme	String (variável)	15		Y	N	O tema do PrimeFaces.
skinFooter	String (variável)	200		Y	N	O texto do rodapé da template.
skinBackground	String (variável)	15		Y	N	Composição do fundo.
skinLogo	String (fixa)	1		Y	N	Se o topo terá ou não uma imagem de logomarca. Admite "T" ou "F"
SkinTextLogo	String (variável)	20		Y	N	Um texto abaixo da logomarca.
skinImageLogo	String (variável)	40		Y	N	Arquivo-imagem da logomarca.
skinAnimatedTop	String (fixa)	1		Y	N	Se o topo será ou não animado. Admite "T" ou "F"
skinColorTextLogo	String (variável)	15		Y	N	A cor do texto abaixo da logomarca.
skinAnimatedHtml	String (variável)	40		Y	N	O arquivo xhtml contendo um HTML5 animado.
pessoas	Set<Pessoa>			Y	N	Pessoas relacionadas.
versao	Integer		0	Y	N	Versão do registro.

Pessoa						
Demais atributos — ver lição anterior...(Adicionar ao atributos abaixo)						
empresa	Empresa					Empresa relacionada (FK)
dependentes	Set<Dependente>					Dependentes relacionados

Dependente						
Atributo	**Tipo**	**Compri-mento**	**Valor Padrão**	**Admite Nulo**	**Transiente**	**Obs**
id	Long			N	N	PK (sequence)
nome	String (variável)	70		N	N	Nome da pessoa.
dataNascimento	Date			Y	N	Data de nascimento.
grauParent	String (variável)	15		Y	N	Pai, mãe, filhos, cônjuge, etc.
pessoa	Pessoa					Pessoa relacionada (FK).
versao	Integer		0	Y	N	Versão do registro.

Pais						
Atributo	**Tipo**	**Compri-mento**	**Valor Padrão**	**Admite Nulo**	**Transiente**	**Obs**
id	Long			N	N	PK.
nome	String (variável)	70		Y	N	Nome do país.
ufs	Set<Uf>					Ufs relacionadas.

Uf						
Atributo	**Tipo**	**Compri-mento**	**Valor Padrão**	**Admite Nulo**	**Transiente**	**Obs**
id	Long			N	N	PK.
sigla	String (fixa)	2		N	N	Sigla da UF.
nome	String (variável)	70		Y	N	Nome da UF.
pais	Pais					Pais relacionado (FK).
cidades	Set<Cidade>					Cidades relacionadas.

Cidade						
Atributo	**Tipo**	**Compri-mento**	**Valor Padrão**	**Admite Nulo**	**Transiente**	**Obs**
id	Long			N	N	PK.
nome	String (variável)	70		Y	N	Nome da cidade.
uf	Uf					Uf relacionada (FK).
bairros	Set<Bairro>					Bairros relacionados

Bairro						
Atributo	**Tipo**	**Compri-mento**	**Valor Padrão**	**Admite Nulo**	**Tras**	**Obs**
id	Long			N	N	PK.
nome	String (variável)	70		N	N	Nome do bairro.
cidade	Cidade	15				Cidade relacionada (FK).
logradouros	Set<Logrdouro>					Logradouros relacionados.

Logradouro						
Atributo	**Tipo**	**Compri-mento**	**Valor Padrão**	**Admite Nulo**	**Transiente**	**Obs**
id	Long			N	N	PK.
nome	String (variável)	125		N	N	Nome do logradouro.
cep	String (fixa)	8		Y	N	CEP
bairro	Bairro			Y	N	Bairro relacionado (FK).

(*) **Dicionário de Dados** nada mais é do que uma estrutura tabelar que contém definições e representações de elementos de bancos de dados. A finalidade é a padronização de ontologias comumente empregadas pelas empresas e que podem ser aplicadas a bancos de dados.

Mapeamento

Mapeando Empresa com Pessoa

Laboratório 30.1

Sob o pacote *br.eti.amazu.infra.domain.core* crie a classe **Empresa**, conforme a listagem a seguir...

```java
package br.eti.amazu.infra.domain.core;

import java.util.Set;

import javax.persistence.Column;
import javax.persistence.Entity;
import javax.persistence.FetchType;
import javax.persistence.GeneratedValue;
import javax.persistence.GenerationType;
import javax.persistence.Id;
import javax.persistence.NamedQueries;
import javax.persistence.NamedQuery;
import javax.persistence.OneToMany;
import javax.persistence.SequenceGenerator;
import javax.persistence.Table;
import javax.persistence.Version;

import org.hibernate.annotations.Cascade;

import br.eti.amazu.component.pworld.domain.AbstractEntity;

@Entity(name = "Empresa")
@Table(schema = "PWORLD", name = "EMPRESA")

@NamedQueries({
  @NamedQuery(name = "Empresa.all",
       query = "select a from Empresa a order by a.nomeFantasia"),
})
public class Empresa extends AbstractEntity<Long> {

  private static final long serialVersionUID = 1L;

  @Id
  @SequenceGenerator(schema="PWORLD", allocationSize=1,
     initialValue=1, name = "EMPRESA_SEQ", sequenceName = "EMPRESA_SEQ")

  @GeneratedValue(strategy = GenerationType.IDENTITY, generator = "EMPRESA_SEQ")
  @Column(name = "ID_EMPRESA")
  private Long id;

  @Column(name = "RAZAO_SOCIAL", columnDefinition = "CHARACTER VARYING(70)",
       nullable=false)
  private String razaoSocial;

```

continua

Listagem 30.1a A classe **Empresa**.

continuação

```
@Column(name = "NOME_FANTASIA", columnDefinition = "CHARACTER VARYING(70)",
    nullable=false)
private String nomeFantasia;

@Column(name="CNPJ", columnDefinition = "CHAR(18)", nullable=false)
private String cnpj;

@Column(name = "UF", columnDefinition = "CHAR(2)")
private String uf;

@Column(name = "CIDADE", columnDefinition = "CHARACTER VARYING(70)")
private String cidade;

@Column(name = "BAIRRO", columnDefinition = "CHARACTER VARYING(70)")
private String bairro;

@Column(name = "LOGRADOURO", columnDefinition = "CHARACTER VARYING(125)")
private String logradouro;

@Column(name = "CEP", columnDefinition = "CHAR(9)")
private String cep;

@Column(name = "NR", columnDefinition = "CHARACTER VARYING(15)")
private String nr;

@Column(name = "COMPLEMENTO", columnDefinition = "CHARACTER VARYING(100)")
private String complemento;

@Column(name = "FONE", columnDefinition = "CHARACTER VARYING(15)")
private String fone;

@Column(name = "CELULAR", columnDefinition = "CHARACTER VARYING(15)")
private String celular;

@Column(name = "EMAIL", columnDefinition = "CHARACTER VARYING(40)")
private String email;

@Column(name = "CONTATO", columnDefinition = "CHARACTER VARYING(40)")
private String contato;

@Column(name = "CELULAR_CONTATO", columnDefinition = "CHARACTER VARYING(15)")
private String celularContato;


/* *******************************************
 * IMPLEMENTACAO DE DADOS E DE SKIN DA EMPRESA
 ********************************************/


/* O tipo de menu admitindo os valores:
 * - tiered
 * - slide
 * - menuBar
 * - panelMenu*/
@Column(name = "MENU_TYPE", columnDefinition = "CHARACTER VARYING(15)")
private String menuType;

//O tema do primeFaces
@Column(name = "SKIN_THEME", columnDefinition = "CHARACTER VARYING(15)")
private String skinTheme;

```

continua

Listagem 30.1b A classe **Empresa**.

continuação

```
//O texto que vai ao rodapeh da pagina
@Column(name = "SKIN_FOOTER", columnDefinition = "CHARACTER VARYING(200)")
private String skinFooter;

//As imagens que compoem o fundo da pagina
@Column(name = "SKIN_BACKGROUND", columnDefinition = "CHARACTER VARYING(15)")
private String skinBackground;

/* Se o topo terah ou nao o logotipo da empresa
 admite 'T' ou 'F'*/
@Column(name = "SKIN_LOGO", columnDefinition = "CHAR(1)")
private String skinLogo;

/* O logotipo da empresa.
 Uma string que representa o arquivo de imagem da logomarca da empresa.*/
@Column(name="SKIN_IMAGE_LOGO", columnDefinition = "CHARACTER VARYING(40)")
private String skinImageLogo;

/* Se o topo serah ou nao animado
 admite 'T' ou 'F'*/
@Column(name = "SKIN_ANIMATED_TOP", columnDefinition = "CHAR(1)")
private String skinAnimatedTop;

//O texto abaixo do logotipo da empresa
@Column(name = "SKIN_TEXT_LOGO", columnDefinition = "CHARACTER VARYING(20)")
private String skinTextLogo;

//A cor do texto posicionado abaixo do logotipo da empresa
@Column(name = "SKIN_COLOR_TEXT_LOGO", columnDefinition = "CHARACTER VARYING(15)")
private String skinColorTextLogo;

//Uma pagina contendo o HTML5 animado
@Column(name = "SKIN_ANIMATED_HTML", columnDefinition = "CHARACTER VARYING(40)")
private String skinAnimatedHtml;
//-----------------------------

/* Associacao 1:* com Pessoa:------------------------------------------
 *   LEITURA BIDIRECIONAL:
 *             | ----------(LAZY)-------->|
 *   empresa   |                          |  pessoa
 *             |< -------(EAGER)--------  |
 *--------------------------------------------------------------------
 *   ESCRITA UNIDIRECINAL:
 *   empresa   |----------(write)-------->|  pessoa
 *   (A relacao eh unidirecional porque somente empresa escreve em pessoa)
 *------------------------------------------------------------------*/
@OneToMany(
  fetch = FetchType.LAZY,
  orphanRemoval=true,
  targetEntity=Pessoa.class,
  mappedBy="empresa"
)
@Cascade (org.hibernate.annotations.CascadeType.ALL)
private Set<Pessoa> pessoas;

@Version
@Column(name = "VERSAO", columnDefinition = "INTEGER DEFAULT 0")
private Integer versao;

/*--------
 * get/set
 ---------*/
```

Aqui está o código que realiza o mapeamento de Empresa com Pessoa.

Listagem 30.1b A classe **Empresa**.

Antes de realizar o mapeamento na classe Pessoa, vamos acrescentar novas **NamedQueries** nela. Abra essa classe e acrescente o código em destaque aqui.

```
@NamedQuery(name = "Pessoa.recuperarPeloNome",
  query = "select p from Pessoa p where p.nome like :param0") ,     ← Adicione isto

  // LICAO 30 EM DIANTE------------------------
  @NamedQuery(name = "Pessoa.allEmp",
   query = "select p from Pessoa p where p.empresa.id =:param0 order by p.nome"),

  @NamedQuery(name = "Pessoa.excluirPeloNomeEmp",
   query = "delete Pessoa p where p.nome =:param0 and p.empresa.id =:param1"),

  @NamedQuery(name = "Pessoa.similarPeloNomeEmp", query = "select p from Pessoa p where "+
     "PWORLD.sem_acento(upper(p.nome)) like upper(:param0) "+
         "and p.empresa.id =:param1 order by p.nome"),

  @NamedQuery(name = "Pessoa.recuperarPeloNomeEmp",
   query = "select p from Pessoa p where PWORLD.sem_acento(upper(p.nome)) "+
    "like upper(:param0) and p.empresa.id =:param1"),

})
```

Listagem 30.2 Modificando as NamedQueries da classe Pessoa.

Agora sim, vamos mapear.

Com a classe **Empresa** devidamente codificada já podemos referenciá-la (mapeá-la) na classe **Pessoa**, da seguinte forma:

1) Abra a classe Pessoa, se ainda não a abriu;
2) Insira o código da listagem abaixo exatamente na posição indicada.

```
                                                        Adicione isto
  /* Associacao *:1 com Empresa:
   * ----------------------------------------------------------
   *  LEITURA BIDIRECIONAL:
   *          | ----------(LAZY)-------->|
   *  empresa |                          |  pessoa
   *          |< -------(EAGER)---------  |
   *-----------------------------------------------------------
   *  pessoa nao escreve em empresa (sem anotacao de cascade aqui)
   *----------------------------------------------------------*/
  @ManyToOne(targetEntity = Empresa.class, fetch = FetchType.EAGER )
  @JoinColumn(name="ID_EMPRESA",
     foreignKey= @ForeignKey(name = "EMPRESA_PESSOA_FK"))
  private Empresa empresa;              ← import javax.persistence.ForeignKey;

 @Version
 @Column(name = "VERSAO", columnDefinition = "INTEGER DEFAULT 0")
 private Integer versao;

 /*--------
  * get/set
  ---------*/
```

não se esqueça de encapsular e de realizar os *imports* necessários.

Listagem 30.3 A classe **Pessoa**: Mapeamento de Empresa em Pessoa.

Fim do Laboratório 30.1

Mapeando Pessoa com Dependente

Laboratório 30.2

Sob o pacote *br.eti.amazu.infra.domain.core*,
crie a classe **Dependente**, conforme a listagem a seguir...

```
package br.eti.amazu.infra.domain.core;

import java.util.Date;

import javax.persistence.Column;
import javax.persistence.Entity;
import javax.persistence.FetchType;
import javax.persistence.ForeignKey;
import javax.persistence.GeneratedValue;
import javax.persistence.GenerationType;
import javax.persistence.Id;
import javax.persistence.JoinColumn;
import javax.persistence.ManyToOne;
import javax.persistence.NamedQueries;
import javax.persistence.NamedQuery;
import javax.persistence.SequenceGenerator;
import javax.persistence.Table;
import javax.persistence.Temporal;
import javax.persistence.TemporalType;
import javax.persistence.Version;

import br.eti.amazu.component.pworld.domain.AbstractEntity;

@Entity (name="Dependente")
@Table (schema="PWORLD", name="DEPENDENTE")
@NamedQueries({
  @NamedQuery(name="Dependente.all", query="select a from Dependente a")
})
public class Dependente extends AbstractEntity<Long>{

  private static final long serialVersionUID = 1L;

  @Id
  @SequenceGenerator(schema="PWORLD", allocationSize=1, initialValue=1,
     name="DEPENDENTE_SEQ",  sequenceName="DEPENDENTE_SEQ")

  @GeneratedValue(strategy = GenerationType.IDENTITY, generator = "DEPENDENTE_SEQ")
  @Column (name="ID_DEPENDENTE")
  private Long id;

  @Column (name="NOME", columnDefinition = "CHARACTER VARYING(70)")
  private String nome;

  @Temporal(TemporalType.DATE)
  @Column(name = "DATA_NASCIMENTO", columnDefinition = "DATE", nullable=false)
  private Date dataNascimento;

  @Column (name="GRAU_PARENT", columnDefinition = "CHARACTER VARYING(15)")
  private String grauParent;
```

continua

Listagem 30.4a A classe **Dependente**.

continuação

```
/* Associacao *:1 com pessoa:
 * ---------------------------------------------------------------
 *   LEITURA BIDIRECIONAL:
 *             | ----------(LAZY)-------->|
 *    pessoa   |                          |  dependente
 *             |< -------(EAGER)--------  |
 *---------------------------------------------------------------
 *   dependente nao escreve em pessoa (sem anotacao de cascade aqui)
 *-------------------------------------------------------------*/
@ManyToOne(targetEntity = Pessoa.class, fetch = FetchType.LAZY )
@JoinColumn(name="ID_PESSOA",
   foreignKey= @ForeignKey(name = "DEPENDENTE_PESSOA_FK"))
private Pessoa pessoa;

@Version
@Column (name="VERSAO", columnDefinition="INTEGER DEFAULT 0")
private Integer version;


/*--------
 * get/set
 ---------*/
```

Aqui, o mapeamento de Pessoa na classe Dependente — não se esqueça de encapsular.

Listagem 30.4b A classe **Dependente**.

Agora, com a classe **Dependente** já construída, podemos referenciá-la (mapeá-la) na classe **Pessoa**, da seguinte forma:

1) Abra a classe Pessoa novamente;
2) Insira o código da listagem abaixo exatamente na posição indicada.

```
@JoinColumn(name="ID_EMPRESA",
   foreignKey= @ForeignKey(name = "EMPRESA_PESSOA_FK"))
private Empresa empresa;
```

Adicione isto

```
/* Associacao 1:* com dependentes:
 * -------------------------------------------------------------
 *   LEITURA BIDIRECIONAL:
 *            | ----------(LAZY)-------->|
 *   pessoa   |                          |  dependente
 *            |< -------(EAGER)--------  |
 *-----------------------------------------------------------------------------
 *   ESCRITA UNIDIRECINAL:
 *   pessoa   |----------(write)-------->|  dependente
 *     (A relacao eh unidirecional porque somente pessoa escreve em dependente)
 *---------------------------------------------------------------------------*/
@OneToMany(
  fetch = FetchType.LAZY,
  orphanRemoval=true,
  targetEntity=Dependente.class,
  mappedBy="pessoa"
)
@Cascade (org.hibernate.annotations.CascadeType.ALL)
private Set<Dependente> dependentes;
```

ENCAPSULAR...

não se esqueça de encapsular e de realizar os *imports* necessários.

Listagem 30.5 A classe **Pessoa**: Mapeamento de Dependente em Pessoa.

Fim do Laboratório 30.2

Mapeando Pais, Uf, Cidade, Bairro e Logradouro

Laboratório 30.3

Sob o pacote *br.eti.amazu.infra.domain*, crie o pacote *brasil* e, dentro dele, crie as classes **Pais, Uf, Cidade, Bairro e Logradouro**, conforme as listagens a seguir.

```
package br.eti.amazu.infra.domain.brasil;

import java.util.Set;
import javax.persistence.Column;
import javax.persistence.Entity;
import javax.persistence.FetchType;
import javax.persistence.Id;
import javax.persistence.NamedQueries;
import javax.persistence.NamedQuery;
import javax.persistence.OneToMany;
import javax.persistence.Table;

@Entity (name="Pais")
@Table(schema = "PWORLD", name = "PAIS")
@NamedQueries({
  @NamedQuery(name="Pais.all", query="select a from Pais a")
})
public class Pais {

  @Id
  @Column (name="ID_PAIS")
  private Long id;

  @Column(name = "NOME_PAIS", columnDefinition = "CHARACTER VARYING(70)")
  private String nome;

  @OneToMany(
    targetEntity=Uf.class,
    mappedBy="pais",
    fetch = FetchType.LAZY
  )
  private Set<Uf> ufs;

  /*---------
   * get/set
   ----------*/

```

Listagem 30.6 A classe **Pais**.

```
package br.eti.amazu.infra.domain.brasil;

import java.util.Set;
import javax.persistence.Column;
import javax.persistence.Entity;
import javax.persistence.FetchType;
import javax.persistence.Id;
import javax.persistence.JoinColumn;
import javax.persistence.ManyToOne;
import javax.persistence.NamedQueries;
import javax.persistence.NamedQuery;
import javax.persistence.OneToMany;
import javax.persistence.Table;
import javax.persistence.ForeignKey;

@Entity (name="Uf")
```

continua

Listagem 30.7a A classe **Uf**.

continuação

```
@NamedQueries({
 @NamedQuery(
  name="Uf.porPais",
     query="select a from Uf a where a.pais.id =:param0 order by a.nome"
 )
})
@Table (schema="PWORLD", name="UF")
public class Uf {

 @Id
 @Column (name="ID_UF")
 private Long id;

 @Column(name = "NOME_UF",
  columnDefinition = "CHARACTER VARYING(70)")
 private String nome;

 @Column (name="SIGLA",
         columnDefinition="CHAR(2)")
 private String sigla;

 @ManyToOne(
  targetEntity = Pais.class,
  fetch = FetchType.LAZY
 )
 @JoinColumn(name="ID_PAIS", foreignKey= @ForeignKey(name = "UF_PAIS_FK"))
 private Pais pais;

 @OneToMany(
  targetEntity=Cidade.class,
  mappedBy="uf",
  fetch = FetchType.LAZY
 )
 private Set<Cidade> cidades;

 /*---------
  * get/set
  ----------*/

```

Listagem 30.7b A classe **Uf**.

```
package br.eti.amazu.infra.domain.brasil;

import java.util.Set;

import javax.persistence.Column;
import javax.persistence.Entity;
import javax.persistence.FetchType;
import javax.persistence.Id;
import javax.persistence.JoinColumn;
import javax.persistence.ManyToOne;
import javax.persistence.NamedQueries;
import javax.persistence.NamedQuery;
import javax.persistence.OneToMany;
import javax.persistence.Table;
import javax.persistence.ForeignKey;

@Entity (name="Cidade")
@Table (schema="PWORLD", name="CIDADE")

```

continua

Listagem 30.8a A classe **Cidade**.

continuação

```
@NamedQueries({
 @NamedQuery(name="Cidade.all", query="select a from Cidade a order by a.nome"),
 @NamedQuery(name="Cidade.porUf", query="select a from Cidade a where a.uf.id=:param0")
})
public class Cidade {

 @Id
 @Column (name="ID_CIDADE")
 private Long id;

 @Column (name="NOME_CIDADE", columnDefinition="CHARACTER VARYING(70)")
 private String nome;

 @OneToMany(
  targetEntity=Bairro.class,
  mappedBy="cidade",
  fetch = FetchType.LAZY
 )
 private Set<Bairro> bairros;

 @ManyToOne(
  targetEntity = Uf.class,
  fetch = FetchType.LAZY
 )
 @JoinColumn(name="ID_UF", foreignKey= @ForeignKey(name = "CIDADE_UF_FK"))
 private Uf uf;

 /*--------
  * get/set
  ---------*/
```

Listagem 30.8a A classe **Cidade**.

```
package br.eti.amazu.infra.domain.brasil;

import java.util.Set;
import javax.persistence.Column;
import javax.persistence.Entity;
import javax.persistence.FetchType;
import javax.persistence.Id;
import javax.persistence.JoinColumn;
import javax.persistence.ManyToOne;
import javax.persistence.OneToMany;
import javax.persistence.Table;
import javax.persistence.ForeignKey;

@Entity (name="Bairro")
@Table (schema="PWORLD", name = "BAIRRO")
public class Bairro{

 @Id
 @Column (name="ID_BAIRRO")
 private Integer id;

 @Column(name = "NOME_BAIRRO", columnDefinition = "CHARACTER VARYING(70)")
 private String nome;

 @Column (name="SIGLA", columnDefinition="CHAR(2)")
 private String siglaUf;

 @OneToMany(
  targetEntity=Logradouro.class,
  mappedBy="bairro",
```

continua

Listagem 30.9a A classe **Bairro**.

continuação

```
    fetch = FetchType.LAZY
  )
  private Set<Bairro> logradouros;

  @ManyToOne(
    targetEntity = Cidade.class,
    fetch = FetchType.LAZY
  )
  @JoinColumn(name="id_cidade", foreignKey= @ForeignKey(name = "BAIRRO_CIDADE_FK"))
  private Cidade cidade;

  /*--------
   * get/set
   ---------*/
```

Listagem 30.9a A classe **Bairro**.

```
package br.eti.amazu.infra.domain.brasil;

import javax.persistence.Column;
import javax.persistence.Entity;
import javax.persistence.FetchType;
import javax.persistence.Id;
import javax.persistence.JoinColumn;
import javax.persistence.ManyToOne;
import javax.persistence.NamedQueries;
import javax.persistence.NamedQuery;
import javax.persistence.Table;
import javax.persistence.ForeignKey;

@Entity (name="Logradouro")
@Table (schema="PWORLD", name="LOGRADOURO")
@NamedQueries({
  @NamedQuery(name="Logradouro.all",  query="select a from Logradouro a"),
  @NamedQuery(
    name="Logradouro.peloCep", query="select a from Logradouro a where a.cep =:param0"
  )
})
public class Logradouro {

  @Id
  @Column (name="ID_LOGRADOURO")
  private Long id;

  @Column (name="CEP", columnDefinition="CHAR(9)")
  private String cep;

  @Column (name="NOME_LOGRADOURO", columnDefinition="CHARACTER VARYING(125)")
  private String nome;

  @ManyToOne(
    targetEntity = Bairro.class,
    fetch = FetchType.LAZY
  )
  @JoinColumn(name="ID_BAIRRO", foreignKey= @ForeignKey(name = "LOGRADOURO_BAIRRO_FK"))
  private Bairro bairro;

  /*--------
   * get/set
   ---------*/
```

Listagem 30.10 A classe **Logradouro**.

Fim do Laboratório 30.3

Anotações envolvidas no One To Many e Many To One

@OneToMany

Esta é a anotação que mapeia o relacionamento Um para Muitos entre duas entidades. É preciso entender os dois lados do relacionamento. Num relacionamento assim, basta anotar os atributos do relacionamento da primeira entidade com um simples @OneToMany. Isto está evidenciado na Listagem 30.1, linha 152 (uma empresa possui uma coleção de pessoas).

Seus parâmetros:

targetEntity	O alvo do cascateamento (a entidade oposta).
fetch	Indica o **modo de leitura** realizado sobre a entidade oposta. Ver a lição anterior para maiores detalhes, cuja aplicação é análoga aqui.
cascade	Indica o **modo de escrita** sobre a entidade oposta. Em nosso projeto optamos por não utilizar o cascateamento da escrita com a implementação da JPA, ao invés dela, utilizamos a anotação **@Cascade** do Hibernate, que possui uma implementação mais completa e bem mais segura nesse tipo de relacionamento. A lição anterior explica isto com detalhes.
orphanRemoval	Garante que os registros órfãos sejam removidos no momento de uma exclusão em cascata. Esta abordagem em OneToMany deve ser analisada com bastante cuidado, a fim de não apagar registros, inadvertidamente.
mappedBy	O padrão é *false*. Se colocado como *true*, a definição dos dados do lado oposto poderá ser omitida, nesse caso não havendo cascateamento.

@ManyToOne

Esta anotação mapeia o relacionamento Muitos para Um entre duas entidades. É o oposto do One To Many, ver a Listagem 30.3 (uma pessoa possui, obrigatoriamente, uma empresa). Seus parâmetros:

targetEntity	O alvo do cascateamento (a entidade oposta).
fetch	Indica o **modo de leitura** realizado sobre a entidade oposta. Quando a entidade oposta não é uma coleção , o modo EAGER **pode** ser preferível.
cascade	Indica o **modo de escrita** sobre a entidade oposta. As explanações anteriores são análogas aqui.
optional	O padrão é *false*. Se colocado como *true*, a definição dos dados do lado oposto poderá ser omitida, nesse caso não havendo cascateamento.

Os casos mais comuns de Many To One incluem apenas os parâmetros *targetEntity* e *fetch*.

@JoinColumn

Esta anotação é utilizada para fixar a coluna que possui a chave estrangeira da associação. Se nada for especificado nos parâmetros, será utilizado o nome do campo como padrão, portanto é como se o parâmetro *name* fosse obrigatório. Os seus parâmetros são quase os mesmos da anotação *@Column* vista em outra lição e todos são opcionais. Tipicamente, basta anotar com apenas um parâmetro, o nome da coluna da outra tabela. Abaixo os seus parâmetros:

name	O nome da coluna da chave estrangeira.
foreignKey	Este parâmetro é utilizado unicamente para dar um nome à chave estrangeira. A chave estrangeira será gerada, invariavelmente, mas se esse parâmetro não for especificado, a JPA irá gerar uma chave estrangeira utilizando a nomeação padrão do banco de dados. A anotação abaixo será necessária: **@ForeignKey**
Insertable e updatable	Os parâmetros **insertable** e **updatable** presentes nesta anotação são extremamente importantes para o desenvolvedor, capazes de resolver vários problemas com o que se deparam em seu dia-a-dia. **Eles servem para determinar se o dado (campo da tabela) será ou não persistido no banco de dados**. Quando você os define como false, o Hibernate só fará consultas do campo anotado, ignorando-os para as operações do tipo insert ou update. Tipicamente, eles são mais utilizados na anotação *@Column*. Pode funcionar mais ou menos como num cenário assim: Em um determinado momento, necessita-se de todas as informações contidas em uma linha da tabela CLIENTE. Toda a vez que utilizamos essas informações, também necessitamos do número do último pedido que o cliente fez, entretanto, esse número está na tabela PEDIDO. Para um cenário assim, no momento do carregamento de um cliente, teríamos de ir mais uma vez ao banco para recuperar esse número. Para resolver, basta criar esse atributo na classe **Cliente** e carregar as informações apenas uma vez. Esse atributo receberia os parâmetros *insertable* e *updatable* como **false**, para que ele não seja persistido na tabela CLIENTE. Existem várias situações em que isto pode ser utilizado, facilitando muito a vida do desenvolvedor.
table	O nome da tabela que contém a coluna da chave estrangeira.
nulable	Se a coluna da chave estrangeira poderá receber valor nulo.
columnDefinition	Geração do nome da coluna (DDL).
referencedColumnName	O nome da coluna de chave estrangeira da outra tabela.
unique	Se a coluna estabelecida pela junção terá uma chave única.

Um dialog para experimentar o One To Many/Many To One

Laboratório 30.4

Conforme a metodologia que adotamos desde o início, vamos criar mais um dialog para acionar os experimentos com One To Many e Many To One. Sob a pasta *src/main/webapp/pages/showcase/mapeamentos*, crie um novo fragmento de página com o nome **dlgOneToMany.xhtml**, codificando-a como abaixo:

```
<ui:fragment xmlns="http://www.w3.org/1999/xhtml"
 xmlns:ui="http://java.sun.com/jsf/facelets"
 xmlns:h="http://java.sun.com/jsf/html"
 xmlns:f="http://java.sun.com/jsf/core"
 xmlns:p="http://primefaces.org/ui"
 xmlns:a="http://java.sun.com/jsf/composite/components">

 <p:dialog
  widgetVar="dlgOneToMany" header="EXPERIMENTOS COM ONE TO MANY / MANY TO ONE"
  modal="true" appendTo="@(body)"  hideEffect="explode" resizable="false"  width="650" >

     <h:form id="formOneToMany">
     <br/>
     <center>
       <p:panelGrid columns="1">
       <p:commandLink value=" Experimento 22: Incluir Dependente"
         styleClass="sel_link"    action="#{oneToManyCaseBean.incluirDependente}"
         style="color:#CD6600; margin-left:15px;"  oncomplete="PF('dlgLoader').hide()"/>

       <p:commandLink value=" Experimento 23: Inclusões simultâneas"
         styleClass="sel_link"  action="#{oneToManyCaseBean.incluirSimultaneo}"
         style="color:#CD6600; margin-left:15px;" onclick="PF('dlgLoader').show()"
         oncomplete="PF('dlgLoader').hide()"/>

       <p:commandLink value=" Experimento 24: Exclusão na tabela 1 (PESSOA)"
         styleClass="sel_link"  action="#{oneToManyCaseBean.excluirTabelaUm}"
         style="color:#CD6600; margin-left:15px;" onclick="PF('dlgLoader').show()"
         oncomplete="PF('dlgLoader').hide()"/>

       <p:commandLink value=" Experimento 25: Exclusão na tabela 2 (DEPENDENTE)"
         styleClass="sel_link"  action="#{oneToManyCaseBean.excluirTabelaDois}"
         style="color:#CD6600; margin-left:15px;" onclick="PF('dlgLoader').show()"
         oncomplete="PF('dlgLoader').hide()"/>

       <p:commandLink value=" Experimento 26: Inclusão na tabela 1 com NativeQuery"
         styleClass="sel_link"  action="#{oneToManyCaseBean.incluirTabelaUmNQ}"
         style="color:#CD6600; margin-left:15px;" onclick="PF('dlgLoader').show()"
         oncomplete="PF('dlgLoader').hide()"/>

       <p:commandLink value=" Experimento 27: Inclusão na tabela 2 com NativeQuery"
         styleClass="sel_link"  action="#{oneToManyCaseBean.incluirTabelaDoisNQ}"
         style="color:#CD6600; margin-left:15px;" onclick="PF('dlgLoader').show()"
         oncomplete="PF('dlgLoader').hide()"/>

       <p:commandLink value=" Experimento 28: Recuperando registros"
         styleClass="sel_link"  action="#{oneToManyCaseBean.recuperarRegistros}"
         style="color:#CD6600; margin-left:15px;" onclick="PF('dlgLoader').show()"
         oncomplete="PF('dlgLoader').hide()"/>
     </p:panelGrid>
     </center>
     <br/>
   </h:form>
 </p:dialog>
</ui:fragment>
```

Listagem 30.11 O fragmento de página **dlgOneToMany.xhtml**.

Abra a página **homeShowCase.xhtml** e insira nela, por fora de qualquer form, a linha em destaque:

```
<!-- Utilize a progressBar na pagina por fora de qualquer form -->
<a:progressbar widgetVar="progressbar"/>

<ui:include src="/pages/showcase/mapeamentos/dlgSelfRelation.xhtml" />
<ui:include src="/pages/showcase/mapeamentos/dLgOneToMany.xhtmL"/>        Adicione isto

  </ui:define>
</ui:composition>
```

Listagem 30.12
O fragmento sendo adicionado (ou habilitado) na homeShowCase, imediatamente acima do fechamento da tag <ui:define>.

Fim do Laboratório 30.4

Criando um objeto empresa gerenciável

Laboratório 30.5

Realizamos modificações na classe Pessoa (um objeto pessoa necessita de um objeto empresa — o relacionamento é do tipo "uma empresa possui muitas pessoas").
Assim, podemos fazer isto adicionando um objeto *empresa* gerenciado pelo EntityManager, enviando para a classe **DomainObjectTest** um objeto persistente de fachada (**empresaFacade**) com o propósito de popular um objeto empresa, mesmo que para isto tenhamos de ir ao banco buscar esses dados. Será necessário modificar esta classe. Abra-a e recodifique-a totalmente, conforme a listagem abaixo:

```java
package br.eti.amazu.infra.view.util;

import java.util.Date;

import br.eti.amazu.infra.domain.core.Empresa;
import br.eti.amazu.infra.domain.core.Pessoa;
import br.eti.amazu.infra.domain.core.Usuario;
import br.eti.amazu.infra.persistence.appfacade.IAppFacade;
import br.eti.amazu.infra.util.DateUtil;
import br.eti.amazu.component.pworld.persistence.exception.DaoException;

public class DomainObjectTest {

  public static Pessoa getPessoa(IAppFacade<Empresa> empresaFacade) {

    Empresa empresa = getEmpresa(empresaFacade); //gera uma empresa
    empresaFacade.clear(); //limpa e EntityManager.

    Pessoa pessoa = new Pessoa();
    pessoa.setNome("José da Silva");
    pessoa.setDataNascimento(DateUtil.getDate("01/01/1979"));
    pessoa.setCpf("999.999.999-99");
    pessoa.setIdt("101010-ES");
    pessoa.setCep("70730510");
    pessoa.setUf("DF");
    pessoa.setCidade("Brasília");;
    pessoa.setBairro("Asa Sul");
```

continua

Listagem 30.13a Recodificação da classe **DomainObjectTest**.

continuação

```
   pessoa.setLogradouro("SCLRN");
   pessoa.setComplemento("Apto");
   pessoa.setNr("703");
   pessoa.setFone("(27)9999-0000");
   pessoa.setCelular("(27)8888-1111");
   pessoa.setEmail("nome@hot.com");

   pessoa.setEmpresa(empresa); //populando empresa

   return pessoa;

  }


  public static Usuario getUsuario() {
   Usuario usuario = new Usuario();
   usuario.setNomeUsuario("user500");
   usuario.setSenha("admin");
   usuario.setBloqueado("F");
   usuario.setDataPrimeiroAcesso(new Date());
   usuario.setPrimeiroAcesso("T");
   return usuario;
  }


  /* -------------------------------------------
   *  LICAO 30 EM DIATE
   *  Retorna a empresa (cria uma, se nao existir)
   *  Metodo criado para atender os experimentos
   *  do mapeamento OneToMany.
   -------------------------------------------*/
  static Empresa getEmpresa(IAppFacade<Empresa> empresaFacade){

   try {

    Empresa empresa = empresaFacade.recuperar(Empresa.class, 1L);

    if(empresa == null) {
     empresa = new Empresa();
     empresa.setId(1L);
     empresa.setRazaoSocial("Minha Empresa LTDA.");
     empresa.setNomeFantasia("Minha Empresa");
     empresa.setCnpj("00.000.000/0001-00");
     empresaFacade.incluir(empresa);
    }

    return empresa;

   } catch (DaoException e) {
    e.printStackTrace();
   }

   return null;

  }

}
```

Com esta modificação, a classe **OneToOneCaseBean** irá acusar alguns erros que serão corrigidos no próximo laboratório.

Listagem 30.13b Recodificação da classe **DomainObjectTest**.

Fim do Laboratório 30.5

Modificação da classe OneToOneCaseBean

Laboratório 30.6

Bom, para garantir o funcionamento dos experimentos da Lição 29, também será necessário algumas modificações na classe **OneToOneCaseBean**, e assim garantir que seus experimentos mantenham total compatibilidade com a nova configuração. Abra esta classe e realize as modificações que se seguem...

1) Primeira modificação:

```
@Inject
DialogBean dialogBean;

  //LICAO 30 EM DIANTE
  @Inject
  IAppFacade<Empresa> empresaFacade;

/* ---------------------------------------------------
 *  EXPERIMENTO 06 - Incluir somente na tabela PESSOA
 ---------------------------------------------------*/
```

Adicione isto

Logo no início das declarações, adicione mais uma fachada que terá a função de buscar um objeto **empresa**, em um momento oportuno — faça os *imports* necessários.

Listagem 30.14 Primeira modificação na classe OneToOneCaseBean.

2) Segunda modificação:

```
Pessoa pessoa = DomainObjectTest.getPessoa();
```

Troque isto...

Esta declaração existe em dois locais dentro da classe...

...por isto!

Desta vez mandando o objeto **empresaFacade** como parâmetro.

```
Pessoa pessoa = DomainObjectTest.getPessoa(empresaFacade);
```

3) Terceira modificação:

Substitua todo o método do Experimento 12, por este aqui...

```
/* ----------------------------------------------------
 *  EXPERIMENTO 12 - Inclusao na tabela 1 com NativeQuery
 ----------------------------------------------------*/
public void  incluirTabelaUmNativeQuery(){

  FormatTest.printHeader("ONE TO ONE",
      "Experimento 12 - Inclusão na tabela 1 com NativeQuery");

  try {
    /* Inicialmente, inicializa a SQL a ser executada (no caso, eh uma SQL de inclusao).
     * Setamos apenas os campos obrigatorios (exceto o id que serah definido pela JPA).*/

    //--------------------------------------------------------------------------------
    //LIÇÃO 29 - LINHAS ABAIXO COMENTADAS A PARTIR DA LICAO 30
    //String sql = "INSERT INTO PWORLD.PESSOA (ID_PESSOA, NOME, DATA_NASCIMENTO, CPF, IDT) "+
    //"VALUES(  NEXTVAL('PWORLD.PESSOA_SEQ'),   :param0, :param1, :param2, :param3)";
    //--------------------------------------------------------------------------------
```

continua

Listagem 30.15a Recodificação da classe **OneToOneCaseBean**.

continuação

```
      /* ----------------------------------------------------------------
       * ALTERAÇAO DAS LINHAS ABAIXO, A PARTIR DA LICAO 30
       * ----------------------------------------------------------------
       * EH NECESSARIO A INCLUSAO PREVIA DE UM REGISTRO NA TABELA EMPRESA
       * Buscando uma pessoa, apenas para trazer a empresa*/
      Pessoa pessoa = DomainObjectTest.getPessoa(empresaFacade); //nesse instante, pessoa eh new.
      Empresa empresa = pessoa.getEmpresa(); //pegando os dados da empresa

      String sql = "INSERT INTO PWORLD.PESSOA "
        + "(ID_PESSOA, NOME, DATA_NASCIMENTO, CPF, IDT, ID_EMPRESA) " +
         "VALUES(  NEXTVAL('PWORLD.PESSOA_SEQ'),   :param0, :param1, :param2, :param3, :param4)";

      /* Lista dos parametros da SQL.*/
      List<Object> params = new ArrayList<Object>();
      params.add("Luis Alves de Lima e Silva"); //....NOME: O parametro zero (:param0);
      params.add(DateUtil.getDate("25/08/1803"));//...DATA_NASCIMENTO: O parametro um (:param1)
      params.add("888.888.888-10"); //................CPF: O parametro dois (:param2);
      params.add("9999-XX"); //.......................IDT: O parametro tres (:param3);
      params.add(empresa.getId()); //.................ID_EMPRESA: LICAO 30 EM DIANTE

      //"Desatachando" pessoa e empresa (evitando gravacoes desnecessarias)
      pessoaFacade.detach(pessoa);
      empresaFacade.detach(empresa);
      //------------------------------
      //FIM DE ALTERAÇAO DAS LINHAS ...
      //------------------------------

      //Executa a SQL e loga.
      pessoaFacade.executarNQ(sql, params);
      Log.setLogger("", "Operação efetuada com sucesso.", Level.INFO, Ansi.BLUE);
      FormatTest.printFooter();

    } catch (DaoException e) {
      e.printStackTrace();
    }
  }
```

Listagem 30.15b Recodificação da classe **OneToOneCaseBean**.

Fim do Laboratório 30.6

Realizar novamente todos os experimentos da Lição 29

Laboratório 30.7

Antes de iniciarmos os experimentos com o mapeamento OneToMany, será conveniente a realização, novamente, de todos os experimentos da Lição 29, já que realizamos algumas modificações com a introdução da classe Empresa, mas antes, vamos fazer o seguinte:

1) Vamos configurar alguns elementos: Abra o arquivo persistence.xml e habilite a linha
   ```
   <property name="hibernate.hbm2ddl.auto"  value="create-drop"/>
   ```
   Com o pgAdmin aberto, apague o banco de dados e recrie-o novamente — recrie também o esquema **pworld**.

2) Tudo zerado, rode o aplicativo e execute todos os experimentos da Lição 29, do 06 até o 21 (não se esquecendo de criar a função "sem_acento" no banco de dados). Depois de concluir com êxito todos os experimentos da Lição 29, desligue o WildFly e desabilite a configuração *hibernate.hbm2ddl.auto* do arquivo persistence.xml.

Fim do Laboratório 30.7

Experimentos One To Many / Many To One

Laboratório 30.8

Experimento 22: Incluir na tabela DEPENDENTE

Sob o pacote *br.eti.amazu.infra.view.showcase.mapeamentos*, crie a classe **OneToManyCaseBean** com o seu Experimento 22, como mostrado na listagem abaixo: (Faça todos os imports necessários, utilizando o comando Ctrl + Shift + o).

```java
package br.eti.amazu.infra.view.showcase.mapeamentos;

import java.io.Serializable;

import javax.enterprise.context.RequestScoped;
import javax.inject.Inject;
import javax.inject.Named;

import org.apache.log4j.Level;

import br.eti.amazu.component.dialog.DialogBean;
import br.eti.amazu.component.dialog.DialogType;
import br.eti.amazu.component.pworld.persistence.exception.DaoException;
import br.eti.amazu.infra.domain.core.Dependente;
import br.eti.amazu.infra.domain.core.Empresa;
import br.eti.amazu.infra.domain.core.Pessoa;
import br.eti.amazu.infra.persistence.appfacade.IAppFacade;
import br.eti.amazu.infra.util.DateUtil;
import br.eti.amazu.infra.util.log.Ansi;
import br.eti.amazu.infra.util.log.Log;
import br.eti.amazu.infra.view.util.FormatTest;


@Named
@RequestScoped
public class OneToManyCaseBean implements Serializable{

  private static final long serialVersionUID = 1L;

  @Inject
  IAppFacade<Pessoa> pessoaFacade;

  @Inject
  IAppFacade<Empresa> empresaFacade;

  @Inject
  DialogBean dialogBean;

  /* ----------------------------------------------
   *  EXPERIMENTO 22 - Incluir na tabela DEPENDENTE
   ----------------------------------------------*/
  public void incluirDependente() {

   /* Existem duas maneiras de se incluir um registro na tabela DEPENDENTE:
    * Utilizando a injeção de uma fachada de dependente (IAppFacade<Dependente>), como
    * abaixo:
    * Dependente dependente = new Dependente();
      dependente.setPessoa(pessoa); //uma pessoa gerenciada pelo entityManager
      dependenteFacade.incluir(dependente);

```

continua

Listagem 30.16a A classe **OneToManyCaseBean**.

continuação

```java
 * A outra maneira eh utilizando o CascadeType (persistencia em cima do objeto
 * pessoa, que por cascata, iria inserir um registro na tabela DEPENDENTE), como
 * realizado neste experimento (abaixo): */
FormatTest.printHeader("ONE TO MANY", "Experimento 22 - Incluir dependente");

try {
  //Buscando uma pessoa com id conhecido
  Pessoa pessoa = pessoaFacade.recuperar(Pessoa.class, 2L);
  if(pessoa != null) {

    //Criando um dependente da pessoa
    Dependente dependente = new Dependente();
    dependente.setDataNascimento(DateUtil.getDate("25/03/1964"));
    dependente.setGrauParent("Filho");
    dependente.setNome("José Carlos Blá");
    dependente.setPessoa(pessoa);

    //adicionando o dependente na lista de dependentes da pessoa buscada
    pessoa.getDependentes().add(dependente);

    //Ao alterar pessoa, um registro na tabela DEPENDENTE serah incluido.
    pessoaFacade.alterar(pessoa);

    Log.setLogger("", "incluiu " + dependente.getNome().toUpperCase() + " de "
        + pessoa.getNome() + " com sucesso!", Level.INFO,  Ansi.BLUE);

  }else {
    dialogBean.addMessage("Não encontoru a pessoa pesquisada." , DialogType.ERROR);
  }
  FormatTest.printFooter();

} catch (DaoException e) {
  e.printStackTrace();
}
}
}
```

Listagem 30.16b A classe **OneToManyCaseBean**.

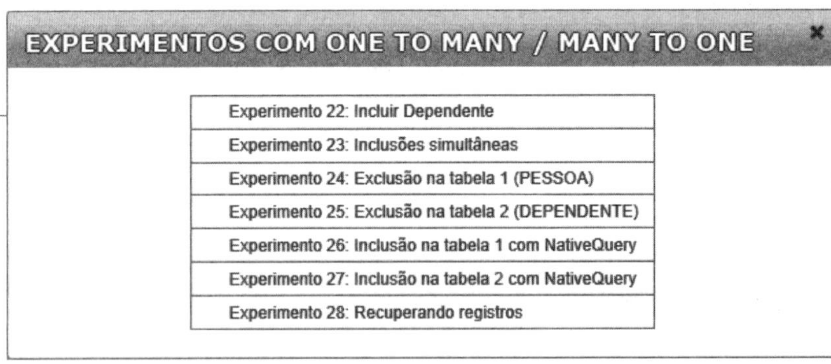

Figura 30.7 O dialog que expõe os experimentos da Lição 30.

Após rodar o experimento 22, é possível observar no console do Eclipse um log mais ou menos parecido com isto:

```
*****************************************************************
ONE TO MANY
*****************************************************************
Experimento 22 - Incluir dependente
-----------------------------------------------------------------
incluiu JOSÉ CARLOS BLÁ de Pedro Manoel Silva da Silva com sucesso!
-----------------------------------------------------------------
```

Listagem 30.17 O funcionamento do Experimento 22.

Fim do Laboratório 30.8

Laboratório 30.9

Experimento 23: Inclusões simultâneas

Insira o método da listagem abaixo dentro da classe OneToManyCaseBean. Rode o experimento e observe o resultado no console do Eclipse...

```
/* -------------------------------------
 *  EXPERIMENTO 23 - Inclusoes simultaneas
 -------------------------------------*/
public void incluirSimultaneo() {

  /* A ideia aqui eh incluir um registro na tabela PESSOA e
   * varios registros na tabela DEPENDENTE, em cascata,
   * persistinho o objeto PESSOA */

  FormatTest.printHeader("ONE TO MANY", "Experimento 23 - Inclusões simultâneas");

  try {

    //cria um objeto pessoa (novo)
    Pessoa pessoa = DomainObjectTest.getPessoa(empresaFacade);
    pessoa.setNome("Maria da Silva"); //dando outro nome, apenas para diferenciar

    //Criando o dependente1 - poderiamos criar o dependente2, 3, 4...
    Dependente dependente1 = new Dependente();
    dependente1.setDataNascimento(DateUtil.getDate("25/03/2012"));
    dependente1.setGrauParent("Filha");
    dependente1.setNome("Marta da Silva");
    dependente1.setPessoa(pessoa);

    //adicionando o dependente na lista de dependentes da pessoa
    Set<Dependente> dependentes = new HashSet<Dependente>();
    dependentes.add(dependente1); //adicionariamos aqui outros dependentes alem do 1...
    pessoa.setDependentes(dependentes);

    pessoaFacade.incluir(pessoa);

    Log.setLogger("", "incluiu " + pessoa.getNome() + " e "
        + dependente1.getNome().toUpperCase() +
            " com sucesso!", Level.INFO,  Ansi.BLUE);

    FormatTest.printFooter();

  } catch (DaoException e) {
    e.printStackTrace();
  }

}
```

Realize os *imports* necessários.

Listagem 30.18 Experimento 23.

Fim do Laboratório 30.9

Laboratório 30.10

Experimento 24: Exclusão na tabela 1 (PESSOA)

Insira o método da listagem abaixo dentro da classe OneToManyCaseBean. Rode o experimento e observe o resultado no console do Eclipse...

```
/* ---------------------------------------------
 *  EXPERIMENTO 24 - Exclusao na tabela 1 (PESSOA)
 ---------------------------------------------*/
public void excluirTabelaUm() {

  /* A ideia aqui eh excluir um registro na tabela PESSOA e
   * todos os seus dependentes seriam tambem excluidos. */

  FormatTest.printHeader("ONE TO MANY", "Experimento 24 - Exclusão na tabela 1 (PESSOA)");

  try {

    /*
     * Inicialmente deve-se gerenciar o objeto a ser excluido.
     * Busca-se o objeto pessoa incialmente, deixando-o gerenciado.
     * Pressupoe a existencia de uma pessoa com id=1.
     */

    Pessoa pessoa = pessoaFacade.recuperar(Pessoa.class, 1L);

    if(pessoa != null) {

      //A exclusao de pessoa exclui tambem seus dependentes.
      pessoaFacade.excluir(pessoa);

      Log.setLogger("", "Excluiu " + pessoa.getNome() + " e todos os seus dependentes."
          , Level.INFO,  Ansi.BLUE);


    }else {
      Log.setLogger("", "Não encontrou a pessoa pesquisada.", Level.INFO,  Ansi.BLUE);
    }

    FormatTest.printFooter();

  } catch (DaoException e) {
    e.printStackTrace();
  }

}
```

Listagem 30.19 Experimento 24.

Fim do Laboratório 30.10

Experimento 25: Exclusão na tabela 2 (DEPENDENTE)

Laboratório 30.11

Insira o método da listagem abaixo dentro da classe OneToManyCaseBean. Rode o experimento e observe o resultado no console do Eclipse...

```
/* -------------------------------------------------
 *  EXPERIMENTO 25 - Exclusao na tabela 2 (DEPENDENTE)
 -------------------------------------------------*/
public void excluirTabelaDois() {

  /* A ideia aqui eh excluir todos os dependentes de uma pessoa.
   * Existem algumas maneiras de se fazer isto:
   * uma boa ideia seria utilizando o CascadeType
   * (persistencia em cima do objeto pessoa, que por cascata,
   * iria excluir os registros na tabela DEPENDENTE),
   * em conjunto com a instrucao "orphanRemoval=true",
   * como realizado neste experimento (abaixo): */

  FormatTest.printHeader("ONE TO MANY", "Experimento 25 - Exclusão na tabela 2 (DEPENDENTE)");

  try {
    //Inicialmente deve-se gerenciar o objeto pessoa
    //Pressupoe a existencia de uma pessoa com id=4.
    Pessoa pessoa = pessoaFacade.recuperar(Pessoa.class, 4L);

    if(pessoa != null) {

      //apaga todos os dependentes do objeto gerenciado
      pessoa.getDependentes().clear();

      //altera pessoa e excluui todos os seus dependentes no BD.
      pessoaFacade.alterar(pessoa);

      Log.setLogger("", "Excluiu todos os dependentes de " +
          pessoa.getNome(), Level.INFO,  Ansi.BLUE);

    }else {
      Log.setLogger("", "Não encontrou a pessoa pesquisada.", Level.INFO,  Ansi.BLUE);
    }

    /* Para excluir simultaneamente (PESSOA e DEPENDENTES), bastar-se-ia executar:
     * pessoaFacade.excluir(pessoa); */

    FormatTest.printFooter();

  } catch (DaoException e) {
    e.printStackTrace();
  }

}
```

Listagem 30.20 Experimento 25.

Fim do Laboratório 30.11

Experimento 26: Inclusão na tabela 1 com Native Query

Laboratório 30.12

Insira o método da listagem abaixo dentro da classe OneToManyCaseBean. Rode o experimento e observe o resultado no console do Eclipse...

```
/* ---------------------------------------------------
 *  EXPERIMENTO 26 - Inclusao na tabela 1 com nativeQuery
 ---------------------------------------------------*/
public void incluirTabelaUmNQ(){

  FormatTest.printHeader("ONE TO MANY / MANY TO ONE",
     "Experimento 26 - Inclusão na tabela 1 com Native Query");

  try{

    //considere utilizar StringBuffer, ao inves de String
    String sql = "INSERT INTO PWORLD.PESSOA("
       + "ID_PESSOA,"
       + "CELULAR,"
       + "CPF,"
       + "DATA_NASCIMENTO,"
       + "EMAIL, "
       + "FONE,"
       + "IDT,"
       + "NOME,"
       + "CEP,"
       + "NR) "
       + "VALUES ("
       + "nextval('PWORLD.PESSOA_SEQ'), "  // ID_PESSOA
       + "'(27)9999-9999', " // CELULAR
       + "'999.999.999-99', "    // CPF
       + "'2000-03-01', "// DATA_NASCIMENTO
       + "'fulano@hot.com', "// EMAIL
       + "'(27)3333-3333', "// FONE
       + "'1110-ES/PT', "//IDT
       + "'Nome da Pessoa', "// NOME
       + "'31270570', "// CEP
       + "'55')";// NR

    pessoaFacade.executarNQ(sql);
    Log.setLogger("", "Operação concluída com sucesso!", Level.INFO, Ansi.BLUE);
    dialogBean.addMessage("Operação concluída com sucesso!",  DialogType.INFO_CLOSABLE);
    FormatTest.printFooter();

  }catch(DaoException e){
    e.printStackTrace();
  }

}
```

Listagem 30.21 Experimento 26.

Fim do Laboratório 30.12

Experimento 27: Inclusão na tabela 2 com Native Query

Laboratório 30.13

Insira o método da listagem abaixo dentro da classe OneToManyCaseBean. Rode o experimento e observe o resultado no console do Eclipse...

```
/* -------------------------------------------------------
 *  EXPERIMENTO 27 - Inclusao na tabela 2 com NativeQuery
 -------------------------------------------------------*/
public void incluirTabelaDoisNQ() {

  /* A ideia aqui eh incluir na tabela DEPENDENTE usando NativeQuery.*/

  FormatTest.printHeader("ONE TO MANY",
       "Experimento 27 - Inclusão na tabela 2 com NativeQuery)");

  try {

    //Escreve a SQL nativa.
    String sql = "INSERT INTO PWORLD.DEPENDENTE ("+
          "ID_DEPENDENTE, "+
          "NOME, "+
          "DATA_NASCIMENTO, "+
          "GRAU_PARENT, "+
          "ID_PESSOA) "+
            "VALUES("+
          "NEXTVAL('PWORLD.DEPENDENTE_SEQ'), "+
          ":param0, "+
          ":param1, "+
          ":param2, "+
          ":param3)";

    /* Lista dos parametros da SQL.*/
    List<Object> params = new ArrayList<Object>();
    params.add("Beto da Silva"); //...............NOME:::::::::::: O parametro zero (:param0)
    params.add(DateUtil.getDate("25/08/1870"));//..DATA_NASCIMENTO:: O parametro um   (:param1)
    params.add("Filho"); //....................  .GRAU_PARENT::::::O parametro dois (:param2)
    params.add(4L); //.................... ......ID_PESSOA:::::::: O parametro tres (:param3)

    //Executa a SQL e loga.
    pessoaFacade.executarNQ(sql, params);
    Log.setLogger("", "Operação efetuada com sucesso.", Level.INFO, Ansi.BLUE);
    FormatTest.printFooter();

  } catch (DaoException e) {
    e.printStackTrace();
  }

}
```

Realize os *imports* necessários.

Listagem 30.22 Experimento 27.

Fim do Laboratório 30.13

Experimento 28: Recuperando registros

Laboratório 30.14

Para a execução deste experimento, será necessário popular as tabelas de endereços. Para tanto, abra o pgAdmin, banco **pworld**, esquema **pworld**, e execute as sentenças SQL abaixo... Antes, verifique a existência das tabelas PAIS, UF, CIDADE, BAIRRO e LOGRADOURO.

```
INSERT INTO pworld.pais (id_pais, nome_pais) VALUES (1, 'Brasil');
INSERT INTO pworld.pais (id_pais, nome_pais) VALUES (2, 'Argentina');
INSERT INTO pworld.pais (id_pais, nome_pais) VALUES (3, 'Paraguai');
INSERT INTO pworld.pais (id_pais, nome_pais) VALUES (4, 'Colombia');
INSERT INTO pworld.pais (id_pais, nome_pais) VALUES (5, 'Venezuela');
INSERT INTO pworld.pais (id_pais, nome_pais) VALUES (6, 'Uruguai');

INSERT INTO pworld.uf (id_uf, nome_uf, sigla, id_pais) VALUES (1, 'Acre', 'AC', 1);
INSERT INTO pworld.uf (id_uf, nome_uf, sigla, id_pais) VALUES (2, 'Alagoas', 'AL', 1);
INSERT INTO pworld.uf (id_uf, nome_uf, sigla, id_pais) VALUES (3, 'Amazonas', 'AM', 1);
INSERT INTO pworld.uf (id_uf, nome_uf, sigla, id_pais) VALUES (4, 'Amapá', 'AP', 1);
INSERT INTO pworld.uf (id_uf, nome_uf, sigla, id_pais) VALUES (5, 'Bahia', 'BA', 1);
INSERT INTO pworld.uf (id_uf, nome_uf, sigla, id_pais) VALUES (6, 'Ceará', 'CE', 1);
INSERT INTO pworld.uf (id_uf, nome_uf, sigla, id_pais) VALUES (7, 'Distrito Federal', 'DF', 1);
INSERT INTO pworld.uf (id_uf, nome_uf, sigla, id_pais) VALUES (8, 'Espírito Santo', 'ES', 1);
INSERT INTO pworld.uf (id_uf, nome_uf, sigla, id_pais) VALUES (9, 'Goiás', 'GO', 1);
INSERT INTO pworld.uf (id_uf, nome_uf, sigla, id_pais) VALUES (10, 'Maranhão', 'MA', 1);
INSERT INTO pworld.uf (id_uf, nome_uf, sigla, id_pais) VALUES (11, 'Minas Gerais', 'MG', 1);
INSERT INTO pworld.uf (id_uf, nome_uf, sigla, id_pais)VALUES (12, 'Mato Grosso do Sul', 'MS',1);
INSERT INTO pworld.uf (id_uf, nome_uf, sigla, id_pais) VALUES (13, 'Mato Grosso', 'MT', 1);
INSERT INTO pworld.uf (id_uf, nome_uf, sigla, id_pais) VALUES (14, 'Pará', 'PA', 1);
INSERT INTO pworld.uf (id_uf, nome_uf, sigla, id_pais) VALUES (15, 'Paraíba', 'PB', 1);
INSERT INTO pworld.uf (id_uf, nome_uf, sigla, id_pais) VALUES (16, 'Pernambuco', 'PE', 1);
INSERT INTO pworld.uf (id_uf, nome_uf, sigla, id_pais) VALUES (17, 'Piauí', 'PI', 1);
INSERT INTO pworld.uf (id_uf, nome_uf, sigla, id_pais) VALUES (18, 'Paraná', 'PR', 1);
INSERT INTO pworld.uf (id_uf, nome_uf, sigla, id_pais) VALUES (19, 'Rio de Janeiro', 'RJ', 1);
INSERT INTO pworld.uf (id_uf, nome_uf, sigla, id_pais)VALUES (20, 'Rio Grande do Norte','RN',1);
INSERT INTO pworld.uf (id_uf, nome_uf, sigla, id_pais) VALUES (21, 'Rondônia', 'RO', 1);
INSERT INTO pworld.uf (id_uf, nome_uf, sigla, id_pais) VALUES (22, 'Roraima', 'RR', 1);
INSERT INTO pworld.uf (id_uf, nome_uf, sigla, id_pais) VALUES (23, 'Rio Grande do Sul','RS', 1);
INSERT INTO pworld.uf (id_uf, nome_uf, sigla, id_pais) VALUES (24, 'Santa Catarina', 'SC', 1);
INSERT INTO pworld.uf (id_uf, nome_uf, sigla, id_pais) VALUES (25, 'Sergipe', 'SE', 1);
INSERT INTO pworld.uf (id_uf, nome_uf, sigla, id_pais) VALUES (26, 'São Paulo', 'SP', 1);
INSERT INTO pworld.uf (id_uf, nome_uf, sigla, id_pais) VALUES (27, 'Tocantins', 'TO', 1);

INSERT INTO pworld.cidade (id_cidade, nome_cidade, id_uf) VALUES (2735, 'Barbacena', 11);
INSERT INTO pworld.cidade (id_cidade, nome_cidade, id_uf) VALUES (2749, 'Barroso', 11);
INSERT INTO pworld.cidade (id_cidade, nome_cidade, id_uf) VALUES(2751,'Bela Vista de Minas',11);
INSERT INTO pworld.cidade (id_cidade, nome_cidade, id_uf) VALUES (2753, 'Belmiro Braga', 11);
INSERT INTO pworld.cidade (id_cidade, nome_cidade, id_uf) VALUES (2754, 'Belo Horizonte', 11);
INSERT INTO pworld.cidade (id_cidade, nome_cidade, id_uf) VALUES (1, 'Catalão', 9);
INSERT INTO pworld.cidade (id_cidade, nome_cidade, id_uf) VALUES (2, 'Goiandira', 9);
INSERT INTO pworld.cidade (id_cidade, nome_cidade, id_uf) VALUES (3, 'Três Ranchos ', 9);
INSERT INTO pworld.cidade (id_cidade, nome_cidade, id_uf) VALUES (4, 'Ouvidor', 9);
INSERT INTO pworld.cidade (id_cidade, nome_cidade, id_uf) VALUES (5, 'Uberlânida', 11);
INSERT INTO pworld.cidade (id_cidade, nome_cidade, id_uf) VALUES (6, 'Araguari', 11);
INSERT INTO pworld.cidade (id_cidade, nome_cidade, id_uf) VALUES (7, 'Uberaba', 11);
INSERT INTO pworld.cidade (id_cidade, nome_cidade, id_uf) VALUES (8, 'Brasília', 7);

INSERT INTO pworld.bairro (id_bairro, nome_bairro,id_cidade)VALUES(3263,'Alípio de Melo', 2754);
INSERT INTO pworld.bairro (id_bairro, nome_bairro, id_cidade) VALUES (3470, 'Pampulha', 2754);
```

continua...

Listagem 30.23a SQL endereços.

continuação

```sql
INSERT INTO pworld.bairro (id_bairro, nome_bairro, id_cidade) VALUES (1, 'Lago Sul', 8);
INSERT INTO pworld.bairro (id_bairro, nome_bairro, id_cidade) VALUES (2, 'Lago Norte', 8);
INSERT INTO pworld.bairro (id_bairro, nome_bairro, id_cidade) VALUES (3, 'Noroeste', 8);
INSERT INTO pworld.bairro (id_bairro, nome_bairro, id_cidade) VALUES (4, 'Sudoeste', 8);
INSERT INTO pworld.bairro (id_bairro, nome_bairro, id_cidade) VALUES (5, 'Asa Sul', 8);
INSERT INTO pworld.bairro (id_bairro, nome_bairro, id_cidade) VALUES (6, 'Asa Norte', 8);
INSERT INTO pworld.bairro (id_bairro, nome_bairro, id_cidade) VALUES (7, 'Sata Maria', 8);
INSERT INTO pworld.bairro (id_bairro, nome_bairro, id_cidade) VALUES (8, 'Sobradinho', 8);
INSERT INTO pworld.bairro (id_bairro, nome_bairro, id_cidade) VALUES (9, 'Taguatinga', 8);
INSERT INTO pworld.bairro (id_bairro, nome_bairro, id_cidade) VALUES (10, 'Ceilândia', 8);
INSERT INTO pworld.bairro (id_bairro, nome_bairro, id_cidade) VALUES (11, 'Brazlândia', 8);
INSERT INTO pworld.bairro (id_bairro, nome_bairro, id_cidade) VALUES (12, 'Vicente Pires', 8);
INSERT INTO pworld.bairro (id_bairro, nome_bairro, id_cidade) VALUES (13, 'Paranoa', 8);
INSERT INTO pworld.bairro (id_bairro, nome_bairro, id_cidade) VALUES (14, 'Varjão', 8);
INSERT INTO pworld.bairro (id_bairro, nome_bairro, id_cidade) VALUES (3274,'Barro Preto', 2754);
INSERT INTO pworld.bairro (id_bairro,nome_bairro,id_cidade)VALUES(4161,'Sagrada Família', 2754);
INSERT INTO pworld.bairro (id_bairro, nome_bairro, id_cidade) VALUES(7241,'Santa Teresa', 2754);

INSERT INTO pworld.logradouro (id_logradouro, cep, nome_logradouro, id_bairro) VALUES (144050,
'31270570', 'Rua Asa', 3470);
INSERT INTO pworld.logradouro (id_logradouro, cep, nome_logradouro, id_bairro) VALUES (144132,
'31270430', 'Rua Aurélio Pires', 3470);
INSERT INTO pworld.logradouro (id_logradouro, cep, nome_logradouro, id_bairro) VALUES (144213,
'31270520', 'Rua Balsamar', 3470);
INSERT INTO pworld.logradouro (id_logradouro, cep, nome_logradouro, id_bairro) VALUES (146033,
'31310020', 'Avenida Dom Orione', 3470);
INSERT INTO pworld.logradouro (id_logradouro, cep, nome_logradouro, id_bairro) VALUES (147227,
'31270400', 'Rua General Aranha', 3470);
INSERT INTO pworld.logradouro (id_logradouro, cep, nome_logradouro, id_bairro) VALUES (1,
'70730510', 'SCLRN 703', 6);
INSERT INTO pworld.logradouro (id_logradouro, cep, nome_logradouro, id_bairro) VALUES (2,
'72010010', 'C-01', 9);
INSERT INTO pworld.logradouro (id_logradouro, cep, nome_logradouro, id_bairro) VALUES (14,
'72010020', 'C-02', 9);
INSERT INTO pworld.logradouro (id_logradouro, cep, nome_logradouro, id_bairro) VALUES (15,
'71570201', 'Q 02 CONJUNTO A', 13);
INSERT INTO pworld.logradouro (id_logradouro, cep, nome_logradouro, id_bairro) VALUES (16,
'71570202', 'Q 02 CONJUNTO B', 13);
INSERT INTO pworld.logradouro (id_logradouro, cep, nome_logradouro, id_bairro) VALUES (17,
'71570203', 'Q 02 CONJUNTO C', 13);
INSERT INTO pworld.logradouro (id_logradouro, cep, nome_logradouro, id_bairro) VALUES (18,
'71570204', 'Q 02 CONJUNTO D', 13);
INSERT INTO pworld.logradouro (id_logradouro, cep, nome_logradouro, id_bairro) VALUES (19,
'71570205', 'Q 02 CONJUNTO E', 13);
INSERT INTO pworld.logradouro (id_logradouro, cep, nome_logradouro, id_bairro) VALUES (20,
'71570206', 'Q 02 CONJUNTO F', 13);
INSERT INTO pworld.logradouro (id_logradouro, cep, nome_logradouro, id_bairro) VALUES (21,
'72501101', 'AC 101 BLOCO A', 7);
INSERT INTO pworld.logradouro (id_logradouro, cep, nome_logradouro, id_bairro) VALUES (22,
'72501102', 'AC 101 BLOCO B', 7);
INSERT INTO pworld.logradouro (id_logradouro, cep, nome_logradouro, id_bairro) VALUES (23,
'72501103', 'AC 101 BLOCO C', 7);
INSERT INTO pworld.logradouro (id_logradouro, cep, nome_logradouro, id_bairro) VALUES (24,
'72501104', 'AC 101 BLOCO D', 7);
INSERT INTO pworld.logradouro (id_logradouro, cep, nome_logradouro, id_bairro) VALUES (25,
'72501105', 'AC 101 BLOCO E', 7);
INSERT INTO pworld.logradouro (id_logradouro, cep, nome_logradouro, id_bairro) VALUES (26,
'72501106', 'AC 101 BLOCO F', 7);
```

Listagem 30.23b SQL endereços.

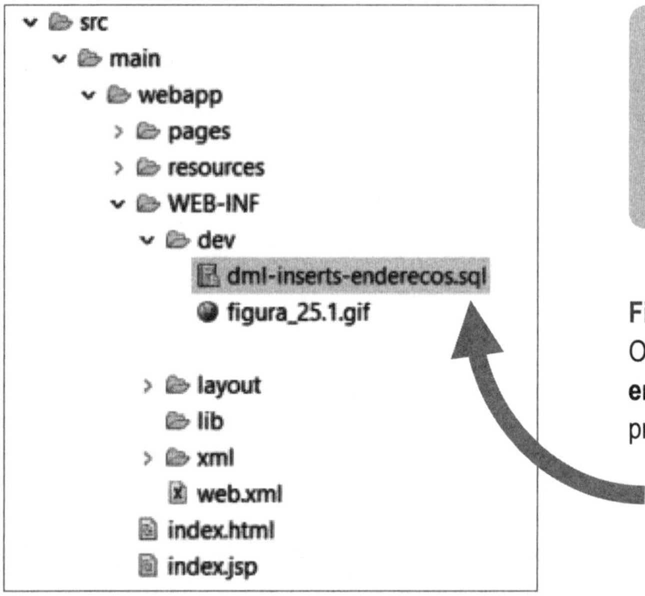

> Este arquivo (Listagem 30.23 - SQL endereços) pode ser obtido em www.amazu.eti.br, na lição correspondente ao livro, dentro do código fonte. O nome do arquivo é **dml-inserts-enderecos.sql**.

Figura 30.8
O arquivo **dml-inserts-enderecos.sql**, que irá apoiar o próximo experimento.

Para abrir esse arquivo, no pgAdmin, acione o menu *Tools*, opção *Query Tool*. Na janela que se abre, clique no botão *Open File*, localizado na extrema direita da barra de ferramentas, e localize o arquivo, abrindo-o.

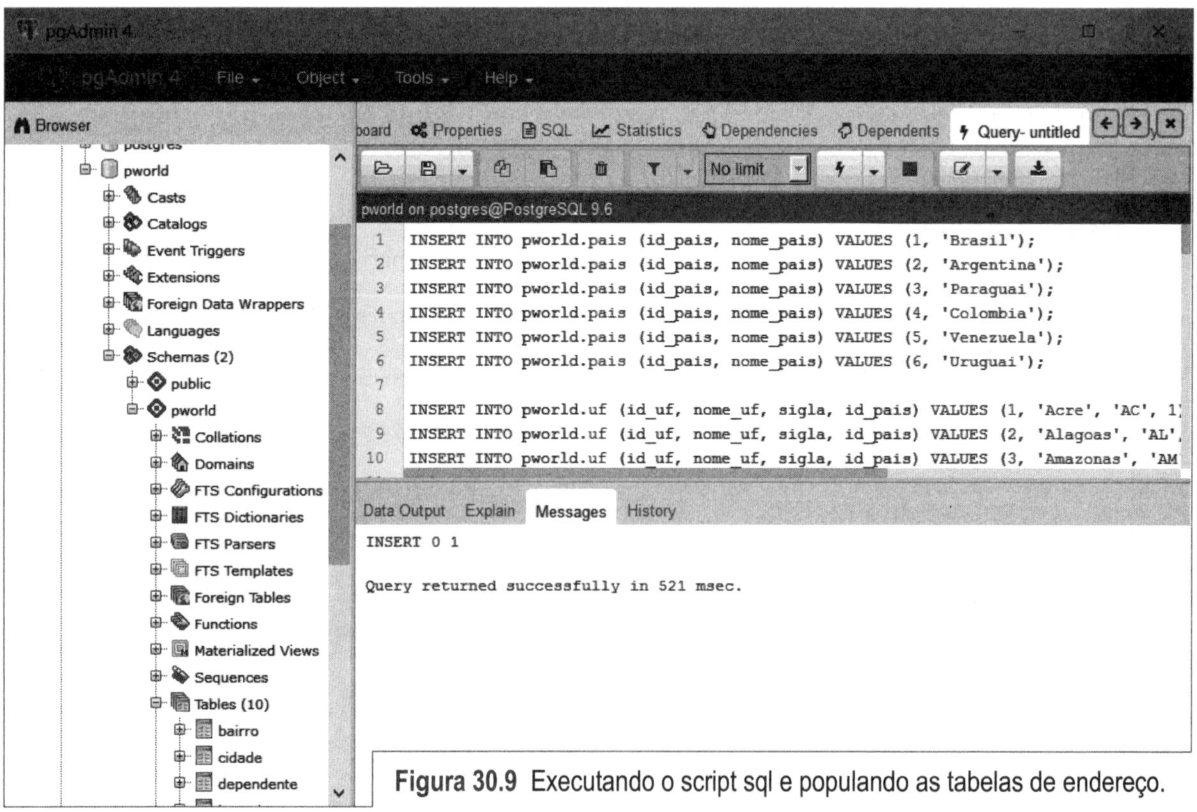

Figura 30.9 Executando o script sql e populando as tabelas de endereço.

Se o arquivo não abrir, abra-o com um editor de texto e copie o seu conteúdo para dentro do editor da ferramenta **Query Tool**. Para abrir o Query Tool, clique com o botão direito do mouse em cima do esquema **pworld** e acione o menu correspondente. Para executar, clique no botão *Execute*.

Após confirmar no banco de dados de que todos os registros foram devidamente persistidos...

...insira o método da listagem abaixo dentro da classe **OneToManyCaseBean**. Rode o experimento e observe o resultado no console do Eclipse...

Figura 30.10
A tabela Pais e as outras de endereços foram populadas!

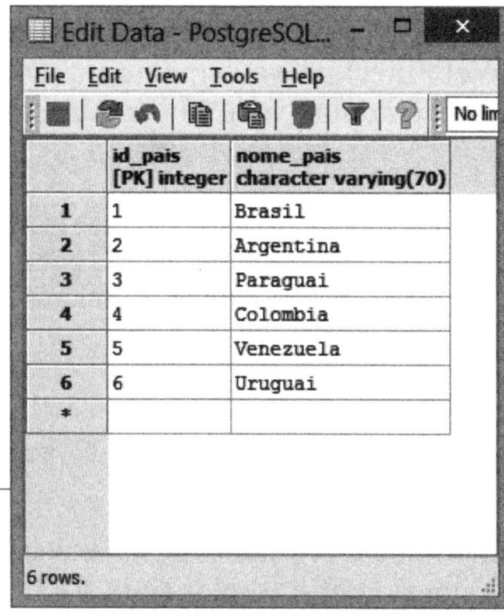


```
/* ---------------------------------------
 *  EXPERIMENTO 28 - Recuperando registros
 --------------------------------------*/
public void recuperarRegistros(){
  /* Listar todos os dados de todas as pessoas. Considere ter de fazer isto de forma paginada*/
  FormatTest.printHeader("ONE TO MANY / MANY TO ONE",
        "Experimento 28 - Recuperando registros");

  try{
    List<Pessoa> pessoas = pessoaFacade.listar("Pessoa.all");

    for(Pessoa pessoa:pessoas){
      System.out.println(pessoa.getCpf() + " - " + pessoa.getNome());

      if(pessoa.getUsuario() != null){
        System.out.println("Nome de Usuário: " + pessoa.getUsuario().getNomeUsuario());

      }else{
        Log.setLogger("", "Não é um usuário do sistema.", Level.INFO, Ansi.RED);
      }

      System.out.println(pessoa.getLogradouro() + "," +
        pessoa.getBairro() + "," +
        pessoa.getCidade() + "," +
        pessoa.getUf());

      if(pessoa.getDependentes() != null && pessoa.getDependentes().size() > 0 ){
        System.out.println("DEPENDENTES:");
        for(Dependente dp:pessoa.getDependentes()){
          System.out.println(dp.getNome() + "- "+ dp.getGrauParent());
        }
      }
      System.out.println("________________________________________________________________");
    }

    Log.setLogger("", "Operação concluída com sucesso!", Level.INFO, Ansi.BLUE);
    dialogBean.addMessage("Operação concluída com sucesso!",  DialogType.INFO_CLOSABLE);
    FormatTest.printFooter();

  }catch(DaoException e){
    e.printStackTrace();
  }
}
```

Listagem 30.24 Experimento 28.

Fim do Laboratório 30.14

Se você eliminar a classe ConnectionFilter (você pode fazer isto comentando a anotação @WebFilter) provavelmente irá perceber o lançamento de uma exceção denominada *LazyInitializationException*, você vê isto no console do Eclipse:

```
"org.hibernate.LazyInitializationException: failed to lazily
initialize a collection of role:
br.eti.amazu.blankapp.domain.Pessoa.dependentes, could not
initialize proxy - no Session"
```

A classe ConnectionFilter evita, em várias situações (não todas), esta exceção, mas ela traz também alguns inconvenientes.

É claro que o problema desta exceção também pode ser resolvido utilizando uma técnica que realiza a junção entre tabelas **(join FETCH)** que, por exemplo, poderia trazer a coleção de dependentes da pessoa pesquisada. Entretanto, como o código é bem simples, fica fácil essa dedução, o problema é quando o código é complexo. Nas próximas lições vamos explorar um pouco mais isto.

Enfim, terminamos a Lição 30. Não passe adiante sem que todos os experimentos tenham sido executados com sucesso. Reveja todos os pontos, onde falhou, passo-a-passo, com cuidado.

Lição 31
Mapeamento Many To Many

Objetivos:

- Compreender o relacionamento Many To Many, seus elementos de anotação, chaves envolvidas e ligação com as tabelas do banco de dados
- Mapear um relacionamentos Many To Many
- Realizar operações CRUD com o mapeamento Many To Many

Conceito

A relação *:*, ou N:N, ou Muitos para Muitos (Many To Many) é um tipo de relação mais complexa entre duas entidades. Ela existe quando muitos registros de uma tabela pode se relacionar com muitos registros da outra. Esse tipo de relação, quando mapeada para um banco de dados relacional, exigirá uma terceira tabela intermediando as duas. No nosso modelo, essa relação está evidenciada entre as entidades **Usuário e Perfil** e **Perfil e Funcionalidade**.

Como exemplo de perfis, podemos citar: Operador, Administrador, Visitante, etc; e como exemplo de funcionalidades: Download de Arquivos, Cadastro de Usuários, Login, etc. Vários perfis possuem várias funcionalidades e vice-versa.

Na prática, isto equivaleria a dizer que (exemplos):

- O perfil de operador possui a funcionalidade de cadastrar pessoas, entre outras;
- A funcionalidade Cadastro de Pessoas está contida no perfil de Operador, mas também está contida no perfil de Administrador.

A implementação desse tipo de relacionamento implicaria na criação de uma terceira tabela no banco de dados, nós a denominamos **Tabela Associativa**. A figura abaixo materializa esse tipo de relação.

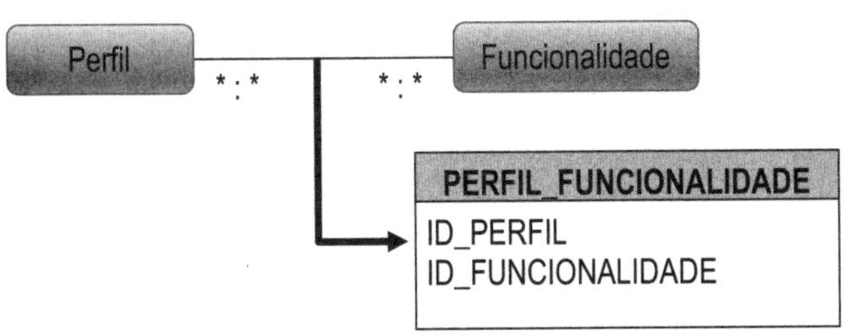

Figura 31.1
A implementação disto resultará na criação de uma **tabela associativa** no banco de dados que irá armazenar o produto cartesiano dos ***IDs*** das duas entidades.

Um outro exemplo prático disto, que é bastante utilizado no mundo real dos desenvolvedores de software, é a relação existente entre uma entidade USUÁRIO e outra entidade PERFIL, onde um usuário do sistema pode possuir vários perfis (Administrador, Operador, Cadastrador, etc.) e cada perfil desses possuindo vários usuários, resultando numa relação N:N.

Documentação

Diagrama de classes

No domínio do **nosso** projeto, a relação Muitos para Muitos, ocorre entre as seguintes entidades: Usuario e Perfil; Perfil e Funcionalidade. A tabela associativa não possui representação no diagrama de classes.

1. Usuario e Perfil

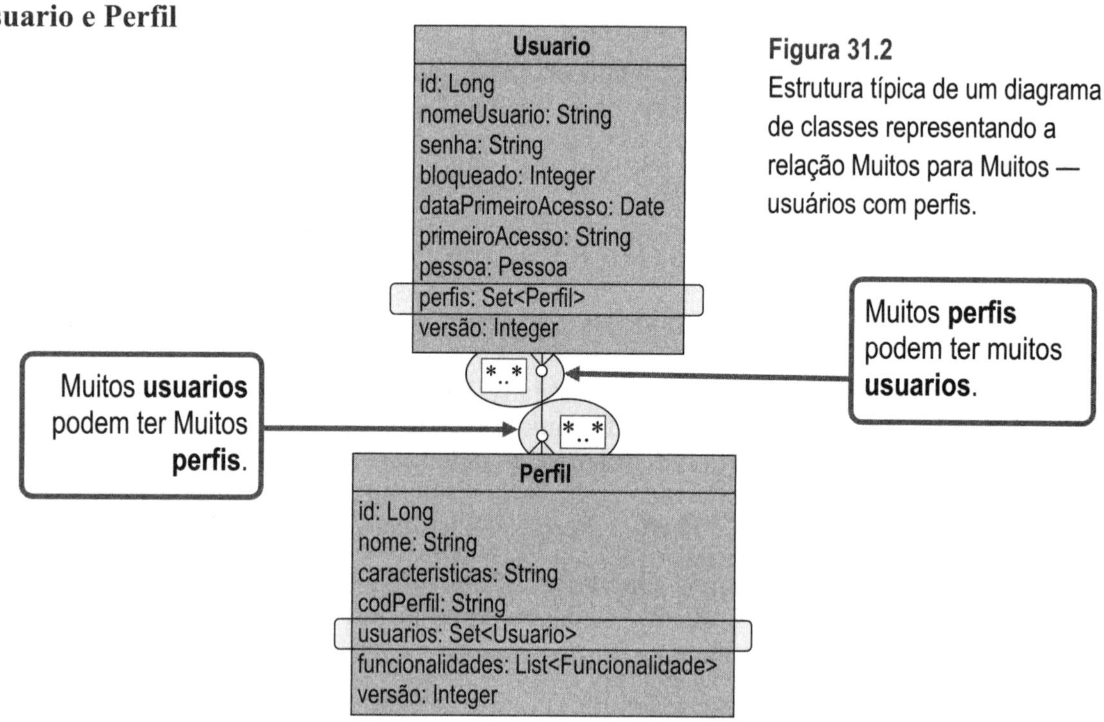

Figura 31.2
Estrutura típica de um diagrama de classes representando a relação Muitos para Muitos — usuários com perfis.

USUARIO

id_usuario [PK] bigserial	Nome_usuai character varying(7
4	João da Silva
8	José de Alencai

PERFIL

id_perfil [PK] bigseral	nome character varying
1	DESENVOLVEDOR
2	ADMINISTRADOR
3	OPERADOR MASTE
4	OPERADOR SENIOR
5	VISITANTE

USUARIO_PERFIL

id_usuario bigint	id_perfil bigint
4	1
4	2
1	15
3	18
3	18
8	1

Figura 31.3
Uma terceira tabela associa os identificadores dos registros que devem ser relacionados (esta tabela recebe o nome de PERFIL_FUNCIONALIDADE). É a relação matemática obtida pela intersecção entre as duas tabelas, ou o produto cartesiano entre elas.

2. Perfil e Funcionalidade

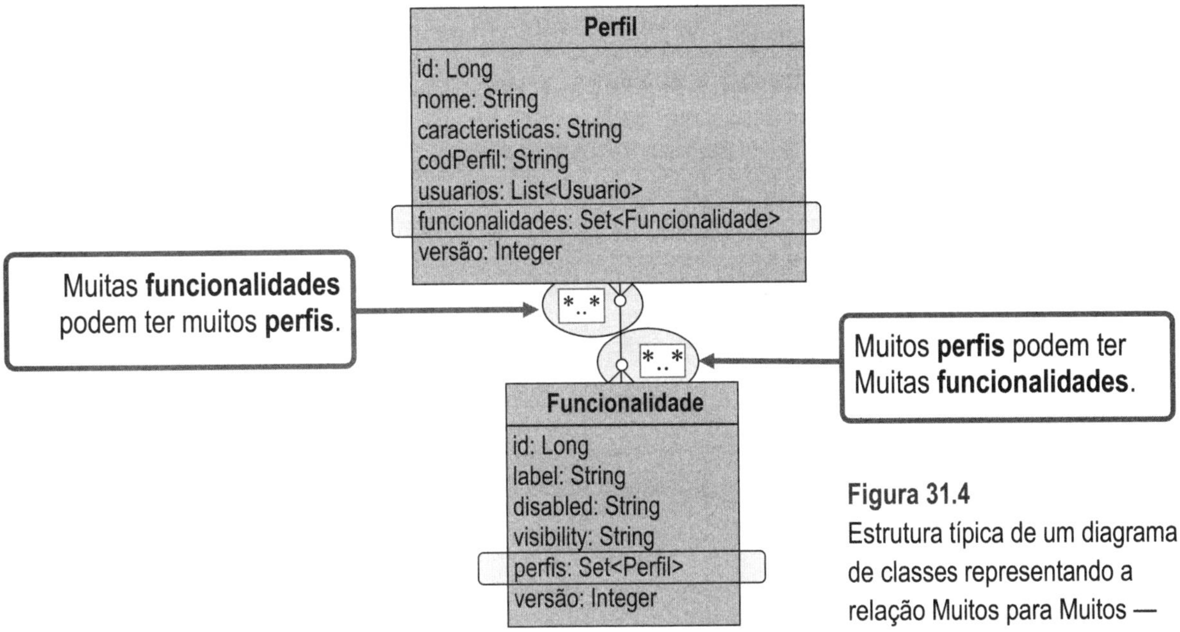

Figura 31.4
Estrutura típica de um diagrama de classes representando a relação Muitos para Muitos — perfis com funcionalidades.

PERFIL

id_perfil [PK] bigserial	nome character varyi
97	DESENVOLVEDC
98	ADMINISTRADOR

FUNCIONALIDADE

id_funcion [PK] bigseral	label text
178	/Administração/Ferrar
179	/Administração/Ferrar
180	/Administração/Ferran
181	/Administração/erramer
182	/Administração/Recursos

PERFIL_FUNCIONALIDADE

id_perfil bigint	id_funcionalidade bigint
97	178
97	179
50	181
51	181
97	183
98	178

Figura 31.5
Uma terceira tabela associa os identificadores dos registros que devem ser relacionados. É a relação matemática obtida pela intersecção entre as duas tabelas, ou o produto cartesiano entre elas.

Dicionário de dados

Usuario						
Atributo	**Tipo**	**Compri-mento**	**Valor padrão**	**Admite nulo**	**Transiente**	**Obs**
Demais atributos - ver lição anterior... Adicionar o atributo abaixo:						
perfis	Set<Perfil>					Perfis relacionados.

Perfil						
Atributo	**Tipo**	**Compri-mento**	**Valor padrão**	**Admite nulo**	**Transiente**	**Obs**
id	Long (bigserial)			N	N	PK.
nome	String (variável)	25		N	N	Nome do Perfil.
características	String (variável)	250		Y	N	Aspectos do perfil.
codPerfil	String (fixa)	3		N	N	Código do perfil: compreende uma palavra de três dígitos caixa alta. Os defaults são: Desenvolvedor = DEV, Administrador = ADM, Op Master = OPM, Op Senior = OPS, Visitante = VIS
funcionalida-des	Set<Funcionalidade>					Funcionalidades relacionadas
versao	Integer		0	Y	N	Versão do registro.

Funcionalidade						
Atributo	**Tipo**	**Compri-mento**	**Valor Padrão**	**Admite Nulo**	**Transiente**	**Obs**
id	Long (bigserial)			N	N	PK.
label	String (variável)	255		N	N	Label da funcionalidade. Irá gravar apenas a chave prevista no arquivo *messages.properties* ou grupo de chaves separadas por uma barra "/".
disabled	String (fixa)	1	F	N	N	Se a funcionalidade será desabilitada ou não: T - Desabilitada F - Habilitada
visibility	String (fixa)	1	F	N	N	Se a funcionalidade será pública ou privada: T - Pública F - Privada
perfis	Set<Perfil>					Perfis relacionados
versao	Integer		0	Y	N	Versão do registro.

Mapeamento

Mapeando Usuario com Perfil e Perfil com Funcionalidade

Laboratório 31.1

Sob o pacote *br.eti.amazu.infra.domain.core*, crie a classe **Perfil**, conforme a listagem a seguir...

```
package br.eti.amazu.infra.domain.core;

import java.util.Set;
import javax.persistence.Column;
import javax.persistence.Entity;
import javax.persistence.FetchType;
import javax.persistence.ForeignKey;
import javax.persistence.GeneratedValue;
import javax.persistence.GenerationType;
import javax.persistence.Id;
import javax.persistence.JoinColumn;
import javax.persistence.JoinTable;
import javax.persistence.ManyToMany;
import javax.persistence.NamedQueries;
import javax.persistence.NamedQuery;
import javax.persistence.SequenceGenerator;
import javax.persistence.Table;
import javax.persistence.UniqueConstraint;
import javax.persistence.Version;
import org.hibernate.annotations.Cascade;
import br.eti.amazu.component.pworld.domain.AbstractEntity;

@Entity (name="Perfil")
@Table(schema = "PWORLD", name = "PERFIL",
  uniqueConstraints={@UniqueConstraint(name="PERFIL_NOME_UK", columnNames={"NOME"}),
             @UniqueConstraint(name="PERFIL_COD_PERFIL_UK",
                columnNames={"COD_PERFIL"})}
)

@NamedQueries({
  @NamedQuery(
    name="Perfil.all",
       query="select a from Perfil a order by a.codPerfil"
  ),

  @NamedQuery(
    name="Perfil.defaults",
       query="select a from Perfil a where a.codPerfil = '1' or a.codPerfil = '2' or "+
         "a.codPerfil = '3' or a.codPerfil='4' order by a.codPerfil"
  ),

  @NamedQuery(
    name="Perfil.peloNome",
       query="select a from Perfil a where a.nome=:param0"
  ),

  @NamedQuery(
    name="Perfil.peloCod",
       query="select a from Perfil a where a.codPerfil=:param0"
  )
})
```

continua

Listagem 31.1a A classe **Perfil**.

continuação

```java

public class Perfil extends AbstractEntity<Long> {

  /* Cada usuario pode possuir varios perfis.
   *
   * 1 - DESENVOLVEDOR
   *       Carrega todas as funcionalidades do sistema.
   *
   * 2 - ADMINISTRADOR:
   *       Carrega todas as funcionalidades, menos:
   *      ------> ferramentas do desenvolvedor.
   *
   * 3 - OPERADOR MASTER
   *       Carrega todas as funcionalidades, menos:
   *      ------> ferramentas do desenvolvedor;
   *      ------> configuracoes do sistema e
   *      ------> criacao de perfis.
   *
   * 4 - OPERADOR SENIOR
   *      Carrega todas as funcionalidades, menos:
   *      ------> ferramentas do desenvolvedor;
   *      ------> configuracoes do sistema;
   *      ------> criacao de perfis;
   *      ------> cadastro de pessoal e
   *      ------> cadastro de usuarios.
   *
   * 5 - VISITANTE
   *      ------> Nao carrega as funcionalidades administrativas
   * Alem desses perfis, podem ser criados outros.
   * o administrador pode atribuir aos novos perfis as funcionalidades que desejar,
   * com algumas limitacoes:
   * -- Ele nao enxerga a pessoa que eh o desenvolvedor na lista de pessoas;
   * -- Ele nao enxerga o usuario desenvolvedor na lista de usuarios;
   * -- Ele nao enxerga um perfil chamado DESENVOLVEDOR na lista de perfis;
   * -- Ele nao enxerga as ferramentas administrativas (que sao as funcionalidades
   *    exclusivas do desenvolvedor).
   *
   * Outras limitacoes podem existir, a criterio do desenvolvedor. Por exemplo:
   * ------> Nao eh possivel visualizar o usuario DESENVOLVEDOR no modulo Manter Perfis de
   *          usuarios (apenas o proprio usuario DEV pode visualizar).
   * ------> Usuarios do tipo ADMINISTRADOR possuem acesso total, mas nao das ferramentas
   *          do desenvolvedor (nem conseguirao visualiza-las). */

  private static final long serialVersionUID = 1L;

  @Id
  @SequenceGenerator(schema="PWORLD", allocationSize=1, initialValue = 1,
     name = "PERFIL_SEQ",
        sequenceName = "PERFIL_SEQ")
  @GeneratedValue(strategy = GenerationType.IDENTITY, generator = "PERFIL_SEQ")
  @Column(name = "ID_PERFIL")
  private Long id;

  @Column (name = "NOME", columnDefinition="CHARACTER VARYING(25)")
  private String nome;

  @Column (name = "CARACTERISTICAS", columnDefinition="CHARACTER VARYING(250)")
  private String caracteristicas;

  @Column (name = "COD_PERFIL", columnDefinition="CHAR(3)")
  private String codPerfil;
```

UM USUÁRIO PODERÁ POSSUIR VÁRIOS PERFIS:

Pode ser que você queira atribuir mais de um perfil para apenas um usuário. Por exemplo: suponha que a empresa seja uma escola e que o usuário seja um professor mas também um aluno da instituição. Bastar-se-ia atribuir a ele dois perfis, o de PROFESSOR e o de ALUNO, assim, ele teria acesso a todas as funcionalidades desses dois perfis, algumas delas como (exemplo hipotético):

PROFESSOR: possui a funcionalidade “Lançar Notas de Alunos”;

ALUNO: possui a funcionalidade de “Imprimir Histórico de Notas”.

continua

Listagem 31.1b A classe **Perfil**.

continuação

```java

/* Associacao *:* com usuario:
 * -------------------------------------------
 *  LEITURA BIDIRECIONAL:
 *            |-------(LAZY)------->   |
 *    perfil  |                        |  usuario
 *            |<-------(LAZY)-------   |
 *-------------------------------------------
 *  ESCRITA BIDIRECIONAL:
 *  perfil    |<--------(write)------>|  usuario
 *----------------------------------------- */
@ManyToMany(fetch=FetchType.LAZY)
@Cascade(org.hibernate.annotations.CascadeType.ALL)
@JoinTable(
  name = "USUARIO_PERFIL", schema="PWORLD",
  joinColumns = @JoinColumn(name = "ID_PERFIL",
  foreignKey = @ForeignKey(name = "perf_usu_fk")),
  inverseJoinColumns = @JoinColumn(name = "ID_USUARIO"),
  uniqueConstraints = {
   @UniqueConstraint(
     name="UK_perfil_usuario",
     columnNames={"id_usuario","id_perfil"}
   )
  }
)
private Set<Usuario> usuarios;

/* Associacao *:* com funcionalidade:
 * ---------------------------------------------------
 *  LEITURA BIDIRECIONAL:
 *          |-------(EAGER)------->  |
 *  perfil  |                        |  funcionalidade
 *          |<-------(LAZY)-------   |
 *---------------------------------------------------
 *  ESCRITA BIDIRECIONAL:
 *  perfil |<--------(write)------>|  funcionalidade
 *------------------------------------------------- */
@ManyToMany(fetch=FetchType.EAGER)
@Cascade(org.hibernate.annotations.CascadeType.ALL)
@JoinTable(
  name = "PERFIL_FUNCIONALIDADE", schema="PWORLD",
  joinColumns = @JoinColumn(name = "ID_PERFIL",
  foreignKey = @ForeignKey(name = "perf_func_fk")),
  inverseJoinColumns = @JoinColumn(name = "ID_FUNCIONALIDADE"),
  uniqueConstraints = {
   @UniqueConstraint(
     name="UK_perfil_funcionalidade",
     columnNames={"id_perfil","id_funcionalidade"}
   )
  }
)
private Set<Funcionalidade> funcionalidades;

@Version
@Column (name="VERSAO",columnDefinition="INTEGER DEFAULT 0")
private Integer version;

/*--------
 * get/set
 ---------*/

```

Pressupõe a existência da tabela associativa USUARIO_PERFIL

Aqui, o mapeamento de Perfil com Funcionalidade.
Após a codificação disto, o Eclipse vai acusar um erro, pois ele ainda não conhece a classe Funcionalidade — ela será criada mais adiante.

Listagem 31.1c A classe **Perfil**.

Vamos agora realizar o mapeamento de Perfil no lado oposto. Abra a classe Usuario e adicione o código em destaque na listagem abaixo — faça os *imports* necessários...

```
@Version
@Column(name = "VERSAO", columnDefinition = "INTEGER DEFAULT 0")
private Integer versao;

/*
 * Associacao *:* com usuario:
 * ----------------------------------------
 *  LEITURA BIDIRECIONAL:
 *          |-------(LAZY)------->|
 *   usuario|                     |  perfil
 *          |<-------(LAZY)-------|
 *----------------------------------------
 *  ESCRITA BIDIRECIONAL:
 *  usuario |<------(write)------>|  perfil
 *-------------------------------------- */
@ManyToMany(fetch=FetchType.LAZY)
@Cascade(org.hibernate.annotations.CascadeType.ALL)
@JoinTable(
  name = "USUARIO_PERFIL", schema="PWORLD",
  joinColumns = @JoinColumn(name = "ID_USUARIO",
  foreignKey = @ForeignKey(name = "usu_perf_fk")),
  inverseJoinColumns = @JoinColumn(name = "ID_PERFIL"),
  uniqueConstraints = {
    @UniqueConstraint(
      name="UK_usuario_perfil",
      columnNames={"id_usuario","id_perfil"}
    )
  }
)
private Set<Perfil> perfis;

/*--------
 * get/set
 ---------*/
```

Adicione isto

Não se esqueça dos *imports* e de encapsular.

Listagem 31.2 Mapeamento de Perfil na classe Usuario.

Sob o pacote *br.eti.amazu.infra.domain.core*, crie a classe **Funcionalidade**, conforme a listagem a seguir...

```
package br.eti.amazu.infra.domain.core;

import java.util.Set;

import javax.persistence.Column;
import javax.persistence.Entity;
import javax.persistence.FetchType;
import javax.persistence.GeneratedValue;
import javax.persistence.GenerationType;
import javax.persistence.Id;
import javax.persistence.JoinColumn;
import javax.persistence.JoinTable;
import javax.persistence.ManyToMany;
import javax.persistence.NamedQueries;
import javax.persistence.NamedQuery;
import javax.persistence.SequenceGenerator;
```

continua

Listagem 31.3a A classe **Funcionalidade**.

continuação

```
import javax.persistence.Table;
import javax.persistence.UniqueConstraint;
import javax.persistence.Version;
import org.hibernate.annotations.Cascade;
import javax.persistence.ForeignKey;

import br.eti.amazu.component.pworld.domain.AbstractEntity;

@Entity(name = "Funcionalidade")
@Table(name = "FUNCIONALIDADE", schema = "PWORLD")

@NamedQueries({
  @NamedQuery(name = "Funcionalidade.all",
      query = "select a from Funcionalidade a order by a.label"),

  @NamedQuery(name = "Funcionalidade.nomeFuncionalidade",
    query = "select a from Funcionalidade a where a.label =:param0"),

    @NamedQuery(name = "Funcionalidade.publicas",
      query = "select a from Funcionalidade a where a.visibility ='T'"),

  @NamedQuery(name = "Funcionalidade.privadas",
    query = "select a from Funcionalidade a where a.visibility ='F'")
})
public class Funcionalidade extends AbstractEntity<Long>{


  /*
   * A funcionalidade deve ser persistida no instante da criacao de cada menu,
   * em nenhum outro local mais, a nao ser no SETUP do sistema. Ao modificar,
   * inserir ou excluir cada menu, reflete-se a acao para a funcionalidade
   * correspondente: um label de menu eh igual a um label de funcionalidade.
   *
   * Funcionalidade travada (desabilitada ou disabled) aparece desabilitada na
   * lista de funcionalidades, no momento da criacao ou modificacao de um
   * perfil. Assim sendo, o operador nao poderah atribuir ou retirar uma
   * funcionalidade de um perfil se ela estiver travada.
   */


  private static final long serialVersionUID = 1L;

  @Id
  @SequenceGenerator(initialValue = 1,  name = "funcionalidade_seq", schema="PWORLD",
    sequenceName = "funcionalidade_seq")

  @GeneratedValue(strategy = GenerationType.IDENTITY, generator = "funcionalidade_seq")
  @Column(name = "ID_FUNCIONALIDADE")
  private Long id;

  @Column(name = "LABEL", columnDefinition = "character varying(255)")
  private String label;

  @Column(columnDefinition = "char(1) default 'F'")
  private String disabled;

  @Column(columnDefinition = "char(1) default 'F'")
  private String visibility;
```

continua

Listagem 31.3b A classe **Funcionalidade**.

continuação

```
/* Associacao *:* com funcionalidade:
 * -------------------------------------------------
 *  LEITURA BIDIRECIONAL:
 *                    |-------(LAZY)----------> |
 *  funcionalidade    |                         |  perfil
 *                    |<-------(EAGER)--------  |
 *-------------------------------------------------
 *  ESCRITA BIDIRECIONAL:
 *  perfil    |<--------(write)------->|  funcionalidade
 *-----------------------------------------------*/
@ManyToMany(fetch=FetchType.LAZY)
@Cascade(org.hibernate.annotations.CascadeType.ALL)
@JoinTable(
  name = "PERFIL_FUNCIONALIDADE", schema="PWORLD",
  joinColumns = @JoinColumn(name = "ID_FUNCIONALIDADE",
  foreignKey = @ForeignKey(name = "func_perf_fk")),
  inverseJoinColumns = @JoinColumn(name = "ID_PERFIL"),
  uniqueConstraints = {
    @UniqueConstraint(
       name="UK_perfil_funcionalidade",
       columnNames={"id_perfil","id_funcionalidade"}
    )
  }
)
private Set<Perfil> perfis;

@Version
@Column(name = "VERSAO", columnDefinition = "Integer default 0")
private Integer version;

/*--------
 * get/set
 ---------*/
```

> Aqui, o mapeamento de Funcionalidade com Perfil. O lado oposto já foi realizado na codificação da classe Perfil.

Listagem 31.3c A classe **Funcionalidade.**

No caso, queremos que toda vez que trouxermos um perfil para a memória, todos as suas funcionalidades também sejam trazidas, de forma EAGER. Isto será útil na formatação dos menus do aplicativo. Já o lado contrário utiliza o modo LAZY, pois nem sempre ao trazer uma funcionalidade para a memória, queremos que os seus perfis também o sejam.

Fim do Laboratório 31.1

Anotações envolvidas no Many To Many

@ManyToMany

Esta é a anotação que mapeia o relacionamento Muitos para Muitos entre duas entidades. Como sabemos, este tipo de relacionamento pode ser feito de duas formas:

- Sem a entidade Java que representa a tabela associativa e
- Com a entidade Java que representa a tabela associativa (técnica **Composite-Id** — não será vista neste livro).

Um relacionamento Muitos pata Muitos implica a existência de uma nova tabela para mapear o produto cartesiano entre outras duas de um mesmo banco de dados. Em nosso modelo, a tabela PERFIL_FUNCIONALIDADE assumirá esse comportamento.

A anotação @ManyToMany possui os seguintes parâmetros:

targetEntity	O alvo do cascateamento (a entidade oposta). *É opcional.*
fetch	Indica o **modo de leitura** realizado sobre a entidade oposta. Ver lições anteriores para maiores detalhes, cuja aplicação é análoga aqui.
cascade	Indica o **modo de escrita** sobre a entidade oposta. Em nosso projeto optamos por não utilizar o cascateamento da escrita com a implementação da JPA, ao invés dela, utilizamos a anotação **@Cascade** do Hibernate, que possui uma implementação mais completa e bem mais segura nesse tipo de relacionamento. Também já foi explicado em lições anteriores. É opcional.
mappedBy	O campo que possui o relacionamento. Obrigatório, a menos que o relacionamento seja unidirecional.

@JoinTable

Esta anotação é utilizada para efetivar o relacionamento Many To Many ligando a chave primária de uma tabela à chave primária da outra.

Os principais parâmetros que podem ser atribuídos ao @JoinTable são:

name	Indica o nome da tabela auxiliar de junção, a que fará a relação entre as duas tabelas.
schema	Qual esquema do banco de dados que será utilizado
joinColumns	Informa a JPA um conjunto de chaves (array separado por vírgulas) a ser utilizado para se identificar um registro. No nosso exemplo, utilizamos apenas uma chave (o ID da tabela). Isto é feito com o auxílio de mais uma anotação, a @JoinColumn. Aponta a coluna que será a primary key na tabela de relacionamento.
inverseJoinColumns	Informa qual é a outra tabela que está sendo mapeada com a primeira e utiliza a mesma técnica de joinColumns, porém, fazendo o mapeamento do lado contrário.

uniqueConstraints	Restringe o relacionamento para acontecer apenas uma vez entre as duas tabelas. Em nosso exemplo, fizemos assim:
	
	`@UniqueConstraint(`
	`    name="UK_perfil_funcionalidade",`
	`    columnNames={"id_perfil","id_funcionalidade"}`
	`)`
	
	É opcional e pode ser colocada na declaração da classe.

Um dialog para experimentar o Many To Many

Laboratório 31.2

Criando mais um dialog para acionar os experimentos com Many To Many.

Sob a pasta *src/main/webapp/pages/showcase/mapeamentos*, crie um novo fragmento de página com o nome **dlgManyToMany.xtml**, codificando-a como ao lado:

```
<ui:fragment xmlns="http://www.w3.org/1999/xhtml"
  xmlns:ui="http://java.sun.com/jsf/facelets"
  xmlns:h="http://java.sun.com/jsf/html"
  xmlns:f="http://java.sun.com/jsf/core"
  xmlns:p="http://primefaces.org/ui"
  xmlns:a="http://java.sun.com/jsf/composite/components">

  <p:dialog widgetVar="dlgManyToMany"
    header="EXPERIMENTOS COM MANY TO MANY" modal="true" appendTo="@(body)"
    hideEffect="explode" resizable="false" width="536">
    <h:form id="formManyToMany">
      <br />
      <center>
        <p:panelGrid columns="1">
          <p:commandLink
            value="Experimento 29: Incluir pelo lado Um da associação"
            styleClass="sel_link" style="color:#CD6600; margin-left:15px;"
            action="#{manyToManyCaseBean.incluirLadoUmDaAssociacao}"
            onclick="PF('dlgLoader').show()" oncomplete="PF('dlgLoader').hide()" />

          <p:commandLink
            value="Experimento 30: Incluir pelo lado Dois da associação"
            styleClass="sel_link" style="color:#CD6600; margin-left:15px;"
            action="#{manyToManyCaseBean.incluirLadoDoisDaAssociacao}"
            onclick="PF('dlgLoader').show()" oncomplete="PF('dlgLoader').hide()" />

          <p:commandLink
            value="Experimento 31: Incluir e associar concomitantemente"
            styleClass="sel_link" style="color:#CD6600; margin-left:15px;"
            action="#{manyToManyCaseBean.incluirAssociarConcomitante}"
            onclick="PF('dlgLoader').show()" oncomplete="PF('dlgLoader').hide()" />

          <p:commandLink value="Experimento 32: Associando"
            styleClass="sel_link" action="#{manyToManyCaseBean.associar}"
            style="color:#CD6600; margin-left:15px;"
            onclick="PF('dlgLoader').show()" oncomplete="PF('dlgLoader').hide()" />

          <p:commandLink value="Experimento 33: Desassociando"
            styleClass="sel_link" action="#{manyToManyCaseBean.desassociar}"
            style="color:#CD6600; margin-left:15px;"
            onclick="PF('dlgLoader').show()" oncomplete="PF('dlgLoader').hide()" />

          <p:commandLink value="Experimento 34: Modificando as associacões"
            styleClass="sel_link" style="color:#CD6600; margin-left:15px;"
            action="#{manyToManyCaseBean.modificarAssociacoes}"
            onclick="PF('dlgLoader').show()" oncomplete="PF('dlgLoader').hide()" />

          <p:commandLink value="Experimento 35: Listar tudo"
            styleClass="sel_link" action="#{manyToManyCaseBean.listarTudo}"
            style="color:#CD6600; margin-left:15px;"
            onclick="PF('dlgLoader').show()" oncomplete="PF('dlgLoader').hide()" />
        </p:panelGrid>
      </center>
      <br />
    </h:form>
  </p:dialog>
</ui:fragment>
```

Listagem 31.4 O fragmento de página **dlgManyToMany.xhtml**.

Abra a página **homeShowCase.xhtml** e insira nela (ou habilite-a), por fora de qualquer form, a seguinte linha:

```
  <!-- Utilize a progressBar na pagina por fora de qualquer form -->
  <a:progressbar widgetVar="progressbar"/>

  <ui:include src="/pages/showcase/mapeamentos/dlgSelfRelation.xhtml" />
  <ui:include src="/pages/showcase/mapeamentos/dlgOneToOne.xhtml"/>
  <ui:include src="/pages/showcase/mapeamentos/dlgOneToMany.xhtml"/>

  <ui:include src="/pages/showcase/mapeamentos/dlgManyToMany.xhtml"/>

  </ui:define>
</ui:composition>
```

Adicione isto

Listagem 31.5 Incluindo o fragmento **dlgManyToMany** na homeShowCase.

Fim do Laboratório 31.2

Experimentos Many To Many

Experimento 29: Incluir no lado Um da associação

Laboratório 31.3

Antes de rodar os experimentos, é bom verificar se os experimentos anteriores foram bem sucedidos.

Sob o pacote *br.eti.amazu.infra.view.showcase.mapeamentos*, crie a classe **ManyToManyCaseBean** contendo o seu primeiro método de experimentação, conforme esta listagem.

```
package br.eti.amazu.infra.view.showcase.mapeamentos;

import java.io.Serializable;
import javax.enterprise.context.RequestScoped;
import javax.inject.Inject;
import javax.inject.Named;
import org.apache.log4j.Level;
import br.eti.amazu.component.dialog.DialogBean;
import br.eti.amazu.infra.domain.brasil.Logradouro;
import br.eti.amazu.infra.domain.brasil.Pais;
import br.eti.amazu.infra.domain.core.Funcionalidade;
import br.eti.amazu.infra.domain.core.Perfil;
import br.eti.amazu.infra.domain.core.Pessoa;
import br.eti.amazu.infra.domain.core.Usuario;
import br.eti.amazu.infra.persistence.appfacade.IAppFacade;
import br.eti.amazu.infra.util.log.Ansi;
import br.eti.amazu.infra.util.log.Log;
import br.eti.amazu.infra.view.util.FormatTest;
import br.eti.amazu.component.pworld.persistence.exception.DaoException;

@Named
@RequestScoped
public class ManyToManyCaseBean implements Serializable{

  private static final long serialVersionUID = 1L;
  @Inject
  IAppFacade<Perfil> perfilFacade;

  @Inject
  IAppFacade<Usuario> usuarioFacade;

```

continua

Listagem 31.6a
A classe **ManyToManyCaseBean** e o Experimento 29

continuação

```
@Inject
IAppFacade<Pessoa> pessoaFacade;

@Inject
IAppFacade<Funcionalidade> funcionalidadeFacade;

@Inject
IAppFacade<Logradouro> logradouroFacade;

@Inject
IAppFacade<Pais> paisFacade;

@Inject
DialogBean dialogBean;


/* ----------------------------------------------
 *  EXPERIMENTO 29 - Incluir lado Um da associação
 ---------------------------------------------*/
public void incluirLadoUmDaAssociacao() {

  /* Para persistir Usuario, executar os
   * experimentos da Licao 29. Neste experimento
   * vamos incluir PERFIL que, embrora seja o lado Dois da associacao USUARIO-PERFIL,
   * tambem eh o lado Um da associacao PERFIL-FUNCIONALIDADE. (muito embora na pratica nao
   * se distingue esses lados).
   *
   * Existe mais de uma forma de se incluir. Uma delas eh realizando a associacao com um
   * objeto perfil em estado NEW (ver o experimento 31), a outra eh simplesmente utlizando
   * o objeto pessoa em estado NEW com uma fachada de perfil (perfilFacade).*/

  FormatTest.printHeader("MANY TO MANY",
      "Experimento 29 - Incluir e associar concomitantemente");

  try {

    //Criando um novo perfil
    Perfil perfil = new Perfil();
    perfil.setNome("VISITANTE");
    perfil.setCodPerfil("VIS");

    perfilFacade.incluir(perfil); //apenas inclui

    Log.setLogger("", "incluiu " + perfil.getNome().toUpperCase() +
       " com sucesso!", Level.INFO,  Ansi.BLUE);

    FormatTest.printFooter();

  } catch (DaoException e) {
    e.printStackTrace();
  }

 }
}
```

Com o direito do mouse na raiz do projeto, comande *Run As... Clean Install*, em seguida, *Refresh* na raiz do projeto e *Full Publish* no servidor — os mesmos comandos que você já sabe que tem de fazer quando faz uma modificação forte no código.

Antes de rodar o experimento, teremos de criar as três tabelas **PERFIL**, **FUNCIONALIDADE** e **PERFIL_FUNCIONALIDADE** e faremos isto com o auxílio da JPA. Abra o arquivo **persistence.xml** e habilite a propriedade *"hibernate.hbm2ddl.auto"*, colocando o valor *"update"*. Rode o servidor — lembrando que aparecerão alguns erros no log já explicados anteriormente.

Depois de verificado a criação dessas três tabelas (use o pgAdmin para ver), desligue o servidor e desabilite novamente a propriedade *"hibernate.hbm2ddl.auto"*, agindo no arquivo **persistence.xml**.

AGORA SIM, RODE O SERVIDOR E EXECUTE O EXPERIMENTO!

Listagem 31.6b A classe **ManyToManyCaseBean** e o Experimento 29

Fim do Laboratório 31.3

Experimento 30: Incluir no lado Dois da associação

Laboratório 31.4

Insira o método da listagem abaixo dentro da classe **ManyToManyCaseBean**. Rode o experimento e observe o resultado no console do Eclipse...

```
/* ---------------------------------------------
 *  EXPERIMENTO 30 - Incluir lado Dois da associação
 ---------------------------------------------*/
public void incluirLadoDoisDaAssociacao() {

  /* Neste experimento vamos incluir FUNCIONALIDADE que eh o lado Dois da associacao
   * PERFIL-FUNCIONALIDADE. (muito embora na pratica nao se distingue esses lados).
   *
   * Existe mais de uma forma de se incluir. Uma delas eh realizando a associacao com um
   * objeto funcionalidade em estado NEW, a outra eh simplesmente utlizando o objeto
   * funcionalidade em estado NEW com uma fachada de funcionalidade (funcionalidadeFacade).*/

  FormatTest.printHeader("MANY TO MANY",
       "Experimento 30 - Incluir e associar concomitantemente");

  try {

    //verifica se a funcionalidade jah existe.
    Funcionalidade funcionalidade = funcionalidadeFacade.recuperar(Funcionalidade.class, 1L);

    //se enconrou uma funcionalidade com o ID informado...
    if(funcionalidade != null){

      dialogBean.addMessage("Já existe a funcionalidade com id = " + funcionalidade.getId(),
         DialogType.INFO_CLOSABLE);

      Log.setLogger("", "Já existe uma funcionalidade com id = " + funcionalidade.getId(),
         Level.INFO, Ansi.RED);

      FormatTest.printFooter();

      return;
    }

    //Nao encontrando uma funcionalidade igual, instancia uma nova...
    funcionalidade = new Funcionalidade();
    funcionalidade.setId(1L);
    funcionalidade.setLabel("/mm_keyLabel_login");
    funcionalidade.setDisabled("F");
    funcionalidade.setVisibility("F");

    //..,e inclui definitivo no banco de dados.
    funcionalidadeFacade.incluir(funcionalidade);

    dialogBean.addMessage("Incluiu a funcionalidade com sucesso!", DialogType.INFO_CLOSABLE);

    Log.setLogger("", "Incluiu a funcionalidade com sucesso!",  Level.INFO, Ansi.BLUE);
    FormatTest.printFooter();

  } catch (DaoException e) {
    e.printStackTrace();
  }
}
```

Não se esqueça dos *imports*.

Listagem 31.7 Experimento 30.

Fim do Laboratório 31.4

Laboratório 31.5

Experimento 31: Incluir e associar concomitantemente

Insira o método da listagem abaixo dentro da classe **ManyToManyCaseBean**. Rode o experimento e observe o resultado no console do Eclipse...

```
/* ------------------------------------------------
 *  EXPERIMENTO 31 - Incluir e associar concomitantemente
 ------------------------------------------------*/
public void incluirAssociarConcomitante() {

  /* Incluir um registro na tabela PERFIL realizando o persist em cima do objeto usuario.
   * Neste caso, recuperando o usuario pelo objeto pessoa (e persistindo em pessoa)
   * ==> por cascata, haverah tambem a persistencia de um registro na
   * tabela associativa USUARIO_PERFIL*/

  FormatTest.printHeader("MANY TO MANY",
        "Experimento 31 - Incluir e associar concomitantemente");

  try {

    Pessoa pessoa = pessoaFacade.recuperar(Pessoa.class, 3L); //Busca pessoa com id conhecido

    if(pessoa != null) {

      //Criando um novo perfil
      Perfil perfil = new Perfil();
      perfil.setNome("ALUNO");
      perfil.setCodPerfil("ALU");

      if(pessoa.getUsuario() == null) {
        Log.setLogger("", "A pessoa pesquisada não possui usuário.", Level.INFO,  Ansi.BLUE);

      }else {
        //adiciona o perfil na lista de perfis do usuario recuperado em pessoa que foi buscada
        if(pessoa.getUsuario().getPerfis() == null) {
          pessoa.getUsuario().setPerfis(new HashSet<Perfil>());
        }
        pessoa.getUsuario().getPerfis().add(perfil);


        /* Ao alterar pessoa, um registro na tabela PERFIL serah incluido, e tambem
         * um registro na tabela associativa USUARIO_PERFIL. */
        pessoaFacade.alterar(pessoa);

        Log.setLogger("", "incluiu " + perfil.getNome().toUpperCase()
            + " e o associou com o usuário "
               + pessoa.getUsuario().getNomeUsuario() + " com sucesso!", Level.INFO,  Ansi.BLUE);
      }

    }else {
      dialogBean.addMessage("Não encontoru a pessoa pesquisada." , DialogType.ERROR);
    }

    FormatTest.printFooter();

  } catch (DaoException e) {
    e.printStackTrace();
  }
}
```

Talvez você precise agir diretamente no banco de dados para providenciar os registros convenientes ao experimento (pessoa com id=3).

Ou troque o valor do id para um que exista no banco de dados.

Não se esqueça dos *imports*.

Listagem 31.8 Experimento 31.

Fim do Laboratório 31.5

Experimento 32: Associando

Laboratório 31.6

Insira o método da listagem abaixo dentro da classe **ManyToManyCaseBean**. Rode o experimento e observe o resultado no console do Eclipse...

```
/* ----------------------------
 *  EXPERIMENTO 32 - Associando
 ----------------------------*/
public void associar(){

   /* Perceba que a leitura entre os dois objetos eh bidirecional:
    *
    * perfil ---(EAGER)---> funcionalidade;
    * perfil <---(LAZY)---- funcionalidade.
    *
    * Sempre ao carregar um perfil, todas as suas funcionalidades serao carregadas <EAGER>.
    * Sempre ao carregar uma funcionalidade, seus perfis soh serao carregados se o
    * desenvolvedor quiser isto, pela primeira vez (LAZY).
    *
    * Perceba, tambem, que a escrita entre os dois objetos eh unidirecional:
    *
    * perfil  ---(write)--> funcionalidade.
    *
    * - Entao, a verdadeira persistencia de objetos manyToMany se resume em
    *  uma simples atualizacao na  tabela associativa (apenas "update" em um dos
    *  lados da associacao).
    *
    * Assim:
    * UPDATE: Faça a associação entre os dois objetos:
    *
    *        1) recupere o objeto perfil;
    *
    *        2) recupere o objeto funcionalidade;
    *
    *        3) adicione a funcionalidade na lista de funcionalidades de perfil, assim:
    *           perfil.getListaFuncionalidades().add(funcionalidade);
    *
    *        4) faca um update em cima de perfil;
    *
    *        5) o resultado final eh a inclusao de um registro na tabela PERFIL_FUNCIONALIDADE.
    *
    * - PARA REALIZAR ESTE TESTE, ABRA A TABELA PERFIL_FUNCIONALIDADE E
    *   APAGUE TODOS OS REGISTROS,
    *   ou use a instrucao "delete from PERFIL_FUNCIONALIDADE" (usando o pgAdmin).
    *
    * EH NECESSARIO UM REGISTRO NA TABELA PERFIL E OUTRO NA TABELA
    * FUNCIONALIDADE. */

  FormatTest.printHeader("MANY TO MANY", "Experimento 32 - Associando");

  try {

    // Recupera o perfil: entre com o id de um perfil.
    Perfil perfil = perfilFacade.recuperar(Perfil.class, 1L);

    // Recupera a funcionalidade: Entre com o id de uma funcionalidade.
    Funcionalidade funcionalidade = funcionalidadeFacade.recuperar(Funcionalidade.class, 1L);
```

continua

Listagem 31.9a Experimento 32.

continuação

```
        //se perfil e funcionalidades forem diferentes de nulo...
        if (perfil != null && funcionalidade != null) {

          //antes, verifica se o perfil recuperado nao possui funcionalidade...
          if (!perfil.getFuncionalidades().isEmpty()) {

            for (int i = 0; i < perfil.getFuncionalidades().size(); i++) {

              /* O perfil possuia funcionalidades. Entao, nao deixa adicionar as
               * que ele jah possui.
               * */
              if (perfil.getFuncionalidades().contains(funcionalidade)) {

                dialogBean.addMessage("Os dois objetos já estavam associados.",
                    DialogType.INFO_CLOSABLE);

                Log.setLogger("", "Os dois objetos já estavam associados.",
                    Level.INFO, Ansi.RED);

                FormatTest.printFooter();

                return;
              }
            }

          }


          //Adiciona somente as funcionalidades que o perfil nao possui.
          perfil.getFuncionalidades().add(funcionalidade);

          //insere um registro na tabela PERFIL_FUNCIONALIDADE.
          perfilFacade.alterar(perfil);

          dialogBean.addMessage("Associou a funcionalidade " +
              funcionalidade.getLabel() + "\n ao perfil " + perfil.getNome(),
              DialogType.INFO_CLOSABLE);

          Log.setLogger("", "Associou a funcionalidade " +
              funcionalidade.getLabel() + "\n ao perfil " + perfil.getNome(),
              Level.INFO, Ansi.BLUE);

        } else {
          dialogBean.addMessage("Está faltando um dos lados da ssociação ",
              DialogType.INFO_CLOSABLE);

          Log.setLogger("", "Está faltando um dos lados da ssociação",
              Level.INFO, Ansi.RED);
        }

        FormatTest.printFooter();

      } catch (DaoException e) {
        e.printStackTrace();
      }

    }
```

Listagem 31.9b Experimento 32.

Fim do Laboratório 31.6

Experimento 33: Desassociando

Laboratório 31.7

Insira o método da listagem abaixo dentro da classe **ManyToManyCaseBean**. Rode o experimento e observe o resultado no console do Eclipse...

```
/* -----------------------------
 *  EXPERIMENTO 33 - Desassociando
 -------------------------------*/
public void desassociar(){

  /*A desassociação entre os objetos implica na exclusão automatica
   * dentro da tabela associativa (no exemplo, PERFIL_FUNCIONALIDADE,
   * que eh a tabela associativa). */

  FormatTest.printHeader("MANY TO MANY", "Experimento 33 - Desassociando");

  try {

    Perfil perfil = perfilFacade.recuperar(Perfil.class, 1L); // Recupera o perfil.

    // Recupera a funcionalidade.
    Funcionalidade funcionalidade = funcionalidadeFacade.recuperar(Funcionalidade.class, 1L);

    if (perfil != null && funcionalidade != null) { //Se encontrou...

      if (perfil.getFuncionalidades().isEmpty()) { // Verifica se perfil estah associado.
        dialogBean.addMessage("Perfil não possui nenhuma associação com funcionalidade.",
            DialogType.INFO_CLOSABLE);

        Log.setLogger("", "Perfil não possui nenhuma associação com funcionalidade.",
            Level.INFO, Ansi.BLUE);

      } else {
        perfil.getFuncionalidades().remove(funcionalidade); //Desassocia.
        perfilFacade.alterar(perfil); // persiste.

        dialogBean.addMessage("Desassociou a funcionalidade \n"
            + funcionalidade.getLabel() + "\n" + "do perfil " + perfil.getNome(),
            DialogType.INFO_CLOSABLE);

        Log.setLogger("", "Desassociou a funcionalidade \n"
            + funcionalidade.getLabel() + "\n" + "do perfil " + perfil.getNome(),
            Level.INFO, Ansi.BLUE);
      }

    } else {
      dialogBean.addMessage("Está faltando um dos lados da ssociação ",
          DialogType.INFO_CLOSABLE);

      Log.setLogger("", "Está faltando um dos lados da ssociação",
          Level.INFO, Ansi.RED);
    }
    FormatTest.printFooter();

  } catch (DaoException e) {
    e.printStackTrace();
  }
}
```

Listagem 31.10 Experimento 33.

Fim do Laboratório 31.7

Experimento 34: Modificando as associações

Laboratório 31.8

Insira o método da listagem abaixo dentro da classe **ManyToManyCaseBean**. Rode o experimento e observe o resultado no console do Eclipse...

```
/* ------------------------------------------
 *  EXPERIMENTO 34 - Modificando as Associacoes
 ------------------------------------------*/
public void modificarAssociacoes(){

  /* Isto aqui pode ser feito de varias formas:
   * - Recuperar uma lista de funcionalidades de um perfil e nela, adicionar novas
   * funcionalidades;
   * - Apagar completamente a lista de funcionalidades de um perfil e adicionar uma nova;
   * - etc.
   * Neste exemplo estamos recuperando todas as funcionalidades do sistema e associando-as
   * ao perfil do DESENVOLVEDOR. */

  FormatTest.printHeader("MANY TO MANY", "Experimento 34 - Modificando Associações");

  try {
    // Recupera o perfil: entre com o id de um perfil.
    Perfil perfil = perfilFacade.recuperar(Perfil.class, 1L);

    //Se encontrou o perfil  procurado...
    if (perfil != null) {

      Set<Funcionalidade> funcionalidades =
          funcionalidadeFacade.listar("Funcionalidade.all").
                stream().collect(Collectors.toSet());

      perfil.setFuncionalidades(funcionalidades);

      /* Neste caso apagando todas as funcionalidades do perfil (se eh
       * que ele possuia alguma) e criando outra nova, tudo atualizando,
       * criando ou excluindo na tabela PERFIL_FUNCIONALIDADE.
       * Veja o log SQL no console do Eclipse como ocorre os deletes, depois os inserts...*/
      perfilFacade.alterar(perfil);

      dialogBean.addMessage("Operação efetuada com sucesso.",
        DialogType.INFO_CLOSABLE);

      Log.setLogger("", "Operação efetuada com sucesso", Level.INFO, Ansi.RED);

    } else {

      dialogBean.addMessage("Está faltando um dos lados da ssociação ",
        DialogType.INFO_CLOSABLE);

      Log.setLogger("", "Está faltando um dos lados da ssociação",
        Level.INFO, Ansi.RED);
    }
    FormatTest.printFooter();

  } catch (DaoException e) {
    e.printStackTrace();
  }
}
```

Não se esqueça dos *imports*.

Listagem 31.11 Experimentos 34.

Fim do Laboratório 31.8

Experimento 35: Listar tudo

Laboratório 31.9

Insira o método da listagem abaixo dentro da classe **ManyToManyCaseBean**. Rode o experimento e observe o resultado no console do Eclipse...

```
/* ----------------------------
 *  EXPERIMENTO 35 - Listar tudo
 ----------------------------*/
public void listarTudo(){

  /* Listando tudo - providencie massa de dados, se for o caso, agindo
   * diretamente no banco de dados com o pgAdmin.*/
  try{

    Logradouro logradouro = null;
    FormatTest.printHeader("MANY TO MANY", "Experimento 35 - Listar tudo");

    //Recupera uma pessoa de id conhecido.
    Pessoa pessoa = pessoaFacade.recuperar(Pessoa.class, 3L);

    if (pessoa == null) {
      Log.setLogger("", "A consulta retornou nula. Forneça um id válido",
            Level.INFO, Ansi.RED);
    }else {

      /* Recupera o endereco da pessoa baseada em seu CEP
       * (agir no banco de dados - providencie os dados).*/
      List<Object> params = new ArrayList<Object>();
      params.add(pessoa.getCep());
      logradouro = logradouroFacade.recuperar("Logradouro.peloCep", params);

      if(logradouro != null) {

        Log.setLogger("", "NOME" + pessoa.getNome().toUpperCase()+ ": ", Level.INFO, Ansi.BLUE);

        Log.setLogger("",  logradouro.getNome()+ "," +
                logradouro.getBairro().getNome()+ "," +
                logradouro.getBairro().getCidade().getNome() + "," +
                logradouro.getBairro().getCidade().getUf().getSigla(),
                Level.INFO, Ansi.BLUE);

      }else {
        Log.setLogger("", "Não existe um logradouro para o CEP informado.",
              Level.INFO, Ansi.RED);
      }

      if (pessoa.getUsuario() != null) {

        Log.setLogger("", "USUÁRIO: " + pessoa.getUsuario().getNomeUsuario(),
              Level.INFO, Ansi.BLUE);

        Log.setLogger("", "SENHA: " + pessoa.getUsuario().getSenha(),
              Level.INFO, Ansi.BLUE);

        //listando os perfis do usuario
        if (pessoa.getUsuario().getPerfis() != null) {
          for(Perfil perfil:pessoa.getUsuario().getPerfis()) {
            Log.setLogger("", "PERFIL: " + perfil.getNome(), Level.INFO, Ansi.BLUE);
```

Considere ter de trocar o valor do id para um que exista no banco de dados.

continua

Listagem 31.12a O Experimento 35.

continuação

```
        //listando as funcionalidades que possui o perfil da pessoa buscada
        if(perfil.getFuncionalidades() != null && perfil.getFuncionalidades().size() > 0) {

          //loga todas as funcionalidades de cada perfil do usuario
          for(Funcionalidade funcionalidade : perfil.getFuncionalidades()) {
            Log.setLogger("", funcionalidade.getLabel(), Level.INFO, Ansi.BLUE);
          }

        }else {
          Log.setLogger("", "O perfil deste usuário está sem funcionalidades.",
              Level.INFO, Ansi.RED);
        }
      }

    }else {
      Log.setLogger("", "O usuário pesquisado está sem Perfil.", Level.INFO, Ansi.RED);
    }

  } else {
    Log.setLogger("", "USUARIO: não é usuário do sistema", Level.INFO, Ansi.RED);
  }

  Log.setLogger("", "DEPENDENTES: ", Level.INFO, Ansi.BLUE);

  if (!pessoa.getDependentes().isEmpty()) {

    //Loga cada dependente da pessoa.
    for (Dependente dependente : pessoa.getDependentes()) {
      Log.setLogger("", dependente.getNome(), Level.INFO, Ansi.BLUE);
    }

  } else {
    Log.setLogger("", "Esta pessoa não possui dependentes.", Level.INFO, Ansi.RED);
  }
}

} catch (DaoException e) {
  e.printStackTrace();
}
FormatTest.printFooter();
}
```

Não se esqueça dos *imports*.

Listagem 31.12b O Experimento 35.

Fim do Laboratório 31.9

É importante ressaltar que existe ainda um outro modo de se fazer o mapeamento do tipo Many To Many, denominado **Composite-Id**. Este modo é utilizado quando se deseja guardar outras informações sobre a associação feita entre as duas entidades, além dos seus identificadores. Não veremos esse tipo de mapeamento em nosso estudo.

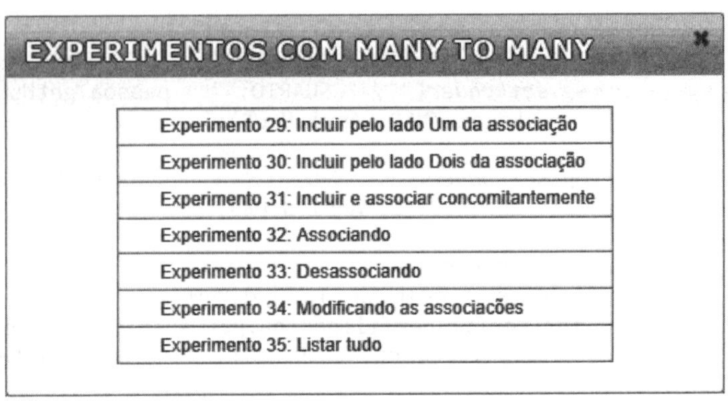

Figura 31.6 Os experimentos da Lição 31.

O Modelo Entidade Relacional (MER) do BlankApp

Se chegou até aqui é porque concluiu todos os mapeamentos previstos para o BlankApp e confeccionou e realizou todos os experimentos. Abaixo, mostramos o Modelo Entidade Relacionamento do banco de dados **pworld**.

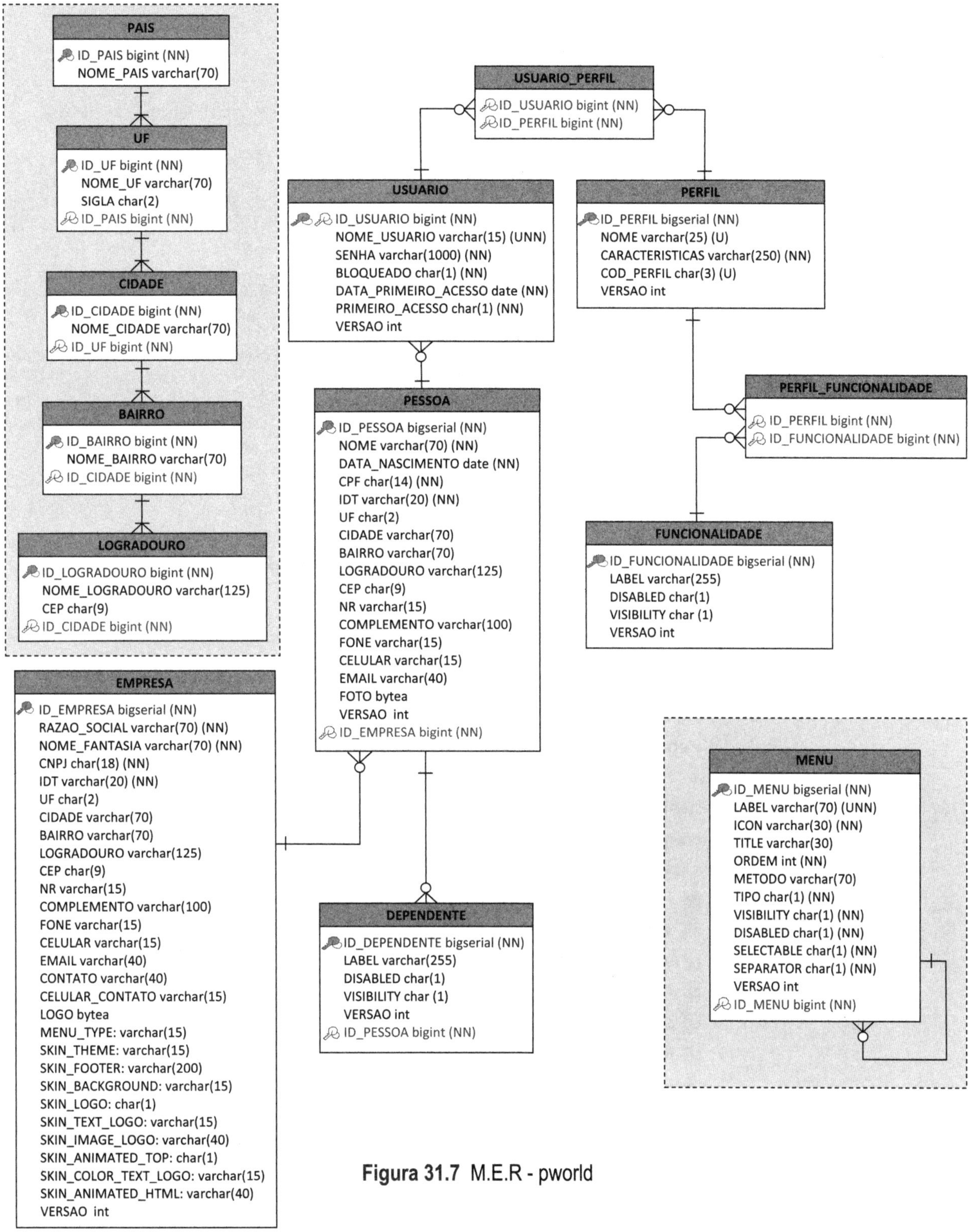

Figura 31.7 M.E.R - pworld

Provavelmente, o seu projeto no Eclipse deve estar assim:

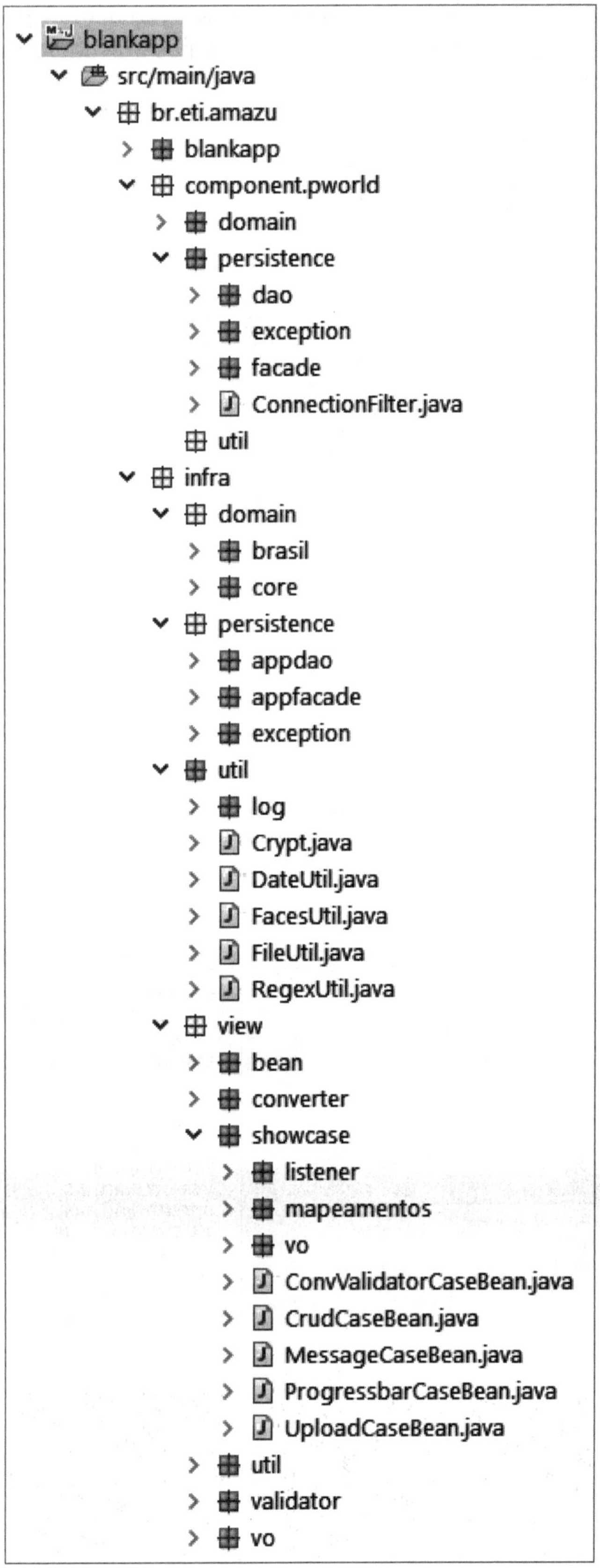

Figura 31.8
Visualização de pacotes do projeto.

Chegamos ao final da lição e concluímos a prática de mapeamento JPA e Hibernate.

Lição 32
O problema do n+1 queries

HIBERNATE

Objetivos:

- Identificar situações de ocorrência de *LazyInitializationException*
- Elucidar a respeito da classe ConnectionFilter
- Entender e contornar o problema de n+1 queries

LazyInitializationException

Por que ela ocorre com tanta frequência?

A exceção do tipo *LazyInitializationException* é, sem sombra de dúvidas, uma das exceções mais comuns que você pode obter ao usar JPA/Hibernate. O erro ocorre porque, ao trazer um registro de uma entidade, a JPA tenta trazer as coleções relativas às outras entidades associadas, mas isto somente vai ocorrer se o mapeamento entre elas for do tipo **FetchType.LAZY** e a sessão com o Entity Manager estiver **encerrada**. No caso de um exemplo Empresa/Pessoa, se você buscar uma empresa e chamar o método *getPessoas()*, ele retornará um **objeto proxy com a coleção de pessoas**. Se você chamar qualquer método deste objeto, o Hibernate tentará carregar esta coleção do banco de dados para torná-la utilizável. Obviamente, acessar o banco de dados requer uma sessão aberta com ele, se nenhuma sessão estiver presente ao acessar a relação, o Hibernate lançará a conhecida *LazyInitializationException.*

Para evitar o problema, na prática, equivaleria a estender a sessão com o Entity Manager um pouco mais e isto pode ser feito de três formas, a saber:

- **Mudar o FetchType para EAGER**:

  Por este tipo a exceção nunca irá ocorrer, pois a JPA irá trazer SEMPRE as coleções associadas. Neste caso, a JPA poderá executar n+1 queries. Vamos analisar esse comportamento um pouco mais adiante;

- **Implementar um filtro para estender a sessão com o Entity Manager**:

  Alguns frameworks implementam esse filtro (Spring). Infelizmente a especificação de CDI não possui uma implementação disto, mas o desenvolvedor poderá implementar o seu próprio filtro, como é o caso da classe **ConnectionFilter** utilizada em nosso projeto. Entretanto, a classe ConnectionFilter (e mesmo a do Spring) traz consigo um grave defeito: O problema de n+1 queries;

- **Definir o bean de acesso a dados para statefull**:

  O problema de n+1 queries também estará presente neste tipo de abordagem.

Até que ponto você acharia importante trazer todas as coleções das entidades, mesmo sabendo que isto afetaria consideravelmente a performance do aplicativo?

Com certeza, em alguns pontos é necessário trazer algumas coleções, porém, ao se fazer isto, não há como se evitar o problema utilizando apenas as configurações convencionais. O fato é que temos uma regra geral para o uso ou não de EAGER/LAZY. Na verdade, essa configuração geral é a recomendada pela JPA, uma vez que ela é a configuração default da ferramenta. Veja:

Relacionamento	FetchType default	Considerações
@OneToMany @ManyToMany	LAZY	Com certeza teremos *LazyInitializationException,* mas é preferível o uso desta estratégia, pois caso contrário teríamos o problema de n+1 queries, que deve ser evitado — o problema de n+1 queries pode ser tratado. Nesses dois casos (@OneToMany e @ManyToMany), use o EAGER apenas se você tiver a certeza de que a coleção não ultrapasse umas 3 ou 4 instâncias.
@OneToOne @ManyToOne	EAGER	Se a consulta traz apenas um registro em cascata, então a estratégia EAGER pode ser adotada. Com esta estratégia estaríamos evitando a *LazyInitializationException.* Mas atenção, embora se evite a exceção, há ainda um novo problema, que é a 1+1 queries, ou seja, além da consulta principal, a JPA vai ao banco de dados mais uma vez para trazer o objeto associado (o que contém apenas um registro). A mesma estratégia que corrige o problema de n+1 queries, também corrige o 1+1 queries.
Não seria melhor ir apenas uma vez ao banco de dados e já trazer tudo? Isto depende...		

n + 1 queries

Vamos entender, na prática, o problema...

Simulando o problema

Laboratório 32.1

Inicialmente, vamos criar um conjunto de dados para experimentar. Será necessário executar as seguintes ações, na ordem em que se apresentam abaixo:

1) Abra o pgAdmin e apague o banco de dados **pworld** (não se preocupe!);
2) Crie novamente o banco de dados **pworld** com UTF-8 e o schema pworld;
3) Habilite a instrução <property name=*"hibernate.hbm2ddl.auto"* value=*"create-drop"*/>, no arquivo **persistence.xml** e coloque o BlankApp para funcionar, apenas com o intuito de criar as tabelas, quando estabilizar dê stop no WildFly. Em seguida desabilite novamente a instrução *hibernate.hbm2ddl.auto*, comentando toda a linha do arquivo;
4) Com o pgAdmin aberto, dê um *refresh* no servidor, rode o script sql constante da Listagem 30.23 — estamos inserindo os dados relativos a logradouros, bairros, cidades, ufs e países;
5) Como vamos precisar de outros conjuntos de dados, execute o script sql constante da Listagem 32.1, utilizando novamente o pgAdmin.

```
/*empresa*/
INSERT INTO pworld.empresa (id_empresa, cnpj, nome_fantasia, razao_social)
 VALUES (1, '99.999.999/0001-99', 'amazu', 'Alan Mazuco Ltda');

/*pessoa*/
INSERT INTO pworld.pessoa (id_pessoa, cpf, data_nascimento, idt, nome, cep, id_empresa)
 VALUES (1, '999.999.999-99', '1964-02-02', '1235-ssp', 'Manoel da Silva', '31270570', 1);

/*dependente*/
INSERT INTO pworld.dependente (id_dependente, data_nascimento, grau_parent, nome, id_pessoa)
VALUES (1, '1964-03-01', 'esposa', 'Maria da Silva', 1);
INSERT INTO pworld.dependente (id_dependente, data_nascimento, grau_parent, nome, id_pessoa)
VALUES (2, '1990-06-01', 'filho', 'José da Silva', 1);
INSERT INTO pworld.dependente (id_dependente, data_nascimento, grau_parent, nome, id_pessoa)
VALUES (3, '2016-03-06', 'neto', 'Joaquim da Silva', 1);

/*usuario*/
INSERT INTO pworld.usuario (id_usuario, bloqueado, data_primeiro_acesso, nome_usuario,
 primeiro_acesso, senha)  VALUES (1, 'F', '2018-01-01', 'silvas', 'T', '123456');

/*perfil*/
INSERT INTO pworld.perfil (id_perfil, cod_perfil, nome)  VALUES (2, 'ADM', 'ADMINISTRADOR');

/*usuario_perfil*/
INSERT INTO pworld.usuario_perfil (id_usuario,id_perfil)  VALUES (1, 2);

/*funcionalidade*/
INSERT INTO pworld.funcionalidade (id_funcionalidade, disabled, label, visibility)
    VALUES (1, 'F', '/mm_keyLabel_login', 'F');

/*perfil_funcionalidade*/
INSERT INTO pworld.perfil_funcionalidade(id_perfil, id_funcionalidade)  VALUES (2, 1);
```

Listagem 32.1 Outros SQL.

6) Habilite o log de sql agindo no arquivo **persistence.xml**, Isto irá permitir a análise do log no console do Eclipse;
7) Execute o experimento 35 **buscando uma pessoa com ID=1** e analise o log:
   - A primeira parte do log (quando o Facade recupera uma pessoa), produz um efeito assim:

Listagem 32.2a Log do Experimento 35

```
Hibernate:
    select
       pessoa0_.ID_PESSOA as ID_PESS01_9_0_,
       [...] log suprimido
       usuario1_.ID_USUARIO as ID_USUAR1_11_1_,
       [...] log suprimido
       perfil2_.ID_PERFIL as ID_PERFI1_7_2_,
       [...] log suprimido
    from
       PWORLD.PESSOA pessoa0_
    left outer join
       PWORLD.USUARIO usuario1_
    on pessoa0_.ID_PESSOA=usuario1_.ID_USUARIO
    left outer join
       PWORLD.PERFIL perfil2_
    on usuario1_.ID_PERFIL=perfil2_.ID_PERFIL
    where
       pessoa0_.ID_PESSOA=?
```

Para cada pessoa, traz também o usuário (EAGER) e também o seu perfil (EAGER), indo ao banco apenas uma vez.

A estratégia **EAGER** com **oneToOne** realiza junções para poder trazer tudo de uma vez. Quando sabemos que são poucos objetos (registros) a serem trazidos, a estratégia pode ser vantajosa.

continua

- A segunda parte do log (quando o Facade recupera um logradouro)...

continuação

```
Hibernate:
    select
       logradouro0_.ID_LOGRADOURO as ID_LOGRA1_4_,
       [...] Log suprimido
    from
       PWORLD.LOGRADOURO logradouro0_
    where
       logradouro0_.CEP=?
```

Busca o logradouro pelo CEP.

```
Hibernate:
    select
          logradouro0_.ID_LOGRADOURO as ID_LOGRA1_4_,
       [...] Log suprimido
          from
          PWORLD.LOGRADOURO logradouro0_
      where
          logradouro0_.CEP=?

Hibernate:
      select
          bairro0_.ID_BAIRRO as ID_BAIRR1_0_0_, [...]
          cidade1_.ID_CIDADE as ID_CIDAD1_1_1_,[...]
          uf2_.ID_UF as ID_UF1_10_2_, [...]
      pais3_.ID_PAIS as ID_PAIS1_6_3_, [...]
         from
          PWORLD.BAIRRO bairro0_
       Left outer join
          PWORLD.CIDADE cidade1_
             on bairro0_.ID_CIDADE=cidade1_.ID_CIDADE
       left outer join
           PWORLD.UF uf2_
              on cidade1_.ID_UF=uf2_.ID_UF
       left outer join
           PWORLD.PAIS pais3_
              on uf2_.ID_PAIS=pais3_.ID_PAIS
      where
         bairro0_.ID_BAIRRO=?
```

Realizando junções novamente. Traz bairro, cidade uf e país porque a estratégia de leitura é **EAGER** em todas as entidades. Veja as classes de domínio.

Listagem 32.2b
Log do Experimento 35

8) Buscando as funcionalidades do perfil relacionado ao usuário, portanto trazendo uma coleção de funcionalidades. Em seguida busca também a coleção de dependentes. Ambas as instruções deveriam produzir a exception *LazyInitizationException*...

```
if (pessoa.getUsuario().getPerfil().getFuncionalidades() != null).......
Ou pessoa.getDependentes()...
```

continuação

```
Hibernate:
     select
         dependente0_.ID_PESSOA as ID_PESSO6_2_0_,
         [...] Log suprimido
     from
         PWORLD.DEPENDENTE dependente0_
     where
         dependente0_.ID_PESSOA=?
```

Trazendo a coleção de dependentes da pessoa. PERCEBA QUE NESTE PONTO NÃO PRODUZIU A EXCEÇÃO *LazyInitializationException*, isto porque a classe **<u>ConnectionFilter</u>** está ligada, ampliando o tempo de sessão com o Hibernate.

Listagem 32.2c
Log do Experimento 35

9) Vamos agora produzir a exceção, para tanto, desligue o WildFly, desabilite o filtro da classe **ConnectionFilter**. Faça isto simplesmente comentando a linha imediatamente acima da declaração da classe:

```
//@WebFilter(servletNames={"Faces Servlet"})
```

```
19:01:36,795 WARNING
[javax.enterprise.resource.webcontainer.jsf.lifecycle]
(default task-44) #{manyToManyCaseBean.listarTudo}:
org.hibernate.LazyInitializationException: failed to
lazily initialize a collection of role:
br.eti.amazu.blankapp.domain.Perfil.funcionalidades,
could not initialize proxy - no Session: ja-
vax.faces.FacesException: #
{manyToManyCaseBean.listarTudo}:
org.hibernate.LazyInitializationException: failed to
lazily initialize a collection of role:
br.eti.amazu.blankapp.domain.Perfil.funcionalidades,
could not initialize proxy - no Session
```

10) Rode o servidor, execute novamente o experimento 35 e observe a exception:

Produziu a exceção em **getFuncionalidades()**.

Listagem 32.3
Log com *LazyInitializationException*

Fim do Laboratório 31.2

O problema de **n + 1 queries** surge quando você tenta evitar a exceção *LazyInitializationException*, estendendo um pouco mais o tempo da sessão com o **EntityManager**, e isto é algo um tanto angustiante, pois não há como saber o quanto a sessão foi estendida, razão pela qual o procedimento deve ser usado com cautela. Basicamente, o que temos de fazer é dimensionar queries poderosas com o uso de HQL, fazendo com que o Hibernate vá ao banco de dados uma única vez e já traga consigo as coleções, e desde que a aplicação, naquele ponto, necessite dessas coleções. Esta sim, é a prática que deve ser mais encorajada.

Resolvendo o problema

Laboratório 32.2

Para resolver o problema, abra a classe **Pessoa** e vamos inserir mais uma NamedQuery, conforme a listagem em destaque abaixo — mantenha o filtro **ConnectionFilter** desabilitado.

```
@NamedQuery(name = "Pessoa.recuperarPeloNomeEmp",
  query = "select p from Pessoa p where PWORLD.sem_acento(upper(p.nome)) like upper(:param0) "
    + "and p.empresa.id =:param1") ,
@NamedQuery(name = "Pessoa.tudoComFETCH",
 query = "select p from Pessoa p "+
      "left join fetch p.usuario u "+
      "left join fetch u.perfis pfs "+
      "left join fetch pfs.funcionalidades funcs "+
      "left join fetch p.dependentes dpnds "+
      "where p.id=:param0"),
})
public class Pessoa extends AbstractEntity<Long> {
```

Adicione isto

Listagem 32.4
A princípio, a query parece um tanto quanto complexa, mas ela possui uma certa lógica, e é esta lógica que facilita a compreensão.

É a query com **FETCH** que torna possível ir apenas uma vez ao banco, eliminando o problema de **n+1 queries**.

Abra a classe **ManyToManyCaseBean** e crie o método do **Experimento 36**, conforme vemos aqui.

```
/* --------------------------------------
 *  EXPERIMENTO 36 - Listar tudo com Fetch
 --------------------------------------*/
public void listarTudoComFetch(){

  try{
    Pessoa pessoa = null;
    FormatTest.printHeader("MANY TO MANY", "Experimento 36 - Listar tudo com Fetch");
    List<Object> params = new ArrayList<Object>();
    params.add(1L);  //Pressupoe a existência de uma pessoa com id=1 (veja isto no banco)
    pessoa = pessoaFacade.recuperar("Pessoa.tudoComFETCH", params);

    if (pessoa == null) {
      Log.setLogger("", "A consulta retornou nula. Forneça um id válido.",
           Level.INFO, Ansi.RED);

    }else {
      Log.setLogger("", "--------------------", Level.INFO, Ansi.BLUE);
      Log.setLogger("", "NOME: " + pessoa.getNome(), Level.INFO, Ansi.BLUE);
      Log.setLogger("", "--------------------", Level.INFO, Ansi.BLUE);

      if (pessoa.getUsuario() != null) {
        Log.setLogger("", "USUÁRIO: " + pessoa.getUsuario().getNomeUsuario(),
             Level.INFO, Ansi.BLUE);

        //listando os perfis do usuario
        if (pessoa.getUsuario().getPerfis() != null) {

          for(Perfil perfil:pessoa.getUsuario().getPerfis()) {
            Log.setLogger("", "PERFIL: " + perfil.getNome(), Level.INFO, Ansi.BLUE);

            //listando as funcionalidades que possui o perfil da pessoa buscada
            if(perfil.getFuncionalidades() != null && perfil.getFuncionalidades().size() > 0) {

              //loga todas as funcionalidades de cada perfil do usuario
              Log.setLogger("", "FUNCIONALIDADES:", Level.INFO, Ansi.BLUE);
              for(Funcionalidade funcionalidade : perfil.getFuncionalidades()) {
                Log.setLogger("", "===> " + funcionalidade.getLabel(), Level.INFO, Ansi.BLUE);
              }

            }else {
              Log.setLogger("", "O perfil deste usuário está sem funcionalidades.",
                   Level.INFO, Ansi.RED);
            }
          }

        }else {
          Log.setLogger("", "O usuário pesquisado está sem Perfil.", Level.INFO, Ansi.RED);
        }
      } else {
        Log.setLogger("", "USUARIO: não é usuário do sistema.", Level.INFO, Ansi.RED);
      }

      Log.setLogger("", "DEPENDENTES: ", Level.INFO, Ansi.BLUE);
      if (!pessoa.getDependentes().isEmpty()) {

        //Loga cada dependente da pessoa.
        for (Dependente dependente : pessoa.getDependentes()) {
          Log.setLogger("", "===> " + dependente.getNome(), Level.INFO, Ansi.BLUE);
        }
```

continua

Listagem 32.5a Método do Experimento 36 na classe **ManyToManyCaseBean**.

continuação

```
      } else {
        Log.setLogger("", "Esta pessoa não possui dependentes.", Level.INFO, Ansi.RED);
      }
    }

  } catch (DaoException e) {
    e.printStackTrace();
  }

  FormatTest.printFooter();

}
```

Nada mais a fazer, rode o BlankApp, execute o Experimento 36 (Listar tudo com FETCH) e acompanhe o log no Console do Eclipse (listagem 32.6).

Listagem 32.5b Método do Experimento 36 na classe **ManyToManyCaseBean**.

```
*********************************************************
MANY TO MANY
*********************************************************
Experimento 36 - Listar tudo com Fetch
--------------------------------------
Hibernate:
    select
        pessoa0_.ID_PESSOA as ID_PESSO1_10_0_,
        usuario1_.ID_USUARIO as ID_USUAR1_12_1_,
        perfil3_.ID_PERFIL as ID_PERFI1_8_2_,
        funcionali5_.ID_FUNCIONALIDADE as ID_FUNCI1_4_3_,
        dependente6_.ID_DEPENDENTE as ID_DEPEN1_2_4_,
        pessoa0_.BAIRRO as BAIRRO2_10_0_,
        pessoa0_.CELULAR as CELULAR3_10_0_,
        pessoa0_.CEP as CEP4_10_0_,
        pessoa0_.CIDADE as CIDADE5_10_0_,
        pessoa0_.COMPLEMENTO as COMPLEME6_10_0_,
        pessoa0_.CPF as CPF7_10_0_,
        pessoa0_.DATA_NASCIMENTO as DATA_NAS8_10_0_,
        pessoa0_.EMAIL as EMAIL9_10_0_,
        pessoa0_.ID_EMPRESA as ID_EMPR18_10_0_,
        pessoa0_.FONE as FONE10_10_0_,
        pessoa0_.FOTO as FOTO11_10_0_,
        pessoa0_.IDT as IDT12_10_0_,
        pessoa0_.LOGRADOURO as LOGRADO13_10_0_,
        pessoa0_.NOME as NOME14_10_0_,
        pessoa0_.NR as NR15_10_0_,
        pessoa0_.UF as UF16_10_0_,
        pessoa0_.VERSAO as VERSAO17_10_0_,
        usuario1_.BLOQUEADO as BLOQUEAD2_12_1_,
        usuario1_.DATA_PRIMEIRO_ACESSO as DATA_PRI3_12_1_,
        usuario1_.NOME_USUARIO as NOME_USU4_12_1_,
        usuario1_.PRIMEIRO_ACESSO as PRIMEIRO5_12_1_,
        usuario1_.SENHA as SENHA6_12_1_,
        usuario1_.VERSAO as VERSAO7_12_1_,
        perfil3_.CARACTERISTICAS as CARACTER2_8_2_,
        perfil3_.COD_PERFIL as COD_PERF3_8_2_,
        perfil3_.NOME as NOME4_8_2_,
        perfil3_.VERSAO as VERSAO5_8_2_,
        perfis2_.ID_USUARIO as ID_USUAR1_13_0__,
```

Agora, a JPA vai uma única vez ao banco de dados e traz tudo aquilo que foi especificado na NamedQuery, ou seja, todas as coleções necessárias especificadas pelo desenvolvedor.

Listagem 32.6a
Log do Experimento 36.

continua

continuação

```
        perfis2_.ID_PERFIL as ID_PERFI2_13_0__,
        funcionali5_.disabled as disabled2_4_3_,
        funcionali5_.LABEL as LABEL3_4_3_,
        funcionali5_.VERSAO as VERSAO4_4_3_,
        funcionali5_.visibility as visibili5_4_3_,
        funcionali4_.ID_PERFIL as ID_PERFI2_9_1__,
        funcionali4_.ID_FUNCIONALIDADE as ID_FUNCI1_9_1__,
        dependente6_.DATA_NASCIMENTO as DATA_NAS2_2_4_,
        dependente6_.GRAU_PARENT as GRAU_PAR3_2_4_,
        dependente6_.NOME as NOME4_2_4_,
        dependente6_.ID_PESSOA as ID_PESS06_2_4_,
        dependente6_.VERSAO as VERSAO5_2_4_,
        dependente6_.ID_PESSOA as ID_PESS06_2_2__,
        dependente6_.ID_DEPENDENTE as ID_DEPEN1_2_2__

    from
        [...] logs omitidos

    where
        pessoa0_.ID_PESSOA=?

------------------------------
NOME: Manoel da Silva
-------------------------------
USUÁRIO: silvas
PERFIL: ADMINISTRADOR
FUNCIONALIDADES:
===> /mm_keyLabel_login
DEPENDENTES:
===> Maria da Silva
===> José da Silva
===> Joaquim da Silva
```

Listagem 32.6b
Log do Experimento 36.

A HQL deve ser bem dimensionada, e isto não é muito difícil, mas requer alguma prática.

Fim do Laboratório 32.2

É claro que um estudo de HQL deve ser aprofundado por parte do leitor. Mas isto deixamos para que ele próprio siga esse rumo. Um ótimo tutorial pode ser encontrado no seguinte endereço:

https://docs.jboss.org/hibernate/orm/3.5/reference/pt-BR/html/queryhql.html

Fim da lição — fim de Mapeamentos com JPA.

Lição 33
Enviando Email

Objetivo:

- ♦ Configurar um serviço de email no WildFly
- ♦ Criar e utilizar uma fachada de email

Introdução

Você pode configurar um aplicativo de envio de emails de diversas formas. Para facilitar bem as coisas, nós iremos configurar um serviço de envio de email diretamente no WildFly, lembrando que não iremos utilizar autenticação SSL. Sendo assim, o leitor poderá utilizar qualquer serviço de SMTP que não requeira autenticação SSL, como o **smtps.bol.com.br**, por exemplo.

Construção

Laboratório 33.1

Inicialmente, vamos configurar o serviço de email no WildFly. Navegue até a pasta onde você instalou o WildFly e acesse o arquivo **standalone.xml** (neste exemplo: *C:\\java\\wildfly-11.0.0.Final\\standalone\\configuration*).

- No subsystem mail:3.0, adicione o código em destaque abaixo:

```
<subsystem xmlns="urn:jboss:domain:mail:3.0">
   <mail-session name="default" jndi-name="java:jboss/mail/Default">
      <smtp-server outbound-socket-binding-ref="mail-smtp"/>
   </mail-session>

   <mail-session name="BlankappMail" jndi-name="java:jboss/mail/blankappMail">
       <smtp-server outbound-socket-binding-ref="smtp-bol"
           ssl="false" tls="false" username="seu_user@bol.com.br"
           password="sua_password"/>
   </mail-session>

</subsystem>
```

Adicione isto

Listagem 33.1
Será preciso uma conta sua de email (no exemplo usando **www.bol.com.br**).

- Em <socket-binding-group> acrescente mais um *outbound*, no destaque abaixo:

```
    <outbound-socket-binding name="mail-smtp">
      <remote-destination host="localhost" port="25"/>
   </outbound-socket-binding>

   <outbound-socket-binding name="smtp-bol" source-port="0" fixed-source-port="false">
       <remote-destination host="smtps.bol.com.br" port="587"/>
   </outbound-socket-binding>

</socket-binding-group>
```

Adicione isto

Listagem 33.2 Socket-binding.

Fim do Laboratório 33.1

Laboratório 33.2

Sob o pacote *br.eti.amazu.infra.persistence.appfacade*, crie a interface **IAppMailFacade** e a classe **AppMailFacade** que a implementa. Em seguida, crie a classe **EmailCaseBean** sob o pacote *br.eti.amazu.infra.view.showcase* conforme as listagens a seguir...

```java
package br.eti.amazu.infra.persistence.appfacade;

import java.util.List;
import br.eti.amazu.component.pworld.persistence.exception.MailException;

public interface IAppMailFacade {
  public void sendMail (String from, String to, String subject,String body,
     List<String> filesPath)
     throws MailException, Exception;
}
```

Listagem 33.3 A interface **IAppMailFacade**.

```java
package br.eti.amazu.infra.persistence.appfacade;

import java.io.Serializable;
import java.util.List;
import javax.activation.DataHandler;
import javax.activation.FileDataSource;
import javax.annotation.Resource;
import javax.ejb.Asynchronous;
import javax.ejb.Stateless;
import javax.inject.Named;
import javax.interceptor.Interceptors;
import javax.mail.Message;
import javax.mail.MessagingException;
import javax.mail.Multipart;
import javax.mail.Session;
import javax.mail.Transport;
import javax.mail.internet.InternetAddress;
import javax.mail.internet.MimeBodyPart;
import javax.mail.internet.MimeMessage;
import javax.mail.internet.MimeMultipart;
import org.apache.log4j.Level;
import br.eti.amazu.component.pworld.persistence.exception.InterceptorException;
import br.eti.amazu.component.pworld.persistence.exception.MailException;
import br.eti.amazu.infra.util.log.Log;

@Named
@Stateless
@Interceptors({InterceptorException.class})
public class AppMailFacade implements IAppMailFacade, Serializable {
  private static final long serialVersionUID = 5621369769880979458L;

  @Resource(name = "java:jboss/mail/blankappMail") //Nome do Recurso que criamos no Wildfly
     private Session mailSession; //Objeto que vai representar uma sessão de email

  @Override
  @Asynchronous
  public void sendMail(String from, String to, String subject, String body,
      List<String> filesPath) throws MailException, Exception {

        Log.setLogger("", "Sending mail..." , Level.INFO);
        try {

```

continua

Listagem 33.4a A classe **AppMailFacade**.

continuação

```
            //Criacao de uma mensagem simples
             Message message = new MimeMessage(mailSession);

             //Cabecalho do Email
             message.setFrom(new InternetAddress(from));
             message.setRecipients(Message.RecipientType.TO,InternetAddress.parse(to));
             message.setSubject(subject);
             MimeBodyPart textPart = new MimeBodyPart();
             textPart.setContent(body, "text/html; charset=utf-8");
             Multipart mps = new MimeMultipart();

             //Adicionando arquivos anexos
             if(filesPath != null && filesPath.size()>0){

                 for (int index = 0; index < filesPath.size(); index++) {
                     MimeBodyPart attachFilePart = new MimeBodyPart();
                     FileDataSource fds =   new FileDataSource(filesPath.get(index));
                     attachFilePart.setDataHandler(new DataHandler(fds));
                     attachFilePart.setFileName(fds.getName());
                     mps.addBodyPart(attachFilePart, index);
                 }
             }

            //adicionando o corpo da mensagem
            mps.addBodyPart(textPart);

            //adiciona a mensagem e anexo
            message.setContent(mps);

            //Envia a mensagem
            Transport.send(message);
            Log.setLogger("", "Send mail - Done!", Level.INFO);

        } catch (MessagingException e) {
            e.printStackTrace();
        }
  }
}
```

Listagem 33.4b A classe **AppMailFacade**.

```
package br.eti.amazu.infra.view.showcase;

import javax.ejb.Asynchronous;
import javax.enterprise.context.RequestScoped;
import javax.inject.Inject;
import javax.inject.Named;

import br.eti.amazu.component.pworld.persistence.exception.MailException;
import br.eti.amazu.infra.persistence.appfacade.IAppMailFacade;

@Named
@RequestScoped
public class EmailCaseBean {

  @Inject
  IAppMailFacade appMailFacade;

  /* Metodo Assincrono para que a aplicacao
   * continue normalmente sem ficar bloqueada
   * ateh que o email seja enviado*/
    @Asynchronous
```

continua

Listagem 33.5a A classe **EmailCaseBean**.

continuação

```
    public void sendEmail() {

     try {appMailFacade.sendMail(
            "user@bol.com.br", //........from (obrigatorio ser o mesmo usuario FTP, para bol)
            "destinatario@***.com", //....to
            "Teste - BlankApp", //........subject
            "Isto é um teste.", //........body (o corpo da mensagem)
            null //poderia aqui enviar uma lista
                 //(ArrayList) de string contendo
                 //caminhos completos de arquivos anexos - para envio de anexos)
        );

   } catch (MailException e) {
     e.printStackTrace();

   } catch (Exception e) {
     e.printStackTrace();
   }
 }
}
```

Listagem 33.5b A classe **EmailCaseBean**.

Fim do Laboratório 33.2

Teste

Laboratório 33.3

Coloque o WildFly para funcionar e antes de abrir o browser, localize no console do Eclipse uma linha de log semelhante a...

```
22:39:14,565 INFO  [org.jboss.as.mail.extension] (MSC service thread 1-2) WFLY-
MAIL0001: Bound mail session [java:jboss/mail/blankappMail]
```

Aqui vemos o serviço de email perfeitamente configurado.

Abra o browser e clique no link que irá enviar o email. Observe o log no console do Eclipse...

```
22:53:33,128 INFO  [] (EJB default - 2) Sending mail...
22:53:34,486 INFO  [] (EJB default - 2) Send mail - Done!
```

Visite o seu aplicativo de email para onde a mensagem foi enviada. Confirme que ela esteja lá!

Figura 33.1
Enviando email,
disponível em Show Case.

Chegamos ao final da lição. A próxima encerra o Volume II, com o empacotamento do framework.

Lição 34
Empacotando o Framework

Objetivo:

- Empacotar o framework **pworld**

Introdução

Tudo o que vamos fazer nos próximos instantes já vimos na Lição 12, portanto, seremos bem breves e práticos, qualquer dúvida, basta recorrer à ela e executar os procedimentos, que são análogos.

Abaixo, a estrutura a ser montada (na mão mesmo, utilizando o "copiar-colar" no Windows Explorer)...

Laboratório 34.1

A interface CompoundMenu

Antes de começar a criar a estrutura ao lado, crie a interface **CompoundMenu** sob o pacote *br.eti.amazu.component.pworld.util.*

Essa interface nada mais é que uma *annotation* criada pelo desenvolvedor cujo propósito será a marcação de todos os métodos dos beans que compõem as chamadas aos itens de menus do aplicativo.

```java
package br.eti.amazu.component.pworld.util;

import java.lang.annotation.ElementType;
import java.lang.annotation.Retention;
import java.lang.annotation.RetentionPolicy;
import java.lang.annotation.Target;

@Target(ElementType.METHOD)
@Retention(RetentionPolicy.RUNTIME)
public @interface CompoundMenu {
}
```

Listagem 34.1 A interface **CompoundMenu**.

Fim do Laboratório 34.1

```
__br
|  |_ eti
|     |_ amazu
|        |__ component
|              __pworld
|                |__ domain
|                |     |__AbstractEntity.class
|                |
|                |__ persistence
|                |     |__dao
|                |     |    |__Dao.class
|                |     |    |__IDao.class
|                |     |
|                |     |__exception
|                |     |    |__DaoException.class
|                |     |    |__DaoMessage.class
|                |     |    |__InterceptorException.class
|                |     |    |__MailException.class
|                |     |
|                |     |__facade
|                |     |    |__Facade.class
|                |     |    |__IFacade.class
|                |     |
|                |     |__ConnectionFilter.class
|                |
|                |__util
|                     |__CompoundMenu.class
|
|__META-INF
     |_____ beans.xml
```

Figura 34.2 Estrutura do framework **pworld**.

Empacotamento

Laboratório 34.2

Inicialmente, clique com o direito do mouse na raiz do projeto, na **Package Explorer** do Eclipse, e acione o comando *Run As*, opção *Maven Build...* Na janela que se abre, digite o comando *clean install.* Esta é a regra número um para iniciar o empacotamento de um componente. Isto fará com que tenhamos a última versão do código compilado dentro da pasta **target**.

Novamente, botão direito do mouse em cima da raiz do projeto, comande *Maven Update* e em seguida, *Refresh*. Isto irá atualizar a pasta target. Agora sim, podemos copiar as classes da pasta target para dentro de um diretório no Windows Explorer. Esse diretório tem de ser definido por você, à luz da Figura 34.2

Veja abaixo como ficou a estrutura, baseie-se nela...

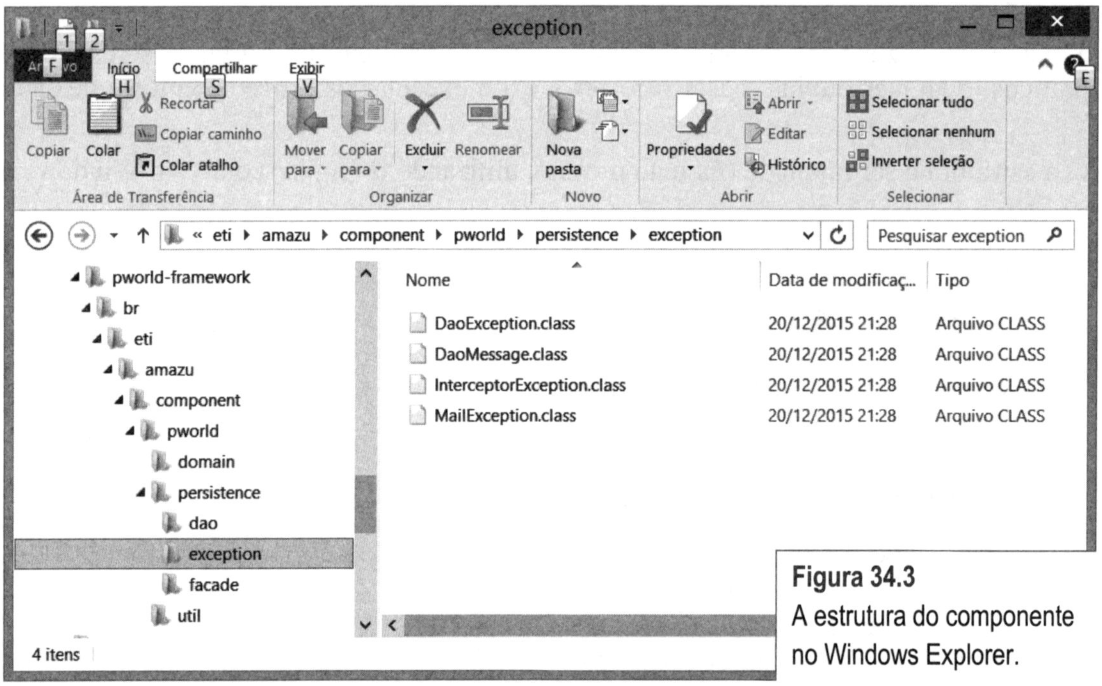

Figura 34.3
A estrutura do componente no Windows Explorer.

O próximo passo é compactar a pasta raiz usando um utilitário de compactação, o **Seven Zip**. Atenção, faça a compactação a partir das pastas **br** e **META-INF**.

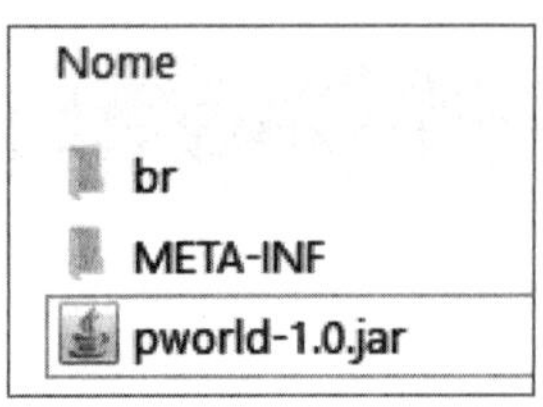

Figura 34.4 COMPACTANDO AS PASTAS **br** e **META-INF**
...selecione as pastas **br** e **META-INF** e clique com o botão direito do mouse acionando o comando "*7 Zip, adicionar ao arquivo*". Escolher o formato zip e compactar. Depois da compactação renomeie o arquivo para **pworld-1.0.jar**.

Fim do Laboratório 34.2

Parabéns!
Você concluiu todas as lições do Volume II.
O Volume III desta obra aprofunda o BlankApp com metodologia por Casos de Uso.

Palavras Finais

A princípio, quando folheamos o livro, percebemos uma boa quantidade de código-fonte, o que o torna bem explicativo, e ao mesmo tempo muito completo naquilo que se propõe, pois os dados e o conhecimento estão ali presentes. O leitor teve a oportunidade de executar todos os códigos por ele produzidos e, mesmo que alguns experimentos não tenham logrado êxito, por motivo de alguma digitação errônea, pôde ter o acesso ao código original concebido por mim e colocado à disposição em meu sitio na web, e assim ter tirado as dúvidas sobre onde possa ter errado.

Pensando bem, quando folheamos este livro, podemos perceber que não existem muitos parecidos com ele, porque construir software aprendendo de forma passo-a-passo é algo que necessita algum esforço e, acreditem, não medi esforços para isto. O trabalho deste livro começou há quase uma década, desde quando tive a ideia de escrever para os amigos uma forma prática de aprender a construir software com segurança, mas de maneira revolucionária. Sim, porque existem centenas de livros que ensinam o ofício, então eu tinha de tentar algo diferente, algo que fosse suficiente até mesmo ao leigo no assunto, ou pelo menos suficiente ao autodidata. Por causa disto, o livro passou por várias revisões, às vezes mudando radicalmente a abordagem, evidentemente não esgotou o assunto, pela vastidão tecnológica existente, e até porque a imaginação não tem limites — o desenvolvedor é quem os delimita.

Produzir software com qualidade, por vezes, é atividade bastante trabalhosa, onde as equipes se expressam com liberdade e criatividade. Nesse contexto, o presente trabalho apresentou várias fórmulas para a solução de alguns problemas já bem conhecidos, apresentando-as sob um formato de "laboratório", onde o foco foi a prática — o esforço do leitor em codificar e entender o significado do algoritmo foi a tônica, para que se solidificasse o conhecimento. Apresentou também vários aspectos das teorias que envolvem os assuntos trabalhados, sem contudo se aprofundar muito nelas, deixando que o leitor se concentrasse mais na construção do código-fonte.

Obrigado por adquirir o meu livro. Tenho a plena convicção de que se o que procurava era "aprender" a construir software relevante, aqui o encontrou. A obra está dividida em três volumes, mas foi cuidadosamente preparada para que um livro isolado não dependesse totalmente do outro. Entretanto, caso o leitor deseje se aprofundar um pouco mais, é mister que ele adquire os outros dois volumes, pois nada pode impedir que as portas do saber permaneçam abertas.

O Volume I prepara o leitor para a execução dos laboratórios deste volume e o Volume III complementa o estudo e a prática com laboratórios que utilizam a metodologia por "Casos de Uso", simulando as situações dentro de uma fábrica de software.

Brasília, 21 de janeiro de 2019.

Alan S C Mazuco

APÊNDICES

APÊNDICE A

Banco de Dados Oracle com a JPA: Configuração

```
<?xml version="1.0" encoding="UTF-8"?>

<persistence xmlns="http://java.sun.com/xml/ns/persistence"
 xmlns:xsi="http://www.w3.org/2001/XMLSchema-instance"
 xsi:schemaLocation="http://java.sun.com/xml/ns/persistence
   http://java.sun.com/xml/ns/persistence/persistence_2_0.xsd"
 xmlns:xsd="http://www.w3.org/2001/XMLSchema"
 version="2.0">

 <persistence-unit name="PWORLD" transaction-type="JTA">
    <provider>org.hibernate.ejb.HibernatePersistence</provider>
    <jta-data-source>java:jboss/datasources/OracleDS</jta-data-source>

    <properties>
        <property name="hibernate.show_sql" value="true"/>
        <property name="hibernate.format_sql" value="true"/>
        <property name="hibernate.hbm2ddl.auto"  value="create-drop"/>
        <property name="hibernate.dialect" value="org.hibernate.dialect.Oracle10gDialect"/>

        <property name="hibernate.temp.use_jdbc_metadata_defaults"  value="false"/>
    </properties>

  </persistence-unit>
</persistence>
```

Configuração do arquivo **persistence.xml** para Oracle.

```
<?xml version="1.0" encoding="UTF-8"?>
<module xmlns="urn:jboss:module:1.3" name="com.oracle">
  <resources>
    <resource-root path="ojdbc6.jar"/>
  </resources>

  <dependencies>
     <module name="javax.api"/>
     <module name="javax.transaction.api"/>
   </dependencies>
</module>
```

O arquivo **module.xml** para Oracle.

```
<subsystem xmlns="urn:jboss:domain:transactions:3.0">
  <core-environment node-identifier="some_uniq_key">
     <process-id>
        <uuid/>
     </process-id>
  </core-environment>

  <recovery-environment socket-binding="txn-recovery-environment"
      status-socket-binding="txn-status-manager"/>
</subsystem>
```

Adicione isto ao arquivo **standalone.xml**. A finalidade é evitar uma *warn* conhecida. Some_unik_key deve ser um valor numérico alto.

```
<driver name="oracle" module="com.oracle">
    <xa-datasource-class>oracle.jdbc.driver.OracleDriver</xa-datasource-class>
</driver>
```

A declaração do driver para Oracle.

```xml
<datasource jta="true" jndi-name="java:jboss/datasources/OracleDS"
    pool-name="OracleDS"   enabled="true" use-java-context="true">

  <connection-url>jdbc:oracle:thin:@localhost:1521:xe</connection-url>
  <driver>oracle</driver>
  <transaction-isolation>TRANSACTION_READ_COMMITTED</transaction-isolation>

  <pool>
    <min-pool-size>1</min-pool-size>
    <max-pool-size>10</max-pool-size>
    <prefill>true</prefill>
  </pool>
  <security>
    <user-name>postgres</user-name>
    <password>postgres</password>
  </security>
  <statement>
    <prepared-statement-cache-size>32</prepared-statement-cache-size>
    <share-prepared-statements>true</share-prepared-statements>
  </statement>
</datasource>
```

Incluindo o datasource do **Oracle** no arquivo *standalone.xml*. Atente para usuário e senha do banco **pworld**, criado em lição anterior.

```sql
    CREATE OR REPLACE FUNCTION SEM_ACENTO( TEXT IN VARCHAR2)
        RETURN VARCHAR2 IS V_TEXTO VARCHAR2(32767);
    BEGIN
        V_TEXTO := TEXT;
        V_TEXTO := REPLACE(V_TEXTO,'Ã','A');
        V_TEXTO := REPLACE(V_TEXTO,'Õ','O');
        V_TEXTO := REPLACE(V_TEXTO,'ã','a');
        V_TEXTO := REPLACE(V_TEXTO,'õ','o');
        V_TEXTO := REPLACE(V_TEXTO,'Á','A');
        V_TEXTO := REPLACE(V_TEXTO,'É','E');
        V_TEXTO := REPLACE(V_TEXTO,'Í','I');
        V_TEXTO := REPLACE(V_TEXTO,'Ó','O');
        V_TEXTO := REPLACE(V_TEXTO,'Ú','U');
        V_TEXTO := REPLACE(V_TEXTO,'á','a');
        V_TEXTO := REPLACE(V_TEXTO,'é','e');
        V_TEXTO := REPLACE(V_TEXTO,'í','i');
        V_TEXTO := REPLACE(V_TEXTO,'ó','o');
        V_TEXTO := REPLACE(V_TEXTO,'ú','u');
        V_TEXTO := REPLACE(V_TEXTO,'À','A');
        V_TEXTO := REPLACE(V_TEXTO,'à','a');
        V_TEXTO := REPLACE(V_TEXTO,'Â','A');
        V_TEXTO := REPLACE(V_TEXTO,'Ê','E');
        V_TEXTO := REPLACE(V_TEXTO,'Ô','O');
        V_TEXTO := REPLACE(V_TEXTO,'â','a');
        V_TEXTO := REPLACE(V_TEXTO,'ê','e');
        V_TEXTO := REPLACE(V_TEXTO,'ô','o');
        V_TEXTO := REPLACE(V_TEXTO,'ç','c');
        V_TEXTO := REPLACE(V_TEXTO,'Ç','C');
        V_TEXTO := REPLACE(V_TEXTO,'ü','u');
        V_TEXTO := REPLACE(V_TEXTO,'Ü','U');
        V_TEXTO := REPLACE(V_TEXTO,'º','.');
        V_TEXTO := REPLACE(V_TEXTO,'ª','.');
        V_TEXTO := REPLACE(V_TEXTO,';',' ');
        V_TEXTO := REPLACE(V_TEXTO,'&',' ');
        V_TEXTO := REPLACE(V_TEXTO,CHR(39),' ');
        RETURN V_TEXTO;
END SEM_ACENTO;
```

Função SEM_ACENTO para ORACLE, do experimento 19.

APÊNDICE B

Dando Partida com o Arquivo *blankApp-volume-I.zip*

Se você não executou os laboratórios do Volume I desta obra, poderá realizar os passos abaixo para a configuração do projeto **BlankApp** no seu computador, visto que todos os laboratórios deste Volume II pressupõe a existência desse projeto previamente configurado.

PASSO 1: Instalar as Ferramentas

Instale o **jdk** versão **1.8.0_172**. Se ainda não possui o Eclipse, faça o download em **https://www.eclipse.org/downloads/eclipse-packages/**, clicando no link *Eclipse IDE for Enterprise Java Developers*. A última versão, enquanto trabalhava na redação deste livro era a 218-12-R. O nome do arquivo a ser baixado é **eclipse-jee-2018-12-R-win32-x86_64.zip** (versão para Windows). Você poderá consultar o Volume I desta obra, caso tenha alguma dúvida sobre o processo.

Instale o plugin **Ansi Escape in Console** no Eclipse.

Baixe o WildFly (**wildfly.org**), que embora já existam as versões 12, 13, 14, e até uma 15, deverá ser, obrigatoriamente, a versão 11. O arquivo a ser baixado é **wildfly-11.0.0.Final.zip.**

Depois de equalizar a JVM do Eclipse para a JDK (e não JRE) do seu Java, instale o adaptador do servidor WildFly (JBoss Tools) e configure o servidor convenientemente. Todos os passos para a execução dessas tarefas podem ser vistas, passo-a-passo, no Volume I desta obra.

PASSO 2: Baixar o Arquivo blankApp-volume-I.zip

Visite o site www.amazu.eti.br (ou www.amazu.com.br) e baixe o arquivo blankApp-volume-I.zip. Faça isto clicando no menu *Download*. Com a lista de arquivos aberta, clicar no ícone "toogle" ...

Baixar este arquivo.

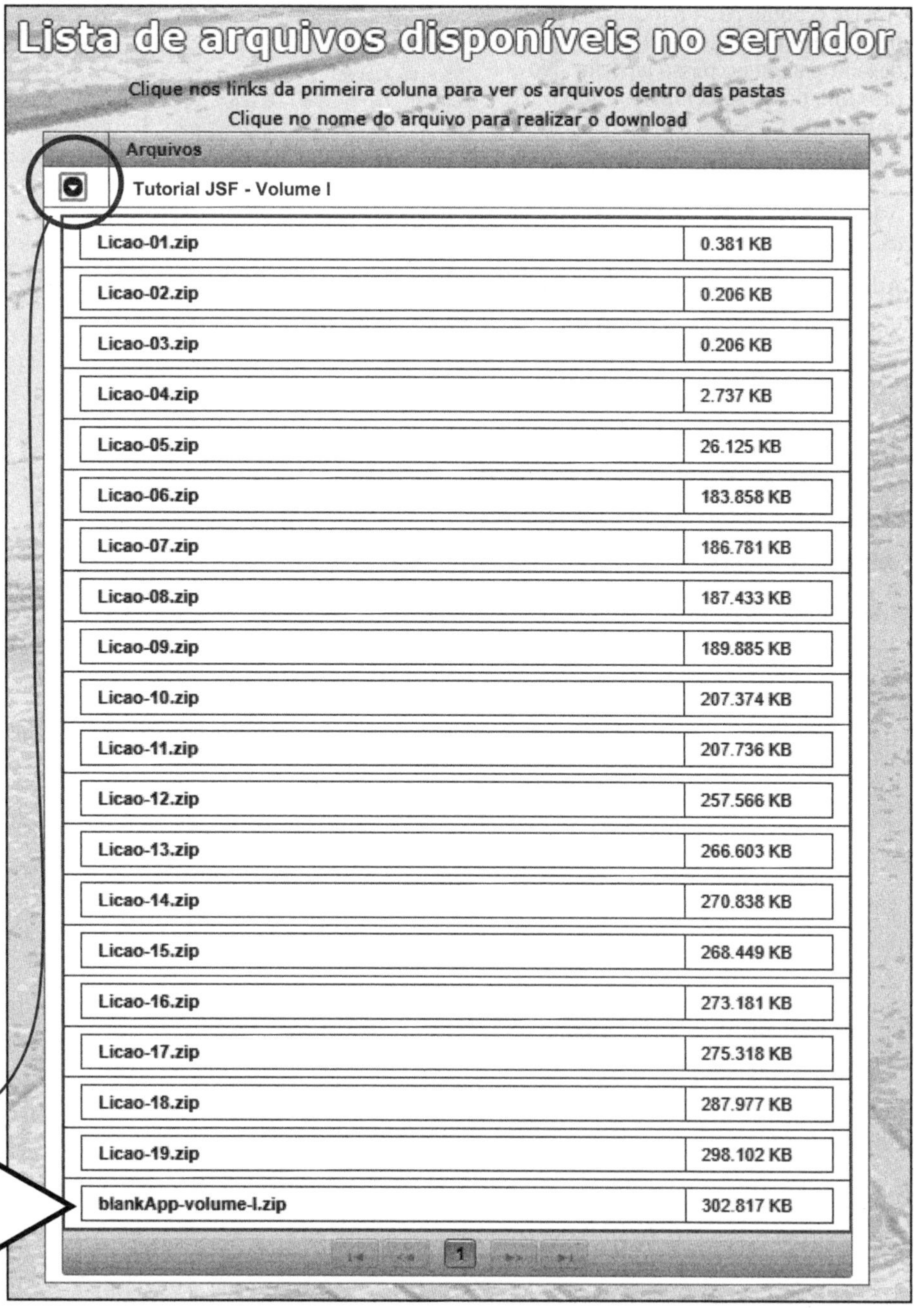

Aguardar até que todos os arquivos apareçam.

PASSO 3: Descompactar o arquivo blankApp-volume-I.zip

Descompactar o arquivo blankApp-volume-I.zip para dentro do seu workspace, lembrando que seu workspace deverá estar vazio para realizar esta tarefa. Utilize o programa 7-Zip para isto, que é bem mais intuitivo, como mostramos no Volume I.

PASSO 4: Configurar o projeto no Eclipse

Abrir o Eclipse, já configurado como no passo 1.

Clicar no menu *File, Import* e abrir a pasta *Maven*. Dentro dela, acionar a opção *Existing Maven Project.*

Aperte o botão *Next* e localize a pasta **blankapp** (dê um clique nela) que você descompactou no passo anterior. No próximo passo selecione o arquivo **pom.xml**.

Clique no botão *Finish* e pronto!

Não se esqueça de dar o comando *Run as... Maven Build... Clean Install.*

Adicione o projeto no servidor WildFly.

Se tiver dúvidas, consulte o Volume I.

TUDO PRONTO!

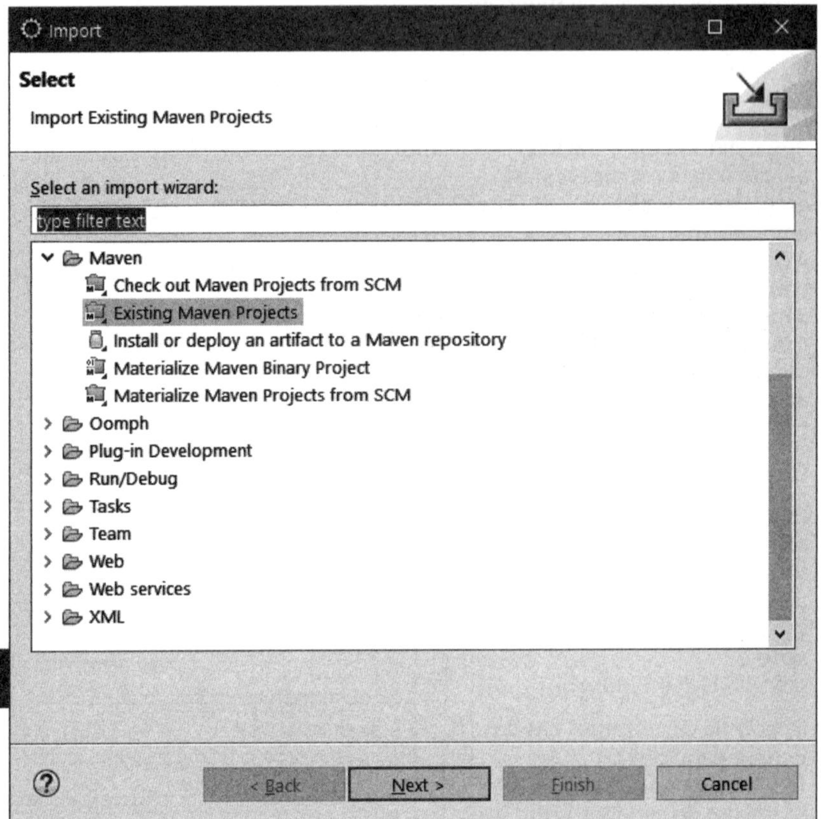

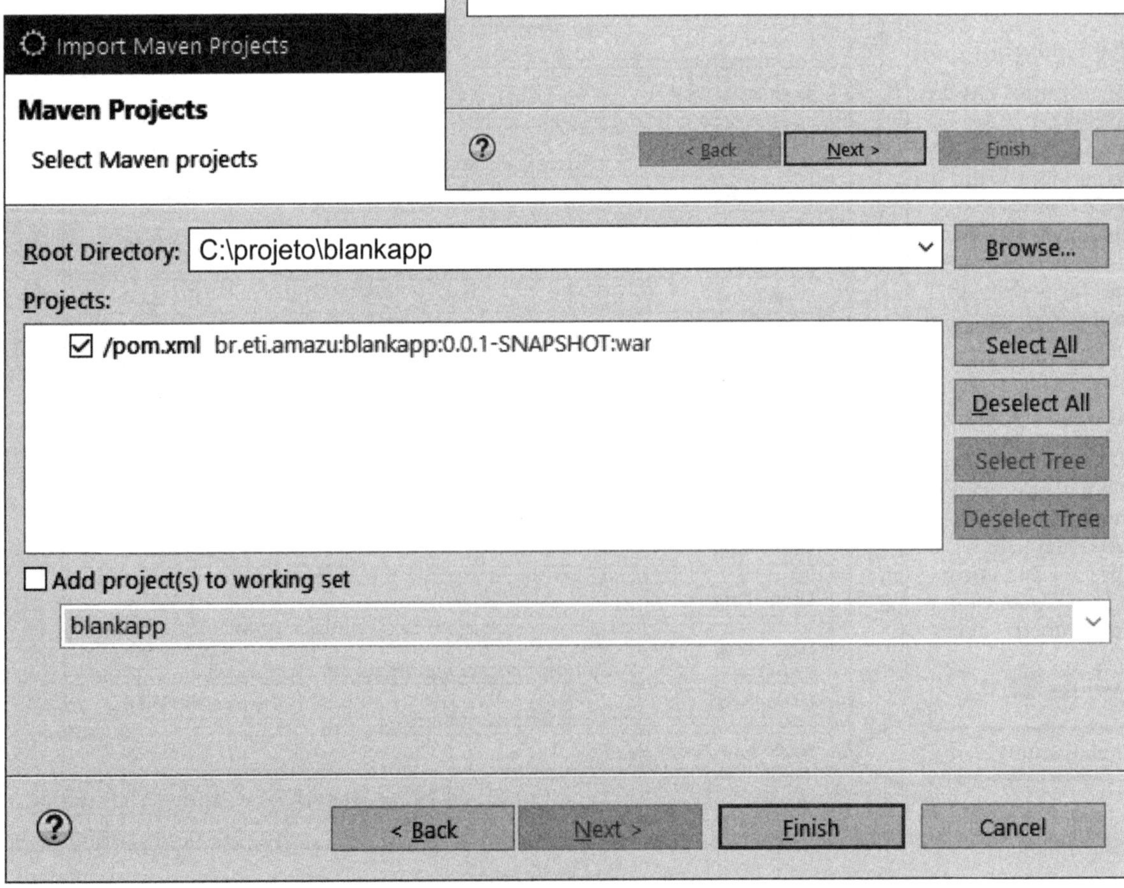

Bibliografia

AGÜERO, Martín; BALLEJOS, Luciana. *Dependency management in the cloud: An efficient proposal for Java*. In: Computer Conference (CLEI), 2017 XLIII Latin American. IEEE, 2017. p. 1-9.

BAUER, Christian; KING, Gavin. *Java Persistance with Hibernate*. Dreamtech Press, 2006.

BAUER, Christian; KING, Gavin. *Hibernate in action*. 2005.

BEAUDOIN-LAFON, Michel; MACKAY, Wendy. *Prototyping tools and techniques*. Human Computer Interaction-Development Process, pages 122–142, 2003. 49

BLOCH, Joshua. *Effective java*. Addison-Wesley Professional, 2017.

BOEKEL, Rafael Van. *Por dentro do PrimeFaces 2.2–artigo revista java magazine 93*. 2014.

BRAVO, M.. *Programação extrema*. http://www.agilcoop.org.br/poster, 2016. [Online; accessed 20-August-2016]. xiii, 111

CERVO, Amado; BERVIAN, Pedro A. *Metodologia científica*. México, 1990. 26, 27

CIVICI, Çağatay; DARÇIN, Y. *PrimeFaces Users Guide*. 2017.

CORDEIRO, Gilliard. *CDI: Integre as dependências e contextos do seu código Java*. Editora Casa do Código, 2014.

CUONG, Le Ba et. al. *JCIA : A Tool for Change Impact Analysis of Java EE Applications*. In: Information Systems Design and Intelligent Applications. Springer, Singapore, 2018. p. 105-114.

DA ROCHA, Helder. *JPA java persistence api*.

DE LUCA, Jeff et. al. *Java modeling in color with uml: Enterprise components and process*, 1999. 95.

DOYLE, Patrick R.; HEIDINGA, Daniel J.; VAARDAL, Bjoern. *Interface method resolution in object oriented programming models*. U.S. Patent n. 9,632,755, 25 abr. 2017.

EVANS, Nicholas D. *Business innovation and disruptive technology: Harnessing the power of breakthrough technology... for competitive advantage*. FT Press, 2003. xiii,118

EXÉRCITO BRASILEIRO. *Sistema de Gestão de Desempenho - SGD.* http://daprom.dgp.eb.mil.br/index.php/2017-01-25-11-35-04, 2014. [Online; accessed 13-april-2017]. 134

FINNEGAN, Ken. *JBoss Weld CDI for Java Platform.* Packt Publishing Ltd, 2013.

FOWLER, Martin; BECK Beck. *Refactoring: improving the design of existing code.* Addison-Wesley Professional, 1999. 135

FUGARO, Luigi. *WildFly Cookbook.* Packt Publishing Ltd, 2015.

HAMILTON, Marc. *Software development: building reliable systems.* Prentice Hall Professional, 1999. 99

JUNEAU, Josh. *Contexts and Dependency Injection.* In: Java EE 7 Recipes. Apress, Berkeley, CA, 2013. p. 497-516.

JUNEAU, Josh. *Java Web Applications with JavaServer Faces.* In: Java 9 Recipes. Apress, Berkeley, CA, 2017. p. 499-527.

KEITH, Mike; SCHINCARIOL, Merrick; NARDONE, *Massimo. Introduction. In: Pro JPA 2 in Java EE 8.* Apress, Berkeley, CA, 2018. p. 1-24.

LEE, Kent D. *Object-Oriented Programming. In: Foundations of Programming Languages.* Springer, Cham, 2017. p. 111-177.

PRESSMAN, Roger S.; MAXIM, Bruce R. *Software Engineering A practitioner's Aproach, 8th Edition.* McGral-Hill Education, 2016

RON, Juan Allo; COHEN, Ariel; CARRIL, Esteban Alejandro Capillo. *Request cache to improve web applications performance.* U.S. Patent Application n. 15/478,043, 22 mar. 2018.

ROWE, Lawrence A.; STONEBRAKER, Michael R. The *POSTGRES data model.* Readings in object-oriented database systems, p. 461-473, 1990.

SADEGHI, R.; SAMSON, W. B.; DEEN, S. Misbah. *HQL-A Historical Query Language.* In: BNCOD. 1988. p. 86.

SHAH, Sanjay. *Maven for Eclipse.* Packt Publishing Ltd, 2014.

TAKIZAWA, Ryota et al. *Performing External Join Operator on PostgreSQL with Data Transfer Approach.* In: Proceedings of the International Conference on High Performance Computing in Asia-Pacific Region. ACM, 2018. p. 271-277.

VARAKSIN, Oleg. *PrimeFaces Cookbook.* Packt Publishing Ltd, 2013.

Anotações

Impressão e acabamento
Gráfica da Editora Ciência Moderna Ltda.
Tel: (21) 2201 - 6662